마지막까지
잘 사는 삶

FINISHING WELL TO THE GLORY OF GOD
by John Dunlop

Copyright©2011 by John Dunlop
Published by Crossway
a publishing ministry of Good News Publishers
Wheaton, Illinois 60187, U.S.A.

This edition published by arrangement with Crossway through rMaeng2., Seoul, Republic of Korea.
All rights reserved.

This Korean Edition Copyright©2015 by Word of Life Press, Seoul, Republic of Korea

이 한국어판의 저작권은 알맹2 에이전시를 통하여
Crossway와 독점 계약한 생명의말씀사에 있습니다. 신 저작권법에 의하여
한국 내에서 보호 받는 저작물이므로 무단 전재와 무단 복제를 금합니다.

마지막까지 잘 사는 삶

© 생명의말씀사 2015

2015년 9월 20일 1판 1쇄 발행

펴낸이 | 김재권
펴낸곳 | 생명의말씀사

등록 | 1962. 1. 10. No.300-1962-1
주소 | 서울시 종로구 경희궁1길 5-9(03176)
전화 | 02)738-6555(본사) · 02)3159-7979(영업)
팩스 | 02)739-3824(본사) · 080-022-8585(영업)

기획편집 | 서정희, 박혜주, 이은숙
디자인 | 윤보람
인쇄 | 영진문원
제본 | 정문바인텍

ISBN 978-89-04-16526-1 (03230)

저작권자의 허락없이 이 책의 일부 또는 전체를
무단 복제, 전재, 발췌하면 저작권법에 의해 처벌을 받습니다.

달려갈 길을 잘 마무리하기 위한 **크리스천의 후반부 인생 전략**

마지막까지 잘사는 삶

FINISHING WELL

생명의말씀사

■ 추천 서문

〈마지막까지 잘 사는 삶〉을 읽으며 저의 마지막을 생각해 보게 되었습니다. 아무리 인생을 잘 살았다고 하더라도 마지막이 아름답지 않으면 너무 안타까울 것 같습니다. 시작이 반이라면 마지막은 전부이기 때문입니다.

그동안 저는 내과의사로서 2천여 명의 임종을 지켜보면서 너무도 뚜렷하게 두 종류의 모습으로 나뉘는 걸 보았습니다. 대부분은 죽음이 다가오면 그 죽음으로부터 도망가기 위해 안간힘을 쓰다가 마치 끌려가듯이 죽음을 맞이하는 분들이었습니다. 그러나 소수의 환자들은 죽음이 다가오는 것을 알면서 그 죽음 너머의 무엇을 바라보듯, 얼굴에 환한 미소를 지으며 오히려 죽음을 맞이하러 달려 나가는 분들이었습니다. 결국 어떻게 마지막을 준비했느냐의 차이일 것입니다.

이 책의 저자는 네 가지 시각에서 이 책을 썼다고 합니다. 첫째, 크리스천으로서 둘째, 의사로서 셋째, 부모의 마지막 나날을 지켜본 아들로서 마지막으로, 60대의 암 생존자로서입니다. 저자는 암 환자의 경험을 가진 임상의사이면서 또 죽음을 맞이하는 수많은 환자분들과 그 가족들을 돌보면서 마지막을 잘 마무리하는 전략을 터득하여 우리들에게 소상히 소개해 주고 있습니다.

우선 삶을 건강하게 잘 살아내고 편안하게 내려놓으라고 권면합니다. 또한 하나님의 사랑을 소중히 여기며 사랑에는 사랑으로 응답하라고 합니다. 역경이 있겠지만 오히려 이를 통해 성장하고 삶과 죽음의 의미를 깨달아 죽음이 다가올 때 소중했던 관계들을 잘 정리하기를 권합니다.

때로 첨단 치료를 적절히 사용하지만 연명장치에 의한 무리한 인위적인 죽음의 연장에는 반대하며 그보다는 완화 의료를 택할 것을 제안합니다. 이를 위해 의식이 명료할 때 자신의 마지막 상황에 대한 의지를 담아 사전의료의향서를 작성할 것도 알려 주고 있습니다. 가장 중요한 것은 생명과 죽음의 통제권을 주님께 넘겨 드린 후 그분의 품 안에서 편안한 안식을 누리는 것입니다.

오늘날 과학의 발달과 첨단 의학으로 수명이 늘어나면서 마치 죽지 않을 수 있을 것 같이 여기는 세상이 되었습니다. 그러나 결국 예기치 않은 어느 날 우리 모두는 죽음의 순간을 맞이할 것입니다. 이 한 권의 책을 통해 이를 준비할 수 있다면 아름다운 죽음을 맞이하고, 그로 인해 우리의 삶도 가장 멋진 삶이 될 것을 확신합니다. 마지막을 준비하는 것은 바로 지금 시작해야 할 최고의 선택입니다.

대통령 소속 국가생명윤리심의위원장
안양샘병원장 박상은

■ 추천사

"존 던롭은 오랫동안 수많은 환자의 손을 잡고 '사망의 음침한 골짜기'를 걸어 준 의사로서의 경험을 바탕으로 인생을 잘 마무리하기 위한 탁월한 지혜와 전략을 제시한다. 이 책은 그의 개인적인 삶과 의사로서의 삶에서 찾은 수많은 사례들로 가득하다. 적재적소에 성경 말씀을 버무린 뒤에 매 장을 사려 깊은 기도문으로 구두점을 찍었다. 던롭 박사는 영적, 감정적, 심리적, 재정적, 육체적 필요를 세심히 다룬다. 이 책은 하나님 중심의 태도로 우리의 마지막 몇 십 년, 몇 달, 몇 주, 몇 시간을 계획하게 해 준다."

_페이지 커닝햄, 생명윤리 및 인간존엄 센터 대표

"던롭 박사의 성경적인 통찰이 가득한 이 책을 읽고 나면 성경이 옛이야기라고 생각지 못할 것이다. 그는 이런 통찰에다 의사 전문가로서의 의견, 매우 실질적인 조언을 더해 우리에게 한 아름 선물을 안겨준다. 그가 제시하는 전략들은 황혼기의 환자들을 지극정성으로 돌본 다년간의 경험에서 비롯한 산물이다. 죽음 이전의 준비는 물론이고 이후에도 환자와 그 가족들에게 큰 도움이 될 것이다." _로버트 오어, 로마 린다 대학 기독교 생명윤리 센터 의학 윤리 교수

"이 책은 성경적인 지혜와 통찰, 의학적 전문성, 따스한 마음을 하나로 버무린 멋진 작품이다. 인생의 마지막 정거장을 앞두고 있는 사람은 물론이고 나

중에 인생을 잘 마무리하기 위해 미리 준비하려는 사람들에게도 말할 수 없이 큰 도움이 되는 책이다. 환자의 친구와 가족, 간병인들도 모두 던롭의 지혜에서 유익을 얻을 수 있다. 나는 남은 시간 해야 할 일을 하고 치료에서 완화 간호로 방향을 전환하라는 조언이 특히 마음에 와 닿았다. 하나님이 수많은 사람의 손에 이 책을 쥐어주시기를 원한다!"

_스티브 로이, 트리니티 복음주의 신학교 교수

"죽음을 앞두고서 사랑과 소망, 기쁨을 원하지 않을 사람이 어디 있겠는가. 크리스천치고 세상에 대한 미련을 버리고, 예수님 안에서 쉬는 것을 마다할 사람이 어디 있겠는가. 하지만 그러려면 어떻게 해야 할까? 존 던롭은 이 외에도 중요한 질문들에 대해 더없이 실용적인 동시에 철저히 검증된 해답을 제시한다. 죽음을 앞두거나 언젠가 앞두게 될 모든 이들에게 이 책은 더없는 축복이다."

_존 킬너, 트리니티 복음주의 신학교 교수

"이 책에서 존 던롭은 죽음을 앞둔 모든 사람, 특히 크리스천들이 마주해야만 하는 까다롭기 짝이 없는 질문들을 속 시원하게 파헤친다. 하나하나가 날카로운 통찰을 담고 있는 이야기와 교훈, 일화들만 해도 상다리가 부러지는 잔칫상이다. 정말이지 돈이 아깝지 않은 책이다. 하나님의 영광을 위해 인생을 잘 마무리하려는 모든 이들에게 꼭 필요한 지침서다. 집안 살림을 팔아서라도 모든 친구와 가족에게 한 권씩 사주라!"

_한스 매듐, 칼 헨리 신학 센터 대표

차례

추천 서문 4
추천사 6
들어가는 글 _ 좋은 인생은 마지막 순간까지 잘 사는 것이다 10

첫 번째 전략 몇 십 년, 몇 달, 몇 시간까지 인생을 잘 사는 법
노년의 기회를 찾으라 25

두 번째 전략 노년의 상실을 대하는 법
움켜쥔 손을 놓고 삶을 간소화하라 44

세 번째 전략 이후의 영원한 삶을 고대하는 법
하나님의 깊은 사랑을 경험하라 78

네 번째 전략 역경을 통해 성장하는 법
고난 가운데 하나님의 선한 목적을 발견하라 95

다섯 번째 전략 죽음의 두려움을 극복하는 법
삶과 죽음을 성경적인 관점으로 이해하라 123

여섯 번째 전략 느려진 죽음에 준비하는 법
남은 시간 해야 할 일을 분명히 알고 마무리하라 144

일곱 번째 전략 의학을 현명하게 사용하는 법
첨단 의학 기술을 적절히 사용하라 167

여덟 번째 전략 편안하고 인간적인 마지막을 맞는 법
치료에서 완화 간호로 방향을 전환하라 189

아홉 번째 전략 예수님 안에서 쉼을 누리는 법
삶의 통제권을 주님께 맡기라 223

부록 1_ 건강을 유지하기 위한 조언 253
부록 2_ 생명연장술에 관한 실제적 조언 258
부록 3_ 유족들을 위한 조언 269

추천 도서 279
주 281

■ 들어가는 글

좋은 인생은 마지막 순간까지 잘 사는 것이다

젭이 지금까지 살아 있다면 크리스천 정치인으로 널리 존경을 받고 있지 않을까 싶다. 그는 일찍이 하나님의 깊은 사랑을 깨닫고 그분께 영광을 돌리는 것을 인생의 최대 목적으로 삼았다. 그런 열정으로 교회에서 리더로 일했고 이름만 대면 아는 기독교 사역 단체도 설립했다.

하지만 안타깝게도 당뇨병에 걸려 오랫동안 투병했고 이 땅에서의 마지막 5년 동안은 심장병으로 극심한 고통에 시달렸다. 그로 인해 혈관우회로술(bypass surgery)을 두 번이나 받았는데, 그 이후로는 더 이상 수술을 받지 않기로 결심했다. 평생 누구보다도 열심히 살았고, 앞으로도 하고 싶은 일이 많았지만 이제 하나님이 자신을 본향으로 부르실 날이 멀지 않았다는 것을 직감했기 때문이었다.

젭은 삶에 미련을 두지 않고 천국에서 주님을 뵐 날을 고대하기 시작했다. 어느 주일 그는 극심한 심장마비로 응급실에 실려 갔고, 월요일 오후 의사들은 손을 놓았다. 그날 저녁 나는 그를 찾아가 심장이 급속도로 약해지고 있어 그날 밤을 넘기기 어렵다고 전해 주었다. 불행 중 다행으로 그의 정신 상태만큼은 멀쩡했다. 그날 그가 내 손을 꼭 잡고 한 말을 평생 잊지 못할 것 같다.

"선생님, 솔직히 말씀해 주셔서 감사합니다. 세 가지만 부탁을 드려도 될까요? 우선은 이 병원의 면회 규정이 너무 까다롭네요. 대기실에 있는 아내와 딸들을 지금 당장 보고 싶습니다. 둘째, 선생님도 아시다시피 오랫동안 당뇨병으로 식단을 조절해 왔는데 오늘만큼은 초콜릿을 듬뿍 바른 케이크를 먹어야겠습니다. 마지막으로, 커피를 언제 마셨는지 기억조차 나질 않아요. 진한 커피 한잔 마실 수 있을까요?"

나는 흐르는 눈물을 훔치며 그 모든 부탁을 들어주마 약속했다. 곧바로 가족들이 들어왔고, 젭은 케이크와 커피를 맛있게 즐겼다. 그러고 나서 곧바로 아내와 딸들에게 작별 인사를 한 뒤 머리를 베개에 누이고 눈을 감았다. 단말마의 고통 따위는 없이 그저 예수님의 품 안에 편안히 안긴 모습이었다. 평생 하나님의 영광을 위해 살아왔던 인생이 끝까지 하나님께 영광이 되는 모습으로 마무리되었다.

나중에 내 마음에 영원히 각인된 풍자화 한 점이 있다. 한 노인이 온몸의 구멍이란 구멍에는 죄다 관을 대롱대롱 단 채 헐레벌떡 진주 문에 도착해 말한다. "늦어서 죄송합니다. 글쎄 산소마스크로 저를 2주나 붙들고 있지 뭐예요!"

그 말이 어찌나 마음에 와 닿던지.

나는 30년 넘게 내과 진료를 하면서 노인의학에 특별한 관심을 쏟아 왔다. 덕분에 사망진단서를 숱하게 써 봤다. 사망진단서를 쓸 때마다 이런저런 생각이 든다. 이것이 좋은 죽음이었는가? 우리가 최선을 다했는가? 혹시 최선을 다한다는 명목으로 도가 지나치지는 않았는가? 환자가 떠날 준비가 되었는가? 가족들은 보낼 준비가 되었는가?

젭처럼 예수님을 믿는 사람들도 많이 치료해 봤기 때문에 믿음과 관련된 질문도 자주 던지게 된다. 크리스천답게 삶을 마무리하는 법이 따로 있을까? 어떤 마무리가 하나님께 영광이 될까? 어떻게 해야 우리의 죽음이 신앙과 복음의 증거가 될 수 있을까? 이것은 매우 중요한 질문들이다. 우리 모두가 반드시 고민해야 하는 질문들이다.

그동안 내가 깨달은 사실 하나는, 잘 죽는 것이 우연인 경우는 별로 없다는 것이다. 그것은 평생에 걸친 선택들이 쌓이고 쌓여서 만들어 내는 결과다. 결국, 잘 죽는 것은 마지막 순간까지 잘 사는 것을 의미한다. 자신의 마지막을 일부러 계획하는 사람은 별로 없다. 하지만 오늘날 그런 계획이 그 어느 때보다도 필요하다.

마지막 순간을 맞는 모습은 하루가 다르게 변하고 있다. 지금 우리는 치료에 관한 까다로운 선택을 내려야 할 경우가 많다. 불과 한 세대 전만 해도 공상 과학 소설에나 나올 법한 치료법이 쏟아져 나온 탓이다. 하지만 우리가 구체적으로 어떤 상황에 처하든 우리가 내리는 선택은 결국 우리의 가치에 따라 결정될 것이다.

따라서 올바른 가치관을 정립한다면 나중에 위기 상황에서 올바른 선택을 내릴 수 있고, 사랑하는 사람들도 올바른 선택으로 이끌 수 있다. 아무쪼록 독자들이 이 책을 읽고서 죽음 앞에서 만날지 모르는 딜레마를 잘 헤쳐 나갈 수 있도록 올바른 가치를 정립했으면 하는 마음이다. 이 책을 통해 최고의 가치는 하나님을 영화롭게 하는 것임을 깨닫기를 바란다.

현대 의학과 관련해 우리는 두 가지 종류의 문제를 안고 있다. 의학 기술을 남용하는 것도 문제고, 제대로 활용하지 못하는 것도 문제다. 죽음을 앞두고 예수님 안에서 평화롭게 쉬지 못하고 죽음에 대해 지나치게 공격적으로 접근하면 인생이 끝까지 전쟁터가 될 수 있다. 반면, 얼마든지 효과적인 치료법이 있는데 포기한다면 하나님이 맡겨 주신 생명의 좋은 청지기라고 말할 수 없다. 특히 안락사와 관련해서 이런 고민이 필요하다.

우리에게는 균형이 필요하다. 생명을 살릴 수 있다면 최대한 치료를 해야 한다. 하지만 이제 그만 이 세상을 떠나는 것이 하나님의 뜻이라면 저항하지 말아야 한다. 나는 이런 문제에 관해 생각하면서 어떻게 하면 내 환자들이 인생을 잘 마무리하도록 도울까 고민을 많이 했다.

얼마 전, 그들과 나누고 싶은 자료가 워낙 방대해서 한 번 진료할 때 다 알려 줄 수가 없다는 생각이 들었다. 그야말로 책 한 권을 꽉 채울 만한 양이었다. 이것이 이 책을 쓰게 된 이유다.

나는 몇 가지 시각에서 이 책을 썼다. 첫째, 크리스천으로서 이 책을 썼다. 나이를 먹을수록 하나님만이 참된 기쁨과 만족의 유일한 근원이

시라는 확신이 강해진다. 둘째, 의사로서 이 책을 썼다. 셋째, 부모의 마지막 나날을 지켜본 아들로서 이 책을 썼다. 마지막으로, 나이가 들면서 생기는 문제를 하나씩 직접 경험해 가는 60대의 암 생존자로서 이 책을 썼다.

크리스천 의사로서의 시각

나는 이 책을 명백히 크리스천의 시각에서 썼다. 여기서 세 가지를 분명히 말하고 넘어가고자 한다.

첫째, 이 책은 크리스천들에 '관한' 책이지만 크리스천들만을 '위한' 책은 아니다. 기독교의 믿음이 옳은지 판단하려면 죽음에 관한 기독교의 시각을 살펴봐야 한다. 무엇보다도 주요 종교 가운데 창시자의 죽음을 기반으로 한 종교는 기독교뿐이기 때문이다.

하지만 여느 종교와 달리 기독교가 죽음을 희망적으로 바라보는 이유는 그리스도의 죽음이 아니라 부활 때문이다. 크리스천들에게 죽음은 끝이 아니라 시작이다. 나는 평생 이 소망을 품고 살아왔다. 그래서 다른 종교에 관해서는 잘 알지 못한다. 하지만 만약 내가 세계의 종교들에 관해 조사한다면 가장 먼저 각자 참된 종교라고 주장하는 근거를 조사하고 싶다. 그리고 나서는 각 종교가 삶뿐 아니라 죽음에 어떤 도움이 되는지 알고 싶다. 마지막으로, 각 종교가 사후에 어떤 종류의 경험을 약속하는지 살펴볼 것이다.

기독교는 신자가 죽자마자 하나님의 품에 안기고 이 땅에서 즐겼던 것들과 누렸던 관계들 가운데 많은 부분이 그대로 이어진다고 말한다. 나아가 예수님의 제자들은 죽기 전에 자신의 영원한 미래를 확실히 알 수 있다. 그것은 천국에 들어가는 것이 우리의 선행이 아니라 예수님이 우리 대신 돌아가심으로 이루신 일에서 비롯하기 때문이다. 진정한 크리스천이라면 하나님의 눈에 들기 위해 노력하지 않고 그저 예수님이 이미 이루신 일을 기쁨으로 받아들인다.

기독교의 가장 인상적인 점은 하나님과 영원히 누릴 관계가 우리 존재의 가장 깊은 갈망을 채워 준다는 것이다. 이것은 동양의 종교들이 가르치는 욕구의 소멸이 아니라 완성이다. 크리스천이 아니더라도 이 책에서 큰 도움을 얻을 수 있으리라 믿는다. 이 책의 전략들은 신앙의 유무와 상관없이 유익하며, 불신자들은 이 전략들을 통해 삶과 죽음에 관한 기독교의 기본적인 믿음들을 시험해 볼 수 있다.

두 번째로 하고 싶은 말은 기독교 진리에 관한 나의 접근법만이 옳다고 주장할 생각은 없다는 것이다. 이 책의 주제들은 너무도 복잡하며, 이 주제들에 관한 성경의 입장은 너무도 광범위하다. 그래서 죽음에 관한 나의 접근법만 옳다고 주장할 수는 없다. 다만, 나의 접근법이 성경의 진리와 일관되며 오늘날의 복잡한 치료 환경에 실용적으로 적용할 수 있다는 점만큼은 자신 있게 말할 수 있다.

세 번째로 하고 싶은 말은 이런 주제에 관한 문화적 편견이 없을 수 없다는 점을 이해하고 인정한다는 것이다. 나는 부촌에 사는 중산층 백인의 범주에 들어간다. 비록 빈민가로 자주 찾아가 그곳 사람들과 진정한 우정을 쌓기 위해 애를 쓰고 있지만 여전히 나의 편견을 절감한다. 하지만 이 책에서 진정으로 기독교적인 시각과 문화적 편견을 구분하려고 최대한 노력했다.

배움의 통로

은혜로우신 하나님은 이런 전략들에 관해 배울 수 있는 다양한 통로를 내게 허락하셨다.

첫째, 내가 돌보는 환자들을 빼놓을 수 없다. 지금까지 정말 놀라운 사람들을 많이 섬겼다. 크리스천이 많았지만 그렇지 않은 환자들도 있었다. 신자들뿐 아니라 불신자들 중에서도 삶을 잘 마무리하는 사람들을 많이 보았다. 죽음 앞에서 그들은 용감한 동시에 온유한 모습을 보였다. 이 책에 그들의 이야기를 적잖이 실었다. 사생활을 보호하기 위해 이름과 세부적인 내용은 바꾸었다. 여러 사람의 이야기를 섞어 하나의 일화를 만들거나 지어낸 부분도 있다.

둘째, 가장 중요한 배움의 통로는 바로 성경이었다. 성경 안에는 진리와 지혜가 무궁무진하다. 나는 성경을 자유롭게 인용하되 언제나 전체적인 맥락 안에서 해석하려고 애를 썼다. 아무리 좋은 생각이라고 해도 먼저 스스로 생각하고 그 생각을 뒷받침해 줄 성경 구절을 찾는 것은 위험한 일이다. 나는 최대한 성경 전체의 지혜에서 내 생각이 흘러나오도록 노력했다. 내 요지를 증명하기 위한 수단이 아니라 본보기로써 성경을 인용하려고 노력했다.

세 번째 통로로는 나보다 훨씬 전에 이 문제들과 씨름을 해 온 저자들과 친구들이 있다. 개중에는 신학자도 있고 의학 전문가들도 있다. 하나같이 너무도 지혜로운 사람들이다. 구체적인 자료를 인용할 때마다 출처를 언급하려고 노력했지만 이 지면을 통해 각 사람에게 일일이 다 감사를 표시할 수 없는 것이 아쉽기만 하다.

특히 감사하고 싶은 사람은 찰스 셀이다. 셀은 조직 신학 박사인 신학교 은퇴 교수이자 적잖은 책을 낸 작가다. 그는 내 원고를 검토해 주고 집필에 큰 도움을 줬을 뿐 아니라 기꺼이 내 친구가 되어 주었다. 그가 없었다면 이 전략들을 정리하는 데 훨씬 더 오랜 시간이 걸렸을 것이다. 이 책에서 그는 '두 번째 전략'의 노년의 상실에 관한 부분과 '부록 3'을 직접 집필했다.

하나님께 영광이 되도록 인생을 잘 마무리하라

인생을 잘 마무리하기 위한 전략들을 소개하기에 앞서 내가 생각하는 '좋은 마무리'의 의미를 설명하지 않을 수 없다. 근심 걱정 없고 아픈 곳도 없이 행복하게 살다가 가는 것을 좋은 마무리라 말할 사람이 많을 것이다. 누구나 죽음의 순간에 품위를 잃지 않고 가족들과 즐거운 시간을 보내다가 눈을 감기를 원한다. 그렇게 된다면 정말 좋은 일이다. 하지만 그것이 다가 아니다. 성경은 크리스천다운 마무리를 다음과 같이 묘사한다.

> 나의 간절한 기대와 소망을 따라 아무 일에든지 부끄러워하지 아니하고 지금도 전과 같이 온전히 담대하여 살든지 죽든지 내 몸에서 그리스도가 존귀하게 되게 하려 하나니 이는 내게 사는 것이 그리스도니 죽는 것도 유익함이라(빌 1:20-21).

사도 바울은 하나님 중심의 인생관을 품고 살았다. 그의 소원은 죽는 그 순간까지 하나님께 영광이 되는 삶을 사는 것이었다. 그는 죽은 뒤에도 하나님의 품에 안겨 영원히 그분께 영광 돌리기를 소원했다.[1)]

인생을 잘 마무리한다는 것은 죽는 순간까지 삶으로, 그리고 죽은 뒤에는 유산을 통해 하나님께 영광을 돌린다는 뜻이다.

아름다운 인생 마무리를 위한 9가지 전략

이제부터 아홉 가지 전략을 간략히 소개하도록 하겠다. 읽고 나면 우리가 죽음을 앞두고 많은 문제에 직면하게 되며, 그래서 그 문제들에 대비하는 것이 중요하다는 생각이 들 것이다. 각 장은 본격적인 읽기에 앞서 생각을 자극하기 위한 질문들로 시작된다. 소그룹에서 함께 이 책을 읽고 토론하게 된다면 이 질문들로 토론을 시작하면 좋다.

첫 번째 전략. 노년의 기회를 찾으라

이 책은 죽음을 앞둔 상황에서 인생을 잘 살기 위한 조언으로 시작된다. 하나님이 부여하신 당신의 가치를 인식하며 사는 동시에 남들을 섬기고 건강을 챙기기 위해 노력하기를 바란다.

두 번째 전략. 움켜쥔 손을 놓고 삶을 간소화하라

이 전략은 영원한 삶을 더욱 온전히 받아들이기 위해 이 땅의 소중한 것들을 내려놓는 법에 관한 것이다. 글을 쓰는 내내 이런 변화가 쉽다는 뉘앙스를 풍기지 않으려고 노력했다. 죽음을 앞두고서 꼭 필요한 소망의 역할을 논할 것이며 이 세상이 아닌 하나님께 소망을 두어야 한다는 점을 강조할 것이다.

세 번째 전략. 하나님의 깊은 사랑을 경험하라

이 장에서는 하나님의 사랑을 경험하고 나면 그분과 경건한 삶에 대한 열정이 생길 뿐 아니라 천국과 부활한 몸에 대한 갈망이 생긴다는 점을 설명하겠다. 이 갈망은 노년을 대하는 우리의 태도를 변화시킨다. 크리스천들이 반드시 누려야 하는 궁극적인 기쁨을 어떻게 얻을지 그 방법을 설명하도록 하겠다.

네 번째 전략. 고난 가운데 하나님의 선한 목적을 발견하라

이 장에서는 고난이 무의미한 것이 아니라 오히려 생산적인 기간이 될 수 있다는 점을 설명하겠다. 이 점을 알고 나면 고통과 치매를 비롯한 노년의 어려움들을 하나님 중심의 시각으로 바라볼 수 있다.

다섯 번째 전략. 삶과 죽음을 성경적인 관점으로 이해하라

성경적인 인생관은 단순히 이 땅에서의 삶에 관한 관점만을 의미하지 않는다. 죽음은 본래 하나님의 선한 창조에 포함되지 않았다. 죽음은 우리 죄에 대한 벌이다. 따라서 죽음은 우리의 적이다. 하지만 이제 이 적은 패한 적이며, 크리스천들을 영원한 보상으로 인도하기 위한 하나님의 도구로 사용될 뿐이다.

여섯 번째 전략. 남은 시간 해야 할 일을 분명히 알고 마무리하라

서서히 죽음을 향해 가다 보면 하나님과의 관계를 더욱 가꿀 수 있고, 또한 사랑하는 사람들과의 삶을 정리할 기회도 주어진다. 사랑하는 사람들과의 삶을 잘 정리하고 경건한 삶의 유산을 남기기 위해 해야 할 일들을 소개하도록 하겠다.

일곱 번째 전략. 첨단 의학 기술을 적절히 사용하라

의학 기술은 하나님이 우리 삶을 개선하고 연장하라고 주신 은혜로운 선물이다. 하지만 이와 관련해서 까다로운 질문들이 자연스레 생겨난다. 이 장에서는 공격적인 생명연장술(연명 치료)을 사용할지 말지에 관한 실질적인 지침을 소개한다.

여덟 번째 전략. 치료에서 완화 간호(comfort care)로 방향을 전환하라

죽음이 목전에 왔다는 사실을 받아들이고 이제 의학적 치료는 멈추고 간호로 초점을 바꿔야 할 때가 온다. 이 장은 '왜', '언제', '어떻게'에 관한 까다로운 질문들을 다룬다. 아울러 사전 의료 지시(advance directives)에 관해서도 살펴보자.

아홉 번째 전략. 삶의 통제권을 주님께 맡기라

육체적 감정적 영적으로 충분한 준비를 한 뒤에는 죽음이 사투가 아니라 마침내 구주께 모든 통제권을 넘겨드리고 난 뒤에 그분의 품 안에서 편안히 쉬는 순간이 될 수 있다. 하지만 죽음은 언제나 쉽지 않다. 때로는 차마 눈뜨고 보기 힘들 만큼 처절할 수도 있다. 이 전략은 남들보다 힘든 마지막 순간을 맞을 경우를 위해 우리를 준비시켜 준다.

세 개의 부록으로 이 책을 마무리지었다. 첫 번째 부록에는 나만의 건강 유지 비법을 담았다. 두 번째 부록은 특정한 생명연장술을 고려할 때 필요한 지침을 소개한다. 세 번째 부록에서는 슬픈 가운데서 많은 결정을 내려야 하는 유족들에 대한 조언을 담았다.

이 책에서 나는 몇 가지 복잡한 문제와 상황들을 다소 이상적으로 묘사했다. 하지만 실제로 우리 인생의 마지막은 훨씬 더 힘들고 고통스러울 수 있다. 이 책을 읽다 보면 내가 상황을 항상 잘 다룬 것처럼 생각할 수도 있지만 전혀 그렇지 않다. 나도 실수를 많이 했고 지금도 여전히 완벽하고는 거리가 멀다. 그래서 우리는 의술을 펼친다고 하지 않고 '연습한다'(practice)고 하는 건지도 모르겠다.

죽음에 관해 생각하는 것이 힘들기는 하지만 우리는 모세의 기도를 기억할 필요가 있다. "우리에게 우리 날 계수함을 가르치사 지혜로운 마음을 얻게 하소서"(시 90:12).

아무쪼록 당신이 인생의 마지막 순간에 관해 고민하면서 지혜롭게 살고, 매사에 결정을 내릴 때 하나님의 도우심이 필요하다는 사실을 잊지 말기를 원한다. 나이를 먹을수록 하나님의 지혜를 구하며 인생을 잘 마무리할 수 있게 되기를 바란다.

각 전략을 읽은 뒤에는 하나님의 도우심을 위해 기도하기를 강권한다. 그런 의미에서 각장에 짧은 기도문을 수록했다. 크리스천으로서 인생을 잘 마무리할 수 있는 이유들을 알고 나면 하나님을 예배할 수밖에 없다. 그런 의미에서 당신이 예배로 나아가도록 돕기 위해 묵상할 거리로 각 장을 마무리했다.

이 책을 쓰는 동안 사도 바울의 다음 말을 늘 묵상했다. "만물이 주에게서 나오고 주로 말미암고 주에게로 돌아감이라. 그에게 영광이 세세에 있을지어다. 아멘"(롬 11:36).

책을 다 읽은 뒤, 하나님이 당신 삶의 기원이요 목적이며 목표라는 사실을 깊이 깨닫기를 바란다. 그래서 인생을 잘 마무리하기를 바란다. 만물이 하나님의 영광을 드러내니 그 만물 중 하나인 우리의 마무리도 그분께 영광이 되어야 한다.

|첫 번째 전략| 몇 십 년, 몇 달, 몇 시간까지 인생을 잘 사는 법

노년의 기회를 찾으라

나이 듦의 유익은 무엇인가?
노년에 나는 어떤 인생의 목적을 가질 수 있을까?
어떻게 해야 더 깊은 관계를 맺을 수 있을까?
건강을 위해 무엇을 해야 할까?
인생을 잘 마무리하지 못하도록 방해하는 것들은 무엇이 있을까?

인생을 잘 마무리하는 것은 결국 끝까지 잘 사는 것이다. 물론 나이를 먹을수록 죽음이 다가오고 있다는 사실을 더 자주 떠올리게 된다. 하지만 인생은 기본적으로 죽어 가는 것이 아니라 살아가는 것이다.

내가 노인학자이다 보니 은퇴 전에 건강검진을 받으러 내 진료실에 오는 환자가 많다. 그 때마다 나는 은퇴 계획을 묻고 나서 은퇴 생활을 위한 두 가지 규칙이 있는데, 혹 알고 싶으냐고 묻는다. 싫다고 고개를 젓은 사람은 지금껏 단 한 명도 없었다. 이 규칙들은 아주 간단하다.

규칙 1 : 매일 아침, 그날 뭘 해야 할지 알고서 눈을 뜨라.

규칙 2 : 매일 밤, 누군가를 도왔다는 뿌듯함 속에서 잠자리에 들라.

혹시 은퇴 생활이라는 것이 하고 싶은 일이나 하면서 한가로이 시간을 보내는 것이라고 생각했는가? 비로소 자신만을 위해서 살 수 있는 시간이 온 것이라고 생각하는가? 그런 생각으로 살면 자신만 불행해지는 것이 아니라 주변 모두의 삶까지 불행으로 몰아간다.

이 두 가지 규칙을 무시하면 우울증에 걸릴 수 있고 심지어 죽음의 순간을 더 앞당길 수도 있다. 삶의 의미 있는 목적이 없으면 방송인 폴 하비가 농담 삼아 말한 것처럼 은퇴 생활이 불행해질 수 있다. "은퇴 생활은 단지 죽음을 연습하는 것일 뿐이다."[1] 실제로 그렇게 사는 사람들이 있지만 다 그런 것은 아니다.

캐리는 아흔다섯 살의 백발 노인이었지만 결코 "죽음을 연습"하지 않았다. 나는 행복하게 사는 노인들을 많이 봤는데 캐리도 그런 노인 가운데 한 명이었다. 캐리가 남편과 사별하고 20년간 혼자 산 뒤, 가족들은 그녀가 운전을 그만하고 70년간 산 집을 떠나 요양원으로 들어가는 편이 좋겠다고 판단했다. 내가 바뀐 삶이 어떠하냐고 묻자 캐리는 인상을 찌푸렸다. "운전을 못하니 노인정에 봉사하러 갈 수가 없어서 나빠."

프레드는 이와 정반대였다. 그의 나이도 아흔다섯이었지만 삶의 태도는 전혀 달랐다. 요양원의 침대에 앉아 있는 그에게 격려의 말을 전했더니 냉소적인 반응이 돌아왔다. "다 필요 없어. 이제 곧 죽을 건데 뭐."

나는 그에게 세상에 오직 두 가지 종류의 사람이 있다는 말을 해 주었다. 하나는 산 사람이고 하나는 죽은 사람이다. "선생님은 죽지 않았으니까 아직 살아 있는 겁니다. 그러니까 열심히 살아야죠. 인생을 잘 마무리하는 것은 어떻게 죽느냐 하는 것보다 마지막 나날을 어떻게 사느냐의 문제에요."

다행히 그는 마음을 고쳐먹고 남은 시간을 아내를 비롯한 사랑하는 사람들과 행복하게 보냈다.

인생을 잘 마무리하기 위한 처방들

이번 장은 노년의 '문제점'보다 '기회'에 초점을 맞춘다. 그런 의미에서 다음과 같은 처방을 제시한다.

1. 하나님이 당신에게 부여하신 가치를 깨달으라.
2. 매일의 목적을 찾으라.
3. 깊은 관계를 맺고 유지하라.
4. 많이 웃으라.
5. 건강에 투자하라.
6. 양질의 노년을 방해하는 것들을 피하라.

하지만 안타깝게도 이런 처방의 반대 방향으로 가는 것이 우리의 자연스러운 성향이다. 따라서 의식적인 계획이 중요하다.

하나님이 당신에게 부여하신 가치를 깨달으라

요양소에 있는 내 친구는 자신의 가치를 보지 못한 탓에 아침에 눈을 떠서 활기차게 살아갈 의욕을 느끼지 못했다.

젊음을 외치는 이 사회에서 늙는 것은 두려운 일이다. 그래서 사람들은 노화를 최대한 늦추기 위해 수단 방법을 가리지 않는다. 누구나 오래 살기를 원하지만 아무도 늙는 것을 원하지 않는다는 말은 우리 사회의 현주소를 잘 말해 준다. 우리 문화는 젊음과 육체적 아름다움, 뛰어난 운동 실력을 중시하고 노인의 가치는 별로 인정하지 않는다. 나이를 먹을수록 사회에서 점점 쓸모없는 존재로 취급을 받는다.

노인에 대한 이런 시각을 성경의 시각과 비교해 보라. "너는 센 머리 앞에서 일어서고 노인의 얼굴을 공경하며 네 하나님을 경외하라 나는 여호와이니라"(레 19:32).

이 구절에 따르면 노인을 공경하는 것이 곧 하나님을 경외하는 것이다. 다음 구절의 의미도 마음에 새겨 두자. "백발은 영화의 면류관이라 공의로운 길에서 얻으리라"(잠 16:31).

리처드와 주디스 헤이스 부부는 〈그리스도 안에서 늙어 가기(Growing Old in Christ)〉에서 노인에 대한 성경의 시각을 명쾌하게 정리했다.

성경 어디에도 노인을 안타깝게 여기거나 약자로 취급하거나 우습게 다룬 구절은 없다. 늙는 것 자체를 문제로 묘사한 구절은 없다. 노인을 불쌍하거나 뭘 모르거나 시대에 뒤처지거나 비활동적이거나 비생산적으로 묘사한 구절은 없다. 요즘 드라마와 책에서처럼 노인을 우스운 캐릭터로 조롱하는 구절은 없다.[2]

우리는 현대 사회의 시각이 아닌 성경의 시각으로 노인을 바라보아야 한다. 그렇지 않으면 우리의 미래가 불행해진다. 젊은 시절 노인을 경시하면 자신도 늙어서 똑같은 꼴을 당할 것은 불 보듯 뻔한 일 아닌가?

요즘 젊은 시절로 돌아가려고 발버둥을 치는 노인이 많다. 노인들이 스키를 타는 장면을 보여 주는 노인 시설 광고가 생각난다. 그 나이에도 활기차게 사는 것 자체는 아무런 문제가 아니다. 문제는 그런 광고 때문에 많은 노인들이 자신의 현주소를 부인하고 젊은 척하려 든다는 것이다.

노인을 무가치하게 여기는 태도는 우리 사회 전반에 만연해 있다. 나도 부지불식간에 그런 생각을 할 때가 있어 깜짝깜짝 놀랄 때가 한두 번이 아니다. 예전에는 구십 세의 노인들에게 겨우 육십으로밖에 보이지 않는다는 칭찬을 해 주곤 했다. 그러면 백이면 백 환하게 웃으며 좋아한다. 하지만 그런 말이 구십 세는 뭔가 잘못되었다는 뉘앙스를 풍긴다는 사실을 깨닫고 나서는 그런 식의 칭찬을 하지 않는다.

늙는 것을 비하하지 말고 오히려 늙음의 유익을 인정해야 한다. 늙으면 삶이 힘들어지기만 하는 것이 아니라 좋은 점도 있다. 그런 유익 가운데 하나가 바로 지혜다. "늙은 자에게는 지혜가 있고 장수하는 자에게는 명철이 있느니라"(욥 12:12).

물론 젊은 사람들도 지혜로울 수 있고 늙은 사람들도 어리석을 수 있다. 하지만 성경은 긴 세월 속에서만 얻을 수 있는 종류의 지혜를 인정한다. 지혜는 지식과 다르다. 지식은 정보의 축적이지만 지혜는 그 지식을 잘 활용하는 능력이다. 지혜에는 올바른 우선순위를 세우고 가치를 평가하며 상황을 전체적으로 보는 능력이 포함된다. 요즘 세상에는 지식을 얻기가 그 어느 때보다도 쉬워졌다. 인터넷을 검색하기만 하면 지식이 무한대로 들어온다. 하지만 안타깝게도 지식이 많다고 저절로 지혜로워지는 것은 아니다.

젊든 중년이든 스스로 노인이든 상관없이 우리 모두는 나이 듦의 가치를 인정해야 한다.

매일의 목적을 찾으라

하나님을 믿는 사람이라면 인생의 어떤 계절도 비생산적이지 않음을 알아야 한다. 심지어 인생의 마지막 시간도 가만히 누워만 있을 시간이 아니다. 그래서 시편 기자는 다음과 같이 썼다.

의인은 종려나무같이 번성하며 레바논의 백향목같이 성장하리로다 이는 여호와의 집에 심겼음이여 우리 하나님의 뜰 안에서 번성하리로다 그는 늙어도 여전히 결실하며 진액이 풍족하고 빛이 청청하니(시 92:12-14).

이 구절을 보면 크리스천의 분명한 특징 가운데 하나가 '끝없는 활력'임을 알 수 있다. 노년은 가만히 앉아서 쉴 시간이 아니라 성취의 시간이다. 영적인 일을 해야 할 시간이다.

현재에 최선을 다하라는 뜻의 '카르페 디엠'(carpe diem)은 모든 나이에 적용되는 표현이다. 은퇴 생활을 위한 두 번째 규칙을 잊지 마라. "매일 밤, 누군가를 도왔다는 뿌듯함 속에서 잠자리에 들라."

하나님은 매일 우리를 향한 목적을 갖고 계신다. 우리는 매일 그 목적을 이루기 위해 최선을 다해야 한다. 단, 나이를 먹을수록 우리를 향한 하나님의 목적은 변한다. 세월이 더 흐르면 나는 환자를 직접 진료하거나 강의를 하거나 책을 쓰지 못할 것이다. 아마도 육체적 힘이 필요한 일에서 손을 떼고 기도나 격려처럼 좀 더 잔잔한 활동에 집중하게 되리라. 하나님의 영원한 나라에는 이런 활동이 지금 내가 하는 일보다 더 중요할 수도 있다. 그리스도의 교회를 구성하는 일원으로서 우리는 그 사명에 참여해야 한다. 그리스도의 몸을 이루는 지체로서 우리는 세상 속에서 그분의 일을 해야 한다.

이는 계속해서 현재 일하는 직업 분야에서 일해야 한다는 뜻은 아니다. 계속해서 보수를 받고 일해야 한다는 뜻은 더욱 아니다. 어떤 식으로든 우리는 늙어서도 주님의 일을 할 수 있다. 섬김에 관한 성경의 명령 중에 특정한 연령대를 겨냥한 명령은 없다. 성경은 모든 신자에게 영적 은사가 있다고 말한다.3) 모든 신자에는 당연히 노인들도 포함된다. 사도 바울이 자신의 삶을 어떻게 보았는지 보라.

> 이는 내게 사는 것이 그리스도니 죽는 것도 유익함이라 그러나 만일 육신으로 사는 이것이 내 일의 열매일진대 무엇을 택해야 할는지 나는 알지 못하노라 내가 그 둘 사이에 끼었으니 차라리 세상을 떠나서 그리스도와 함께 있는 것이 훨씬 더 좋은 일이라 그렇게 하고 싶으나 내가 육신으로 있는 것이 너희를 위하여 더 유익하리라 내가 살 것과 너희 믿음의 진보와 기쁨을 위하여 너희 무리와 함께 거할 이것을 확실히 아노니 내가 다시 너희와 같이 있음으로 그리스도 예수 안에서 너희 자랑이 나로 말미암아 풍성하게 하려 함이라(빌 1:21-26).

네로 황제의 손에 처형될 위기에 처한 바울은 자신이 얼마나 더 살게 될지 알 수가 없었다. 당시 그는 중요한 갈림길에 서 있었다. '계속해서 살기를 바라야 할까? 아니면 빨리 죽어서 주님 품에 안기기를 바라야 할까?'

그는 이 땅에서 이루어야 할 목적이 있다고 생각했기 때문에 계속해서 살기를 소망했다. 그는 빌립보 교인들이 신앙생활을 잘할 수 있도록 이끄는 데 남은 평생을 쏟고자 했다. 바울은 몸의 부활에 관한 내용을 다룬 고린도전서 15장에서도 똑같은 태도를 보였다. 그는 천국에서 얻게 될 새 몸, 육체의 고통과 쇠약함에서 해방된 새로운 몸을 갈망했다. 그는 신자들을 기다리는 부활에 대해 매우 화려한 표현으로 묘사했다.

하지만 그의 결론은 우리가 이 영광스러운 미래만 꿈꾸며 이 땅에서 빈둥거려서는 안 된다는 것이었다. 오히려 그는 남들보다 더 열심히 살아가라고 촉구했다. "그러므로 내 사랑하는 형제들아 견실하며 흔들리지 말고 항상 주의 일에 더욱 힘쓰는 자들이 되라 이는 너희 수고가 주 안에서 헛되지 않은 줄 앎이라"(고전 15:58).

사도 베드로는 심지어 고난 중에 있는 사람들에게도 똑같은 주문을 했다. "그러므로 하나님의 뜻대로 고난을 받는 자들은 또한 선을 행하는 가운데에 그 영혼을 미쁘신 창조주께 의탁할지어다"(벧전 4:19).

고난은 우연이 아니라 하나님의 뜻에 따른 것이므로, 고난의 때에는 하나님을 더욱 의지하면서 고난을 하나님의 신실하심에 관해 더 배우는 계기로 삼아야 한다. 나아가 고난 중에도 계속해서 선을 행해야 한다. 삶이 힘들다는 이유는 주님을 섬기지 않는 데 대한 변명이 못 된다.

조니 에릭슨 타다는 자신의 몸도 성치 않으면서 남들이 절박한 상황 속에서도 계속해서 살아갈 이유를 찾도록 도왔다. 한번은 몸이 많이 아파 꼼짝없이 침대에만 누워 있던 한 소녀가 타다의 전화를 받고 물었다. "이런 몸으로 뭘 할 수 있겠어요?"

소녀가 성경 구절을 많이 암송하고 있다는 사실을 안 타다는 남들에게 성경을 인용해 주는 게 어떻겠냐고 말했다. "너를 찾아온 사람이나 전화를 걸어온 사람을 격려할 수 있잖아. …… 게다가 말이야, 너는 남들에게 너를 섬기고 격려할 수 있는 기회를 주고 있잖니?"[4)]

나는 크리스천 청년들에게 '나이 듦'에 관한 강연을 해 달라는 부탁을 자주 받는다. 강연 때마다 조부모나 다른 어르신들에게 신앙적으로 큰 영향을 받은 사람들이 있으면 손을 들어 보라고 한다. 매번 얼마나 많은 이들이 손을 드는지 모른다. 우리 할머니도 내게 신앙적으로 귀한 영향력을 끼쳤다. 할머니가 틈만 나면 구약의 한 구절을 인용해 주셨던 기억이 난다. "나를 존중히 여기는 자를 내가 존중히 여기고"(삼상 2:30).

성경에는 죽음이 얼마 남지 않은 상황에서도 세상에 선한 영향력을 끼친 노인들에 관한 이야기가 가득하다. 모세는 나이 여든에 이스라엘 백성을 애굽에서 약속의 땅으로 이끌었다. 아브라함과 사라의 이야기도 빼놓을 수 없다. 이 부부는 폐경이 훨씬 지나서 아들 이삭을 낳았다. 다윗 왕은 죽음을 코앞에 두고서 솔로몬을 위해 성전 건축을 준비했다. 늙은 사가랴의 부인 엘리사벳은 세례 요한을 낳았다. 노인 안나와 시므온은 성전에서 예언된 메시아를 맞았다. 사도 요한은 구십이 넘어서 예수 그리스도의 계시를 받았다.

무엇보다도 인생의 마지막 나날에 나타난 선한 일의 최고봉은 바로 우리 주 예수 그리스도의 역사다. 예수님은 이 땅에서의 마지막 나날에 제자들을 만나 발을 씻기시고 성찬식을 제정하셨다. 겟세마네 동산에서는 제사장의 종이 귀가 잘린 것을 치료해 주셨다. 십자가 위에서는 어머니를 챙기고 가해자들에게 용서를 베푸셨다. 예수님은 극심한 고통 중에서도 자신이 아닌 남들을 생각하셨다.

안타깝게도 남들을 섬기기를 원하지만 육체적 정신적 감정적 이유로, 심지어 영적 이유로 그럴 수 없는 노인들이 적지 않다. 이런 사람들을 생각해 우리가 열심히 남들을 섬기고 있다고 해도 섣불리 그들을 비판해서는 안 된다. 중요한 것은 능력껏 최선을 다해 섬기는 것이다. 어쩌면 그들은 자신의 한계 이상으로 남들을 섬기고 있는지도 모른다. 그렇다면 그들의 섬김은 겉으로 더 많은 열매를 거둔 사람들의 섬김보다 더 위대할 수 있다.

하나님이 생명과 능력을 주시는 한, 우리에게는 매일 이루어야 할 목적이 있다. 그 목적을 찾아 죽는 그 순간까지 그리스도와 그분의 나라를 위해 사는 것이 우리의 본분이다.

깊은 관계를 맺고 유지하라

젊은 시절에는 관계보다 활동을 중시하기 마련이다. 우리가 지금까지 해 온 것, 지금 하고 있는 것, 앞으로 하려는 것이 우리의 정체성을 형성한다. 하지만 나이를 먹을수록 우리의 초점은 활동에서 관계로 옮겨 간다. 우리 아버지도 해를 거듭할수록 자신의 성과보다 자녀와 아내, 친구들에 관한 이야기를 많이 했던 기억이 난다. 그것이 훨씬 더 지혜롭고 성경적인 삶의 자세다.

내 절친한 벗 중 한 명이 자주 하는 표현을 빌자면 "이 땅에서 하나님이 천국에 데려가시는 것은 오직 사람뿐이다."

가족은 만족스러운 관계의 근원인 경우가 많다. 따라서 나이를 먹을수록 가족과의 관계를 더욱 세심히 챙겨야 한다. "자녀가 당신이 늙어 머물 요양소를 선택할 것이니 자녀에게 잘하라."

일리가 있는 말이긴 하지만 사실 시설 좋고 비싼 요양소보다 더 좋은 것은, 자녀와 손자손녀에게 좋은 유산을 물려줄 수 있는 기회를 만드는 일이다.

아울러 가족 관계만으로는 부족하다. 나이가 비슷한 사람들과의 깊은 우정도 그에 못지않게 중요하다. 연구 결과를 보면 깊은 우정을 유지하는 노인들이 오래 산다.[5]

모두 내 환자들인 네 명의 남자가 매일 맥도널드에 모여 커피를 마시며 '세상의 문제를 해결하는' 모습을 볼 때마다 흐뭇하기 그지없다. 부부가 둘이서만, 혹은 정해진 몇몇 부부하고만 어울리는 것은 바람직하지 않다. 둘 중 한 사람이 먼저 떠났을 때 의지할 사람들이 필요하다.

크리스천들은 서로 의지하고 서로의 삶에 참여하는 성경적인 교제의 개념(헬라어로 '코이노니아'(koinonia)라고 한다)에 따라 우정을 쌓아야 한다. 바울은 갈라디아 교인들에게 쓴 편지에서 이런 교제의 의미를 명쾌하게 풀이해 주었다. "너희가 짐을 서로 지라 그리하여 그리스도의 법을 성취하라"(갈 6:2).

이것은 제안이 아니라 명령이다. 신자의 경우에는 주로 교회 내 소그룹을 통해 이런 교제를 나누어야 한다. 특별히 노인들의 교제를 돕기 위해 소그룹 활동을 운용하는 교회가 많다. 지금 다니는 교회에 이런 소그룹이 없다면 당신이 나서서 시작해 보는 게 어떤가? 믿지 않는 사람들도 소그룹에 초청해 그들과도 깊은 우정을 나누면 좋다.

노인들을 위한 성경 공부 프로그램이 정말 많다. 이런 프로그램에 참여하면 사람들과 어울릴 수 있을 뿐 아니라 신앙생활에 큰 도움이 된다. 주일 밤마다 나는 여든아홉의 우리 노모와 월요일 아침에 있는 성경 공부에 관한 이야기를 나눈다. 어머니는 실버타운에 사는 노인들과 함께 이 모임에 열심히 참여한다.

한편, 나는 병원 근처 한 식당에서 친구들을 만나 아침식사를 하며 하루를 시작하곤 한다. 그런데 일주일에 두 번은 마을 노인들이 그곳에서 아침식사를 한 뒤 한참 동안 성경 공부를 한다. 그 모임의 리더 중 몇 명은 노인들이지만 젊은 리더들도 있다. 그렇게 세대를 초월해서 어울리는 것이 서로에게 큰 도움이 된다.

나보다 나이가 많은 지인들을 봐도 세대를 초월한 교제가 꼭 필요하다. 젊은이들에게는 노인들의 지혜와 지원이 필요하고, 노인들에게는 젊은이들의 에너지와 그들을 섬길 기회가 필요하다. 나는 노인들만 따로 묶는 요즘 교회의 추세가 바람직하지 않다고 생각한다. 시편을 봐도 그렇다.

총각과 처녀와 노인과 아이들아 여호와의 이름을 찬양할지어다 그의 이름이 홀로 높으시며 그의 영광이 땅과 하늘 위에 뛰어나심이로다

(시 148:12-13).

우리 교회는 소그룹 활동을 매우 중요하게 생각한다. 대부분의 소그룹은 비슷한 또래로 이루어져 있으며, 분기에 한 번씩 세대를 초월한 교제 프로그램을 진행한다. 이렇게 하니 얼마나 좋은지 모른다.

관계는 황혼기 삶의 질에 매우 중요한 요소다. 누구와 어떤 식으로 시간을 보내느냐가 매우 중요하다. 따라서 사람을 가려서 사귀고 좋은 관계는 잘 유지시켜야 한다.

많이 웃으라

많이 웃고 좋은 친구들과 인생을 즐기는 것이 건강한 노년의 비결이다. 전도서는 "울 때가 있고 웃을 때가 있으며 슬퍼할 때가 있고 춤출 때가 있으며"(전 3:4)라고 말한다. 메이오 클리닉 의사인 에드 크레이건은 건강한 노년에 관해 많은 연구를 했다. 그가 건강을 위해 가장 적극적으로 추천하는 처방 가운데 하나는 많이 웃으라는 것이다. 그런 의미에서 손자들의 가장 중요한 임무는 할아버지 할머니를 최대한 많이 웃기는 것이 아닐까 싶다.

나도 환자들과 함께 자주 웃으려고 애를 쓴다. 개중에는 유머 감각이 남다른 환자들이 있다. 베티를 진료하면서 고양이에 관한 이야기가 나왔다. 베티는 누구보다도 고양이를 사랑하는 사람이었다. 하지만 나는 그녀에게 고양이를 딱히 좋아하지 않는다고 말했다. 그리고 나서 그 대화에 관해 까마득히 잊고 있었는데 다음번 진료 때 그녀가 결연한 표정으로 말했다.

"변호사에게 연락을 해서 제 고양이를 선생님께 유산으로 남기라고 했어요."

다행히 베티보다 고양이가 먼저 세상을 떠났다.

지금까지 의사로 일하면서 답답한 투병 생활을 유머로 이겨 낸 사람들을 많이 봤다. 레이첼은 다소 정신이 온전하지 못한 가운데서도 헌신적인 남편의 도움으로 꽤 잘 지내고 있었다. 그런데 어느 날, 갑자기 상태가 나빠져 병원에 찾아왔다. 다음 날 아침 일찍 레이첼이 나를 보자마자 처음으로 한 말은 집에 가고 싶다는 것이었다. "그럼요. 가셔야죠. 하지만 잠깐 상태 좀 볼게요."

하지만 그녀는 막무가내였다. "안 돼요. 지금 당장 집에 가야 해요. 어서요. (사방을 가리키며) 우리 집은 바로 저기예요. 선생님은 경찰 아저씨니까 나를 집에 데려다줄 수 있지요?"

정신이 오락가락하는 듯했다. 다음날 아침 회진을 돌 때 그녀를 보고 지금 어디에 있는지 아냐고 물었다. "빅토리아 병원이잖아요."

이번에는 좀 더 어려운 질문을 던졌다. "제 이름이 뭔지 아세요?"

그러자 그녀는 숨도 쉬지 않고 대답했다. "던롭 선생님이요."

다음날도 똑같은 질문을 반복했는데 이번에는 내 이름을 묻자 이런 대답이 돌아왔다. "한 번만 더 물으시면 자기 이름을 아는 선생님을 찾을 거예요!"

지금도 나는 베티와 레이첼을 만날 때마다 고양이와 자기 이름을 모르는 의사에 관한 농담을 하며 한바탕 웃곤 한다.

건강에 투자하라

건강하면 오랫동안 자유롭게 활동하면서 남들을 섬길 수 있다. 하지만 건강은 누구도 자신할 수 없다. 또한 개중에는 온갖 질병에 걸리기 쉬운 유전자를 타고난 사람들도 있다. 하지만 나이를 먹을수록 건강 상태는 유전자보다는 우리 자신의 선택에 따라 달라진다. 따라서 우리는 몸과 마음을 단련시키고 좋은 음식을 먹고 예방 치료를 하고 의사가 처방하는 식이요법을 따르기로 선택해야 한다.

하나님을 사랑한다면 건강을 유지하는 일에 시간과 노력을 투자해야 한다. 우리 몸은 하나님이 우리에게 맡겨 주신 것이니 그것을 잘 관리하는 선한 청지기가 되어야 하기 때문이다. 부록 1에서 이 문제를 좀 더 자세히 다루었다.

양질의 노년을 방해하는 것들을 피하라

크리스천들은 대체로 활기차고도 생산적인 삶을 영위하지만 나이를 먹으면서 영적 활력을 잃는 경우가 종종 있다. 진정으로 구원을 받지 못해 성령이 내주하시지 않아서 그런 경우도 있지만, 내가 볼 때는 노년에 대한 비현실적인 기대가 원인인 경우가 더 많다. 그런가 하면 치매가 원인인 경우도 있다.

양질의 노년을 방해하는 것에는 다음과 같은 것들이 있다.

영적 의심. 노년에는 젊은 시절보다 시련이 더 많이 찾아온다. 그럴 때면 의심이 싹트기 쉽다. 삶이 계획대로 또는 기대했던 대로 풀리지 않으면 하나님께 울부짖게 되고, 그런 상황이 지속되면 하나님이 우리의 간구를 듣지 않는다는 생각이 들기 시작한다. 그런 순간에도 우리가 믿음의 삶으로 부름을 입었다는 사실을 기억해야 한다.

노년의 시련기는 포기해야 할 때가 아니라 믿음으로 꿋꿋이 나아가야 할 때다. 하나님께 믿음을 키워 달라고 간구하면 기꺼이 들어주실 것이다.

불만. 처한 환경에 만족할 줄 알아야 한다. 바울은 결코 좋은 환경이 아니었지만 상관없이 그는 만족했다. 그래서 "만족은 상황의 상태가 아니라 영혼의 상태다"라는 말도 있다.

근심. 근심은 믿음이 없는 증거일 뿐 아니라 자기 자신에게 집착하고 있다는 증거다. 자신의 안위보다 하나님의 영광을 추구한다면 근심할 일이 없다.

잘 살겠다는 의지의 상실. 앞서 소개했던 프레드는 요양원 침대에 앉아 "다 필요 없어"라고 말했다. 바로 이것이 삶의 의지를 상실한 모습이다. 내가 관찰한 바에 따르면 의지를 잃는 것은 주로 합리화와 치매, 게으름, 우울증이라는 네 가지 원인에서 비롯한다.

'합리화'는 "살 만큼 살았어. 이젠 죽을 때가 되었어. 더 살아 봐야 추한 꼴만 보이지. 그러니 하나님, 지금 당장 저를 데려가세요"라고 말하는 것이다. 프레드의 말도 결국 그런 뜻이었다. 그는 자신의 생각이 지극히 합리적이라고 믿었지만 문제는 하나님이 그를 예상한 시간에 데려가시지 않았다는 것이다.

'치매'로 인한 성격 변화로 의지를 잃는 경우도 적지 않다. 가족들과 간병인은 환자를 비판하기에 앞서 이런 원인이 있지 않나 잘 살펴야 한다.

'우울증'은 노년기에 매우 흔한 병이다. 우울증에 걸리면 자주 울고, 죽음에 집착하고, 입맛과 잠자는 패턴이 변하는 식의 증상이 나타난다.

'게으름'은 가장 다루기 까다로운 문제다. 바울이 데살로니가 교회에 보낸 편지에서 이 문제를 다룬 바 있다. "또 형제들아 너희를 권면하노니 게으른 자들을 권계하며 마음이 약한 자들을 격려하고 힘이 없는 자들을 붙들어 주며 모든 사람에게 오래 참으라"(살전 5:14).

게으른 자는 꾸지람을 들어 마땅하다. 게으름은 마음이 약한 것과는 다르다. 마음이 약한 것은 도와주고 격려하고 치료해야 한다. 물론 게으름과 마음이 약한 것을 구분하기는 쉽지 않다. 따라서 영적 분별력이 매우 중요하다.

스스로 양질의 삶을 살지 못한다고 생각하는 사람들은 혹시 이런 장애물이 원인이 아닌지 진지하게 돌아보길 바란다.

노년에 양질의 삶을 영위하려면 지혜로운 선택을 내려야 한다. 첫째, 남들을 섬기기로 선택해야 한다. 또한 사람들과 좋은 관계를 쌓아 함께 인생을 즐겨야 한다. 아울러 자신의 심신을 잘 관리하는 동시에 심신을 무너뜨리는 장애물을 잘 헤쳐 나가는 선한 청지기가 되어야 한다. 이렇게 죽는 순간까지 잘 살기 위한 첫 번째 전략이 완성된다.

기도

하나님 아버지, 제 인생의 마지막 나날을 귀하게 여기시니 얼마나 감사한지 모릅니다. 당신이 주신 선물을 잘 관리하도록 도와주십시오. 주님, 당신이 본향으로 부르실 날까지 당신의 나라를 위해 계속해서 일할 믿음과 힘, 사랑을 주십시오. 저의 안위가 아닌 당신의 영광을 위해 이렇게 간구합니다. 예수님 이름으로 기도드립니다. 아멘.

묵상

너의 온 힘을 다해 선한 싸움을 싸우라.
그리스도는 너의 힘이요 너의 의이시니
끝까지 열심히 살면
영원한 기쁨과 면류관을 얻으리.
_ '선한 싸움을 싸우라'(Fight the Good Fight), 존 몬셀 (1863)

| 두 번째 전략 | 노년의 상실을 대하는 법

움켜쥔 손을 놓고
삶을 간소화하라

이 세상의 것들을 어떻게 포기하기 시작할까?
하나님이 주신 선물을 즐기지 말아야 한다는 뜻일까?
이 세상의 가치들이 하늘의 가치들과 어떻게 다른가?
내려놓아야 할 때 슬퍼해도 괜찮은 걸까?
죽음을 향해 갈 때 어떻게 해야 소망을 유지할 수 있을까?

우리 장모의 마지막 나날은 내가 이번 장에서 다루려는 과정을 그대로 밟고 있다. 세 딸을 키우며 20년간 해로했던 남편을 떠나보낸 이후, 장모는 매우 생산적인 삶을 영위했다.

장모는 오랫동안 중학교에서 아이들을 가르쳤고, 막내인 내 아내가 출가한 뒤에는 은퇴하고 나서 취미 가운데 하나인 해외여행을 즐겼다. 육십 세에 장모는 살던 집을 팔고 방 두 칸짜리 작은 아파트로 줄여 갔다. 그리고 20년 뒤에는 다시 삶을 간소화하기로 결정했다. 장모는 자신의 집이 따로 있지만 공동의 거실에서 친구들과 저녁식사를 하는 실버타운으로 이사를 했다. 그렇게 이사를 할 때마다 장모는 가구며 살림살이를 중고로 판매했다.

80대 초에는 시력이 나빠 더 이상 운전을 할 수 없다고 판단하고 자동차를 팔고 실버타운 협회에서 운영하는 버스를 이용했다. 친구들은 교회까지 태워다 주겠다고 말했지만 장모는 한사코 폐를 끼치기를 거부했다.

여든다섯에 장모는 심신이 모두 쇠약해졌다. 그래서 시간이 갈수록 다른 사람들을 의지할 수밖에 없었다. 아내는 한 달에 한 번씩 두 시간을 달려 장모와 함께 주말을 보냈다. 얼마 뒤 장모에게 또다시 큰 변화가 필요해 보였다. 우리는 일단 장모를 우리 집으로 데려와 일주일간 여러 양로 호텔(assisted-living facility)을 보여 주었다. 장모가 선택한 시설은 썩 괜찮으면서도 비용이 적당했다. 하지만 장모에게 이런 변화는 결코 쉽지 않았다. 85년간 뿌리를 내리고 살던 세인트루이스를 떠나 전혀 새로운 환경에서 새롭게 시작해야 했으니 말이다.

하지만 처음 얼마간의 적응 기간이 끝나자 장모는 예전처럼 잘 지냈다. 그리고 그때부터 장모는 평생에 걸쳐 모은 작은 '보물들'을 나눠 주기 시작했다. 우리 아들들은 은그릇과 도자기뿐 아니라 할머니의 약혼 반지에 박혀 있던 다이아몬드를 받았다. 장모는 그 모든 보물이 장래의 손자며느리들에게 돌아갈 것을 생각하며 기쁨의 미소를 지었다. 이어서 장모는 골동품 장식장을 열어 그 안에 놓인 물건 하나하나에 사람들의 이름을 써 붙였다. 장모는 자신이 떠난 뒤에 그들이 그 물건들을 요긴하게 쓰리라 믿었다.

이후 3년 사이에 장모는 여러 번의 고비를 넘겼다. 그 뒤에 여러 요양원을 옮겨 다니다가 90번째 생일을 얼마 앞두고 주님 곁으로 떠났다. 죽음을 거의 앞두었을 때 장모에게는 이 세상의 물질이 거의 남아 있지 않았다. 장모는 더 이상 물질이 아니라 가족들의 방문, 친구들과의 옛 이야기, 야외 드라이브 등에서 기쁨을 찾았다. 특히 장모를 휠체어에 태워 아름다운 식물원에 모시고 가면 그렇게 좋아할 수가 없었다.

장모는 이 세상에 속한 많은 것을 즐기고 그것들을 하나님의 선하심에 대한 증거로 여겼다. 그래서 그것들을 포기하기란 결코 쉽지 않았다. 하지만 장모는 그것들에 집착하지 않았고 우아하고도 품위 있게 그것들을 내려놓았다. 장모는 두 번째 전략(옮겨진 손을 놓고 삶을 간소화하라)을 누구보다도 완벽히 실천하고 떠났다.

나이를 먹으면 하나둘씩 잃어 갈 수밖에 없다. 사실, 노년의 삶은 곧 상실의 삶이라고까지 말할 수 있다. 덴버에 있는 웨스턴 신학교(Western Seminary)의 명예 학장인 버넌 그라운즈는 87번째 생일에 '늙음의 제약'에 관한 이야기를 했다. 그는 노년의 상실을 공간과 시간의 상실로 정리했다. 늙으면 해외여행을 다니기 힘들고 주로 한 건물 안에 갇혀 있으니 이는 곧 공간적인 상실이다. 언제 죽을지 몰라 장기적인 계획을 세울 수 없으니 이는 곧 시간적인 상실이다.

스스로를 속이지 말자. 이런 상실은 받아들이기가 보통 힘들지 않다. 그것은 우리 대부분이 인생을 편하게 살아온 탓도 있다. 우리 삶은 시편 기자처럼 노래할 만하다. "내게 줄로 재어 준 구역은 아름다운 곳에 있음이여 나의 기업이 실로 아름답도다"(시 16:6).

우리는 자유와 풍요의 땅에서 사랑하는 사람들과 편안한 집에서 살고 좋은 직장에서 일하며 배불리 먹고 있다. 하나님은 우리에게 복을 주셨다. 우리는 그분이 넘치도록 부어 주신 선물을 감사히 누릴 줄 알아야 한다; 하지만 선물과 선물을 주신 분을 혼동해서는 안 된다. 하나님보다 그분의 선물을 더 소중히 여겨서는 곤란하다. 그래서 야고보는 이렇게 말했다. "온갖 좋은 은사와 온전한 선물이 다 위로부터 빛들의 아버지께로부터 내려오나니 그는 변함도 없으시고 회전하는 그림자도 없으시니라"(약 1:17).

C. S. 루이스의 〈스크루테이프의 편지(Screwtape Letters)〉를 보면 우리가 이생의 것들을 포기하지 못하는 원인 가운데 하나는, 우리 안에 그득한 악한 욕구다. 다음 대목에서 고참 악마 스크루테이프는 제자에게 세상의 좋은 것들을 즐기는 사람들의 마음을 어떻게 사로잡을지 가르친다.

반면, 중년이 풍요로우면 우리의 말발이 훨씬 더 잘 먹히지. 풍요는 사람을 이 세상에 묶어 두거든. 세상을 얻었다는 생각이 들지. 세상이 자신을 먹어 버린 줄도 모르고서 말이야. 명성이 높아지고 인맥이 넓어지고 일이 보람 있고 즐거워질수록 이 세상이 진정한 집처럼 느껴지지. 바로 이것이 우리가 노리는 거야. 너도 차차 알게 되겠지만 대체로 젊었을 때보다 중년이 되거나 늙으면 죽기가 더 싫어지는 법이지.[1]

우리 모두는 결국 이 세상의 것들을 포기할 수밖에 없다. 문제는 어떻게 포기하느냐 하는 것이다. 적당히 슬퍼한 뒤 우아하게 내려놓을 것인가? 아니면 끝까지 집착을 버리지 않고 추한 모습을 보일 것인가? 이것이 이번 전략을 통해 다루려는 문제다. 이 문제를 제대로 다루려면 먼저 성경에서 이 세상에 대한 우리의 태도에 관해 뭐라고 말하는지부터 살펴봐야 한다. 그런 다음에는 이 세상의 것들만이 아니라 세상적인 가치들도 내려놓아야 한다는 점을 설명하겠다.

마지막으로, 소망이라는 주제를 살펴보자. 내가 죽음을 앞둔 신자들을 다루면서 보니 소망만큼 복잡한 문제도 없다.

노년의 태도에 대한 성경적인 기초

성경은 신자가 노년에 가져야 할 태도에 관해 많은 말을 한다. 언제나 그렇듯 성경은 서로 균형을 이뤄야 할 몇 가지 시각을 제시한다.

첫째, 우리는 하나님의 선물을 즐기고 그것에 감사해야 한다. 하나님은 자녀들에게 좋은 것 주시기를 기뻐하신다. "또한 어떤 사람에게든지 하나님이 재물과 부요를 그에게 주사 능히 누리게 하시며 제 몫을 받아 수고함으로 즐거워하게 하신 것은 하나님의 선물이라"(전 5:19).

하나님은 우리를 위해 지으신 것을 즐기고 그것에 감사하라고 말씀하신다. "하나님께서 지으신 모든 것이 선하매 감사함으로 받으면 버릴 것이 없나니"(딤전 4:4).

하나님이 나와 아내 중에 누구를 먼저 데려가실지는 모르겠다. 하지만 어떤 경우든 죽음이 찾아오는 순간 우리가 서로 안고 함께 살아온 세월에 대해 하나님께 감사할 수 있으리라 확신한다. 우리를 부부로 맺어 주시고 이 결혼 생활을 통해 그분 자신에 관해 많은 것을 가르쳐 주셨으니 이 얼마나 감사한가! 하나님이 주신 좋은 선물들을 소중히 여기는 것은 전혀 잘못이 아니다.

둘째, 성경은 세상을 사랑하지 말라고 명령한다. "이 세상이나 세상에 있는 것들을 사랑하지 말라 누구든지 세상을 사랑하면 아버지의 사랑이 그 안에 있지 아니하니 이는 세상에 있는 모든 것이 육신의 정욕과 안목의 정욕과 이생의 자랑이니 다 아버지께로부터 온 것이 아니요 세상으로부터 온 것이라 이 세상도, 그 정욕도 지나가되 오직 하나님의 뜻을 행하는 자는 영원히 거하느니라"(요일 2:15-17).

요한이 세상을 어떻게 한정하고 있는지 보라. 여기서 그가 말하는 세상은 육신의 정욕과 안목의 정욕, 이생의 자랑이다. 다시 말해, 그는 하나님의 선한 피조 세계 자체를 사랑하지 말라고 한 것이 아니라, 악한 세상에 속한 욕구를 사랑하지 말라고 한 것이다. 이 구절은 하나님이 지어 주신 좋은 것들에 대한 사랑과 감사를 금한 것이 아니다. 잘못된 것들에 대한 욕구, 혹은 그 자체로는 좋으나 그것들을 이기적이고 교만한 상태에서 가지고자 하는 마음을 금한 것이다. 하나님이 주신 좋은 선물이라도 그것을 오용하거나 하나님보다 더 중시하면 우상이 될 수 있다.

셋째, 하나님의 선물(예를 들어, 우리의 수입이나 저축)을 믿지 말고 오로지 하나님만을 믿어야 한다. "네가 이 세대에서 부한 자들을 명하여 마음을 높이지 말고 정함이 없는 재물에 소망을 두지 말고 오직 우리에게 모든 것을 후히 주사 누리게 하시는 하나님께 두며"(딤전 6:17).

교만하지 말라는 명령은 너무도 중요하다. 왜냐하면 이 세상에 대한 집착이 주로 교만에서 비롯하기 때문이다.

이 세상의 것들을 내려놓으라

이 세상의 것들을 내려놓는 동기는 복잡할 때가 많다. 좋은 동기와 나쁜 동기가 동시에 섞여 있을 때도 있다. 예를 들어, 노인이 치매에 걸린 아내와 크고 좋은 집에서 최대한 오래 살려고 한다고 해 보자. 크고 좋은 집에 살면 편안하고 사람들을 초대하기도 창피하지 않다. 또한 이 집은 자신이 열심히 일해서 얻은 것이기 때문에 충분히 누릴 만한 권리가 있다고 생각된다. 하지만 다른 한편으로는 아내가 이 집에 익숙하기 때문에 떠나지 않으려는 측면도 있다. 그리고 이 집을 팔면 아내를 시설로 보내야 할 가능성이 커진다.

첫 번째 동기는 악한 동기이며 이 세상에 대한 집착에서 비롯했다. 하지만 두 번째 동기는 그보다는 순수해 보인다. 따라서 무엇을 포기해야 할지 고민할 때 우리는 삶의 복잡성을 인식하고 자기 마음의 여러 동기들을 잘 헤아려야 한다.

차츰 그리고 자발적으로 내려놓으라

노년의 상실 대부분이 피할 수 없는 현실이지만 우리가 자발적으로 포기할 수 있는 것들도 있다. 내가 관찰한 바로, 상실의 때가 다가오는 것을 미리 알고 계획하는 것이 훨씬 좋다. 갑작스럽게 위기를 맞아 어쩔 수 없이 짧은 시간에 큰 변화를 겪는 것보다 미리 계획해서 점진적이고도 자발적으로 변화를 주도하는 것이 훨씬 바람직하다. 그렇게 하면 더 많은 선택 사항 중에서 고를 수 있다.

예를 들어, 아직 일할 힘이 남았을 때 미리 은퇴하는 것이 현명할 수도 있다. 그러면 돈을 벌겠다는 생각보다 봉사하겠다는 마음으로 자신이 좋아하는 일을 하면서 삶을 정리할 수 있다. 그리고 대개 기존 직장에서 일하는 것보다 편한 환경에서 일을 해야 더 오래 일을 할 수 있다. 또 다른 예를 들자면, 평생 살던 집을 고수하다가 결국 위기가 닥쳐 떠밀리듯 요양원으로 들어가는 것보다 70대에 작은 집으로 줄여 가는 것이 현명할 수 있다.

긍정적인 면을 생각하라

내 아내는 매주 한 양로 호텔에 찾아가 역동적으로 사는 노인들을 만난다. 거기서 함께 차를 마시며 담소를 나눈 뒤 노인들에게 책을 읽어 준다. 아내에 따르면 이 노인들은 잃어버린 것에 연연하기보다 아직 가지고 있는 것에 감사할 줄 안다. 이런 태도는 계속해서 찾아오는 상실을 다루는 데 아주 큰 도움이 된다.

노년의 상실들

직업. 은퇴가 왜 힘든지 이해하기 힘들다고 말하는 사람들이 많다. 어떤 이들은 일 때문에 너무 많은 스트레스를 받는다며 은퇴할 날만 손꼽아 기다린다. 하지만 은퇴 후에 아무것도 하지 않아도 된다는 생각만 하면 은퇴 생활이 매우 힘들어질 수 있다.

은퇴에는 많은 상실이 수반된다. 그중 하나가 정체성의 상실이다. 우리 대부분은 일에서 정체성을 찾는다. 사람들은 가끔 내게 자신이 은퇴할 준비가 된 것 같으냐고 묻는다. 그럴 때면 나는 이런 질문을 던진다. "무엇을 하시나요?"

그러면 백이면 백 내가 예상했던 대답이 돌아온다. "저는 화학자입니다." "제약회사에 다닙니다."

자신의 정체성이 직업과 하나로 연결되어 있는 사람은 언제나 내 질문에 직업으로 답한다. 이런 사람에게는 은퇴가 매우 힘든 경험일 수 있다. 이런 경우에는 은퇴를 미루는 것이 답일 수도 있다. 하지만 결국은 은퇴를 해야 한다. 그때는 다른 역할에서 정체성을 다시 찾아야 한다. 예컨대 교회 리더나 자원봉사자, 부모 등이 주된 정체성이 될 수 있다.

직장에서 사용하던 기술과 지식은 대개 다른 분야에서도 유용하다. 따라서 자신의 기술과 지식을 은퇴 후에도 다른 분야에서 계속해서 사용하면 자신이 사회에 중요한 일원이라는 자부심을 유지할 수 있다.

은퇴하면 정체성의 상실 외에도 지위와 수입, 친구들, 성취감의 상실을 겪어야 한다. 직업적 삶을 떠나면 포기하거나 다른 것으로 대체해야 할 것이 많다.

집. 은퇴와 마찬가지로 집을 옮기는 것도 쉬운 일은 아니다. 집을 옮기면 많은 것을 잃게 되기 때문이다. 앞서 말했듯이 우리의 선택은 복잡하고 여러 동기가 함께 작용할 수 있다. 무슨 말인지 두 가지 실례를 들어 보겠다.

내 친구 한스는 아름다운 집에서 아내와 함께 오랫동안 살았다. 이 집을 관리하기가 만만치 않았지만 근처에 사는 아들이 많은 도움을 준다. 한번은 내가 집의 규모를 줄여 가는 것이 어떻겠냐고 제안하자 한스는 이렇게 대답했다. "무슨 말인지 아네. 내가 이 집에 너무 집착하는 건지도 모르겠어. 하지만 힘든 만큼 보람이 있어."

그의 심정을 잘 안다. 그에게 그 집은 단순한 물질적 재산이 아니다. 그 집을 관리하기 위해 애를 씀으로써 그에게는 삶의 의욕이 되고, 또 그의 자존감을 세워 준다.

두 번째 주인공은 구십 세의 엠마다. 엠마의 집은 과거와의 중요한 연결고리였다. 한번은 그녀가 그 집을 혼자 관리하기가 너무 힘들다고 토로하기에 나는 그 속도 모르게 이렇게 말했다. "그러면 집을 내놓으세요."

그녀는 그 집에 집착하는 것이 좋지 않다고 인정하면서도 신혼 초에 남편과 함께 직접 땀 흘려 지은 집이라며 눈물을 보였다. 남편이 떠난 지 20년이 된 지금, 그 집은 남편의 흔적이 가장 많이 남아 있는 곳이었다. 나는 집을 팔고 작은 집으로 줄여 가는 것의 장점을 나열해 줄 수 있지만 그런 장점과 거기에 머물렀을 때의 감정적인 장점을 비교해서 판단하는 것은 어디까지나 그녀의 몫이라고 말해 주었다. 그러면서 직접 결정을 내려야 한다는 점을 재차 강조했다.

한스와 엠마는 둘 다 이 땅의 것을 쥔 손을 놓지 못한다는 비판을 받을 수 있다. 하지만 섣불리 남을 정죄하는 것은 옳지 않다.

집은 특히 노인들에게 안정감을 줄 수 있다. 인생의 말년에는 많은 상실을 경험하기 때문에 불안할 수밖에 없다. 그런 상황에서 끈끈한 마을 공동체와 믿을 만한 이웃들, 익숙한 환경을 비롯해서 집을 둘러싼 모든 것들은 안정감을 준다. 어릴 적부터 늘 봐 오던 창밖의 나무를 보는 것만으로도 마음이 평온해질 수 있다.

최근 나는 거처의 변화에 따른 깊은 상실감을 피부로 느꼈다. 그 뒤로 노인들이 24시간 간병인과 식사 배달 서비스 같은 프로그램을 이용하도록 하면서 가능한 익숙한 집과 지역에 머물 수 있도록 돕고 있다.

대부분의 사람들에게는 거처의 변화를 비롯한 모든 변화를 최소화하는 것이 최선이다.

하지만 쭉 살던 곳에 머물면 좋은 점 못지않게 나쁜 점도 있을 수 있다. 스스로 운전이나 요리, 집안일을 할 수 없는 경우에는 일반 주택, 특히 교외의 주택 단지에 사는 것이 쉽지 않다. 가정부를 고용할 형편이 못 되면 가족이나 친구, 이웃이 집안일을 해 줘야만 한다. 그럴 경우 죽기 전에 이사를 하면 집을 유지하는 비용과 노력이 줄어들 뿐 아니라 가족들에게도 부담이 덜 된다. 우리가 세상을 떠나고 나면 그 집을 청소하고 판매하는 데 막대한 시간이 들어갈 수 있다.

주거에 관한 선택 사항들에는 무엇이 있을까? 여러 주거 환경의 장단점을 다음과 같이 정리해 보았다. 모든 사람에게 맞는 주거 환경은 없다.

1. 교외의 주택에서 계속 산다.
   이것은 한스와 엠마가 각자의 이유로 원했던 선택 사항이며 많은 노인들의 꿈이다. 하지만 앞서 말했듯이 남들에게는 큰 부담이 될 수 있다. 더불어 외출할 능력이 줄어들수록 교외의 주택에서 살면 사람들과 단절된다.
2. 작은 아파트로 줄여 간다.
   이렇게 하면 할 일이 줄어들고 가족들도 편해진다. 하지만 이것도 역시 사람들과의 관계가 제한된다. 노인들만 사는 아파트라면 같은 노인들과 어울릴 기회는 있겠지만 젊은이들을 구경하기 힘들다. 여러 연령대가 모여 사는 곳이라면 젊은이들과 어울릴 수도 있겠지만 젊은이들이 노인들과 어울리려고 할지가 미지수다.

3. 아이들과 함께 산다.

　이렇게 하면 좋은 점이 많다. 세대 간의 어울림이 극대화되고 가족이 정상적으로 기능할 가능성이 높다. 시한부 환자 간호를 전문으로 하는 의사 아이라 바이오크의 표현을 빌자면, 아이들과 함께 살면 '가족'(family)이라는 단어가 동사가 될 수 있다. 어릴 적에 나는 처음에는 친할아버지, 나중에는 외할머니와 한 집에서 살았다. 그로 인해 사랑을 듬뿍 받고 많은 것을 배우면서 내 삶이 더없이 풍요로워졌.

　물론 우리 부모의 입장에서는 그렇게 사는 것이 마냥 좋지만은 않았다. 외출할 때마다 두 분의 식사까지 모든 것을 완벽하게 준비해 놓고 가야 했기 때문이다. 여력이 있다면 노인용 별채를 짓거나 복식 아파트를 구입해서 부모가 따로 지내게 하는 편이 서로에게 좋다.

4. 양로 시설로 들어간다.

　노인들이 자신만의 거주 공간을 유지하면서도 여러 가지 공동 편의시설과 프로그램을 누릴 수 있는 아름다운 시설들이 전국에 많다. 대개 거주민들에게는 자신만의 작은 방과 함께 다양한 커뮤니티 공간과 계획된 활동, 24시간 현장 간호, 영양이 풍부한 세 끼 식사를 제공한다.

　이런 시설에도 몇 가지 큰 단점은 있다. 첫째, 비용이 만만치 않다. 둘째, 사회적 관계가 거의 노인들 사이에서만 이루어진다. 셋째, 시설에서는 거주민들의 자유를 최대한 보장한다고 애를 쓰지만 어쩔 수 없이 어느 정도 행동의 제약이 있다.

5. 요양원으로 들어간다.

요양원도 정도 차이만 있을 뿐 양로 호텔과 똑같은 장단점이 있다. 요양원은 병원 치료 후 요양 목적으로 활용하는 것이 가장 바람직하다. 장기적인 시설로는 별로 추천하지 않는다.

노인들이 거할 곳을 정할 때는 사회적인 필요 외에도 안전을 고려해야 한다. 그런데 가장 안전한 환경이 가장 매력적인 환경인 경우는 극히 드물다. 다니엘은 양로 호텔에서 살았다. 그곳에서 그는 좋은 친구들을 사귀며 행복한 삶을 즐겼다. 그런데 그가 몇 번 쓰러진 뒤 가족들은 그를 좀 더 안전하게 보호할 수 있는 요양원으로 옮겼다. 결과적으로, 가족들의 예상대로 요양원이 좀 더 안전했다. 그곳에서 3개월을 있는 동안 그는 한 번도 쓰러지지 않았다.

하지만 정작 그 자신은 매우 힘들어하며 원래 있던 곳으로 데려다 달라고 애원했다. 그는 점점 말수가 줄었고, 잘 먹지 않아 하루가 다르게 말라 갔다. 가족들은 안전보다 행복이 더 중요하다고 판단하여 그를 양로 호텔로 다시 데려갔다. 그러자 그는 다시 웃음과 몸무게를 되찾았다. 이처럼 사람들과 어울리는 것만으로도 큰 치료 효과가 있다.

안전 문제는 노인들과 그 자녀들 사이의 갈등으로 이어지곤 한다. 한번은 한 여자가 내게 자기 부모가 집을 팔고 아파트로 이사하게 설득해 달라고 부탁했다. 하지만 나는 그 노부부가 자신의 집을 얼마나 소중히 여기는지 잘 알기에 그녀의 부탁을 거절했다. 나는 그녀가 부모의 안전을 걱정하는 것을 충분히 이해하지만 그녀의 부모가 가장 원하는 것은 독립성이라는 점을 차근차근 설명해 주었다. 딸의 우선순위를 부모에게 강요하는 것은 내 역할이 아니었다. 물론 그녀는 내 대답을 마음에 들어 하지 않았다.

거주 환경을 정할 때는 간병하는 사람의 입장도 고려해야 한다. 노인을 간병하는 것은 보통 힘든 일이 아니다. 간병하는 사람은 자신의 가족이나 일을 전혀 챙기지 못할 수도 있다. 자신의 가족이나 일을 챙기는 것 역시 하나님의 명령임을 잊지 말아야 한다. 우리 모두에게는 나이 든 부모를 돌볼 책임이 있다. 하지만 자신의 삶을 챙기면서 간병을 할 방법을 찾아야 한다.

간병이 극심한 감정적 육체적 영적 스트레스를 일으킨다는 연구 결과가 많다. 50대 여성 우울증의 가장 흔한 원인은 노부모 간병이다. 따라서 노인의 거주 환경을 정할 때는 간병하는 사람의 욕구와 능력, 다른 책임들을 세심히 고려해야 한다. 부모를 잘 모시겠다고 집으로 데려오는 것은 좋은 일이지만 실제로는 힘들어서 잘 모시지 못하는 경우가 다반사다. 그렇게 된다면 부모와 자식 모두에게 손해다.

운전. 찰스 셸은 성인의 변화를 다룬 책에서 아버지와 옆에 서서 아버지의 2년 된 포드 그라나다 자동차를 바라보던 순간을 이야기한다.

"아버지는 몇 주 전 운전면허 갱신에 실패했다며 아쉬운 표정을 지었다. 아버지는 워낙 활동적인 분이라 자유롭게 돌아다닐 수 없다는 사실에 큰 상실감을 느꼈다. 나는 사랑하는 사람의 시신 옆에서 유족들과 함께 서 있을 때처럼 아버지 옆에 서서 아무 말 없이 눈물을 흘리며 슬픔을 함께 나누었다."[2]

운전을 포기하는 것은 매우 힘든 일이다. 우리 사회에서 자동차는 독립적인 삶의 상징이다. 또한 친목 모임에 가거나 교회 예배에 갈 때 차가 없으면 불편하기 짝이 없다. 특히 교외나 시골에서는 운전이 삶과 직결되어 있다. 차가 불필요한 환경으로 이사하기 전까지는 운전을 포기할 수 없는 경우도 있다.

운전을 하려는 여러 가지 합당한 이유가 있지만 운전할 능력을 상실한 지 한참이 지나서도 운전을 하겠다고 고집을 부리는 노인들이 의외로 많다. 그런 노인들은 남들의 안전을 희생하면서까지 독립적인 삶을 고수하지 말고 당장 운전을 포기하는 것이 현명하다.

노인이 운전을 그만두라는 가족들의 설득을 계속해서 받아들이지 않을 때는 재활 센터 물리치료 부서 등에서 운전 능력을 종합적으로 평가 받아 보는 것도 한 방법이다. 운전을 계속해도 된다는 결과가 나오면 운전자도 마음대로 운전을 할 수 있고 가족들도 안심이 된다. 또 운전을 하지 말아야 한다는 결과가 나와도 운전자가 가족들에게 화를 내지 않고 순순히 자동차 열쇠를 내놓을 수 있어서 좋다.

소유물. 소유물을 포기하는 법도 배워야만 한다. 후히 나눠 줄 줄 알아야 한다. 부모에게서 물려받아 소중히 간직해 온 가보가 있는가? 그

가보를 누구에게 주면 가장 기뻐할지 잘 생각해 보라.

법적 권리. 법적 권리에도 너무 집착해서는 안 된다. 예를 들어 때가 되면 재정 문제의 처리 권한을 위임하는 것이 현명하다. 특히 치매에 걸렸을 때는 더더욱 그래야 한다.

우리 가족은 이런 권한 위임의 중요성을 직접 경험했다. 우리 아버지는 하나님의 일을 위해 기부하기를 좋아했지만 정치인들이 도와 달라는 말에는 별로 귀를 기울이지 않았다. 그런데 치매에 걸리면서 초기에 정치인들에게 마구 돈을 주기 시작했다. 다행히 몇 년 뒤 아버지는 내 누이에게 재정권을 위임했고, 누이는 아버지가 자신의 뜻에서 어긋난 결정을 내리지 않도록 도와주었다.

이런 일을 겪고 나서 나는 치매가 찾아오기 전에 위임장을 작성하는 것이 얼마나 중요한지 깨달았다. 아직 필요한 문서를 작성할 능력이 있을 때 위임장을 작성해야 한다.

노인들을 상대하면서 보니 이런 것들을 내려놓기가 얼마나 어려운지 모른다. 90대 노인들은 대공황 시기에 참으로 어렵게 살았다. 제2차 세계대전 당시에도 국가를 위해 많은 희생을 했다. 이런 시련을 겪은 뒤에는 아이들을 키우고 가족들을 먹여 살리기 위해 **뼈가 빠지게** 일했다. 그렇게 해서 일군 것들을 내려놓기가 힘든 것은 너무도 당연하다. 변화 하나마다 눈물을 동반한다. 하나님께 늘 감사했던 것들을 포기해야 하니 말이다. 하지만 하나님의 도우심으로 우리는 이 세상의 것들을 우아하고도 품위 있게 내려놓을 수 있다.

우리가 통제할 수 없는 것들도 이 세상에 대한 우리의 애착을 녹여 내기 시작한다. 예를 들어, 다음과 같은 것들이다.

건강. 전도서 12장 1-8절은 나이 듦의 문제를 통찰력 있고도 유머러스하게 풀어간다.

전도서 12장 1-8절	해설
너는 청년의 때에 너의 창조주를 기억하라.	
곧 곤고한 날이 이르기 전에,	(노년은 오기 마련이다)
나는 아무 낙이 없다고 할 해들이 가깝기 전에	(즐거움의 상실)
해와 빛과 달과 별들이 어둡기 전에,	(온 세상이 어두워 보인다. 백내장도 한 원인이리라)
비 뒤에 구름이 다시 일어나기 전에 그리하라.	(희망이 얼마 가지 못한다)
그런 날에는 집을 지키는 자들이 떨 것이며 힘 있는 자들이 구부러질 것이며	(육체가 점점 약해지고 등이 굽는다)
맷돌질 하는 자들이 적으므로 그칠 것이며	(치아의 상실)
창들로 내다보는 자가 어두워질 것이며	(시력의 상실)
길거리 문들이 닫혀질 것이며	(외출 능력의 상실)
맷돌 소리가 적어질 것이며	(청력의 상실)
새의 소리로 말미암아 일어날 것이며	(일찍 일어나고 잠이 없어진다)
음악하는 여자들은 다 쇠하여질 것이며	(즐거운 일이 줄어든다)

또한 그런 자들은 높은 곳을 두려워할 것이며	(두려움과 공포증이 늘어난다)
길에서는 놀랄 것이며	(외출이 위험해진다)
살구나무가 꽃이 필 것이며	(백발)
메뚜기도 짐이 될 것이며	(예전에는 뛰어다녔지만 이젠 발을 질질 끌고 다닌다)
정욕이 그치리니	(성욕의 상실)
이는 사람이 자기의 영원한 집으로 돌아가고 조문객들이 거리로 왕래하게 됨이니라.	(삶이 죽음으로 끝난다)
은 줄이 풀리고 금 그릇이 깨지고 항아리가 샘 곁에서 깨지고 바퀴가 우물 위에서 깨지고	(모든 것이 더 이상 쓸모 있거나 매력적이지 않다)
흙은 여전히 땅으로 돌아가고 영은 그것을 주신 하나님께로 돌아가기 전에 기억하라. 전도자가 이르되 헛되고 헛되도다. 모든 것이 헛되도다.	(나이 듦과 죽음이야말로 인생에서 가장 무의미한 측면이 아닐까)

나이가 들면서 찾아오는 육체적 상실들을 어떻게 극복해야 할까? 전도서는 "너의 창조주를 기억하라"는 처방전을 내놓는다.

먼저 당신이 피조물이고 하나님이 창조주시라는 사실을 기억하라. 이 말에는 몇 가지 의미가 함축되어 있다. 첫째, 하나님은 당신이 아닌 그분 자신과 관련된 목적을 위해 당신을 창조하셨다. 둘째, 당신의 창조주로서 하나님은 당신에 관한 모든 것을 알고 계신다. 하나님은 당신이 무엇 때문에 초조해하고 무엇을 필요로 하는지 다 알고 계신다. 셋째, 하나님이 당신을 창조하실 때와 똑같은 솜씨로 당신 인생 말년의 상실을 다뤄 주실 것이라고 믿어도 좋다. 이 얼마나 단순하면서도 심오한 조언인가!

또렷한 정신. 많은 사람이 자신의 IQ에서 자존감을 찾는다. 이것은 우리의 가치에 대한 성경의 가르침과 전혀 맞지 않다. 성경에 따르면 우리는 하나님의 형상을 따라 창조되고 그리스도를 통해 구속받았다는 사실에서 자신의 가치를 찾아야 한다. 하지만 요즘 세상에는 지능이 뛰어나면 교만해도 좋다는 생각이 만연해 있다. 그런 의미에서 우리가 나이를 먹으면서 또렷한 정신을 상실하는 것은 이 세상에 대한 집착을 내려놓게 만드는 하나님의 방식 가운데 하나가 아닐까 싶다.

재정적 안정. 30년 전에는 은퇴할 때 주머니가 두둑했다. 2퍼센트의 투자수익률에 따라 멋진 미래를 그릴 수 있었다. 하지만 주식 시장의 폭락으로 몇 달 사이에 주가가 25퍼센트나 떨어질 줄 누가 알았겠는가? 그런 상황에서 수명은 늘어나 너도 나도 90세가 넘게 될 줄 또 누가 알았겠는가? 이제 은퇴 자금은 줄어드는데 물가는 점점 치솟고 있다. 그래서 하나님을 신뢰하기가 그 어느 때보다도 힘들다.

친구들과 사랑하는 사람들. 친구들과 사랑하는 사람들에게 작별을 고하면 이 세상에 대한 미련을 버리는 데 도움이 된다. 나이를 먹을수록 장례식에 참여하는 횟수가 늘어난다. 나보다 나이가 많은 지인들 중에는 주변 모든 사람들을 떠나보내고 홀로 남은 사람들이 많다. 과부와 홀아비들은 평생을 함께해 온 동반자에게 작별을 고한 사람들이다. 비겐 구로얀은 이런 말을 했다. "사랑으로 인생이 달콤해지지 않았다면 죽음이 그토록 쓰지는 않을 것이다. 사랑하는 사람들을 갈라놓지만 않는다면 죽음이 그토록 두렵지는 않을 것이다."3)

사랑하는 사람들과 헤어지는 것이야말로 인생에서 가장 고통스러운 경험이 아닐까? 죽는 사람은 사랑하는 사람들을 떠나야 해서 괴롭고, 남은 사람들은 사랑하는 사람을 떠나보내야 해서 괴롭다. 이것은 이 세상에 대한 잘못된 집착 때문이 아니라 하나님의 선물을 즐기는 마음 때문이다. 하지만 사랑하는 사람과의 이별은 하나님이 죽음을 위해 우리를 준비시키는 과정 가운데 하나다.

이 세상에 대한 미련을 버리면 유익한 점이 많지만 그것이 얼마나 어려운지를 과소평가해서는 곤란하다. 다섯 번째 전략에서 살펴보겠지만 죽음은 저주의 일부다. 우리가 죽음 앞에서 슬퍼하고 울부짖어야 마땅한 것은 바로 이런 상실 때문이다.

슬픔을 다루는 법

노년에 상실을 경험하면 가장 먼저 나오는 반응이 슬픔이다. 사람마다 슬퍼하는 모습이 다르고 슬픔을 다루는 방식도 다르지만 연구에 따르면 대부분이 비슷한 경험을 한다. 이 과정을 이해하면 우리 스스로 슬픔을 이겨 내는 데 도움이 된다. 분명 상실은 괴롭고 슬픔은 고통스럽다. 슬플 때 우리는 혼란에 빠지고 때로는 분노한다.

하지만 슬픔은 인격이 자라기 위한 비옥한 토양이 될 수도 있다. 상실은 상처를 남기는 동시에 인격적, 영적 성장을 가져올 수 있다. "다만 이쁜 아니라 우리가 환난 중에도 즐거워하나니 이는 환난은 인내를, 인내는 연단을, 연단은 소망을 이루는 줄 앎이로다"(롬 5:3-4).

성숙하려면 반드시 슬픔을 다루는 법을 배워야 한다. 그것은 누구나 소중히 여기는 것을 잃거나 포기해야 할 때가 있기 때문이다.

상실은 죽음을 통해서만 찾아오는 게 아니다. 살던 곳을 떠나면서 정든 친구들을 남겨 두고 올 때 우리는 슬픔을 느낀다. 나이를 불문하고 누구나 직장이나 지갑, 친구, 사랑하는 사람들을 잃는 경험을 한다. 하지만 노년에는 여러 가지 상실이 서로 겹치면서 슬픔이 배가된다. 나아가 나이를 먹을수록 상실 후에 새롭게 출발할 기회가 줄어든다.

크리스천들에게 슬픔은 이상한 것도 잘못된 것도 아니다. 사도 바울도 친구 에바브로디도가 죽게 되었을 때 극심한 슬픔을 느꼈다고 고백했다(빌 2:25-27 참조). 스데반 집사가 순교를 당했을 때도 그랬다. "경건한 사람들이 …… 크게 울더라"(행 8:2). 옛날 사람들은 슬픔을 표출하는 것을 창피해하지 않았다.

슬퍼해도 괜찮다는 사실을 받아들이고 나면 슬픔을 준비할 수 있다. 슬퍼하거나 '감정적으로 무너지지' 말아야 한다고 생각하면 상실을 다루기가 힘들다. 슬픔은 기쁨에 관한 성경 구절로 공격해야 할 적이 아니다. 슬픔은 탈출해야 할 함정이 아니다. 슬픔은 초월해야 할 대상이 아니라 통과해야 할 터널이다. 자신이 상실했다는 사실을 직시한 뒤에 그 상실에서 비롯한 감정도 부인하지 말고 인정해야 한다.

하나님의 말씀과 임재로 우리는 더 강해져서 터널을 통과할 수 있다. 슬퍼할 만한 이유가 있어서 슬퍼하는 사람들에게는 슬퍼하지 말라고 말해서는 안 된다. 누군가가 요양원에 들어가게 되었거나 운전면허를 포기해야 할 때는 그가 스스로 슬픔을 이겨 낼 때까지 묵묵히 옆을 지켜 주는 것이 최선이다. 잔잔한 연못이 요동치는 것처럼 상실은 온갖 감정을 표면으로 끌어낸다.

상실했을 때 주로 나타나는 반응은 슬픔이다. 하지만 슬픔 외에도 분노와 죄책감, 원망 같은 강한 감정들이 함께 일어날 수 있다. 이런 감정은 남들과의 관계를 망칠 뿐 아니라 극심한 정신적 고뇌도 동반한다. 심지어 두려움 같은 뜻밖의 감정이 솟아나기도 한다. C. S. 루이스도 슬픔 가운데 있을 때 두려움의 기습을 당한 적이 있다. "누구도 내게 슬픔이 두려움처럼 느껴진다고 말해 주지 않았다. 실제로 두렵지는 않지만 그 느낌이 마치 두려움과 비슷하다. 두려움처럼 심장이 뛰고 불안하고 입이 벌어진다. 계속해서 침을 꿀꺽 삼키게 된다."[4]

루이스는 두렵지 않다고 말했지만 슬픔은 진짜 두려움을 일으키곤 한다. 미래에 대한 두려움, 과연 이겨 낼 수 있을까 하는 두려움, 죽음에 대한 두려움……. 이런 종류의 두려움은 진실에 근거하거나 하나님에게서 오는 경우가 거의 없으며 우리의 영혼에 매우 해롭다. 갑작스러운 상실을 겪으면 무기력감 속에서 '다음번에는 또 어떤 일이 닥칠까?'라고 묻게 된다.

이번에도 감정이 생각에 영향을 미친다는 점을 명심해야 한다. 그래서 감정이 일으키는 생각을 모두 그대로 받아들여서는 안 된다. 극심한 슬픔 가운데서 C. S. 루이스는 하나님을, 고문하기 좋아하는 괴물처럼 생각했다. 나중에 〈헤아려 본 슬픔(A Grief Observed)〉에서 그는 감정의 붓이 자신의 머릿속에 생각을 그린 것이라고 설명했다. "왜 나는 그런 지저분하고도 얼토당토않은 생각에 마음의 문을 열어 주는 것인가? 감정을 생각으로 포장하면 감정이 덜 느껴질까 봐 그러는 것인가? 이것은, 고난은 그저 감내하는 수밖에 다른 수가 없다는 사실을 한사코 받아들이지 않는 사람의 무의미한 몸부림인 것을."[5]

슬픔의 온갖 부작용에도 불구하고 '좋은 슬픔'이라는 것이 여전히 가능하다. 슬퍼할 때 실컷 슬퍼해야 그 고통을 떨쳐내고 새롭게 시작할 수 있기 때문이다.

이 세상의 가치들을 벗어던지라

우리가 버려야 하는 것은 이 세상의 것들만이 아니다. 이 세상의 가치들까지 완전히 비워 내야 한다. 거짓 가치들이 우리 생각 속으로 슬그머니 들어올 때가 얼마나 많은지 모른다. 이런 가치들을 벗어던져야 하나님의 거룩한 임재 안으로 들어갈 수 있다.

자존감

세상적인 가치의 대명사는 자존감이다. 하지만 나도 자존감의 함정에 빠질 때가 너무도 많다. 나의 자존감은 하나님의 형상대로 지음을 받고 그리스도로 구속을 받았다는 사실보다 나의 지능이나 외모, 성과에서 비롯할 때가 많다.

나는 의사라는 직업이 자랑스럽다. 헬스클럽에 가면 나보다 젊은 사람들 근처에는 되도록 가지 않는다. 강의를 마쳤을 때 박수갈채가 날아오면 나도 모르게 어깨에 힘이 들어간다. 하지만 내면 깊은 곳에서는 이 모든 것이 허상이라는 것을 안다. 내가 지금의 자리에 오른 것은 순전히 하나님의 은혜다. 물론 나는 옳은 선택을 꽤 많이 내렸다. 하지만 내게 옳은 선택을 할 수 있는 상황과 동기를 허락하신 분은 하나님이시다.

게다가 내가 항상 옳은 진단만 내릴 수는 없다. 내가 언제까지 마라톤을 완주할 수는 없다. 내가 언제나 건강할 수는 없다. 그래서 내 영혼 깊은 곳에서는 오직 하나님밖에 자랑할 것이 없다는 사실을 알고 있다. 예레미야 선지자가 2,500년 전에 쓴 글에 고개를 끄덕일 수밖에 없다. "지혜로운 자는 그의 지혜를 자랑하지 말라 용사는 그의 용맹을 자랑하지 말라 부자는 그의 부함을 자랑하지 말라 자랑하는 자는 이것으로 자랑할지니 곧 명철하여 나를 아는 것과 나 여호와는 사랑과 정의와 공의를 땅에 행하는 자인 줄 깨닫는 것이라 나는 이 일을 기뻐하노라 여호와의 말씀이니라"(렘 9:23-24).

지혜, 용맹, 부함, 이런 자존감을 내려놓으면 우리 자신이 아니라 영광을 받아 마땅한 하나님께만 영광을 돌리게 된다. 그럴 때 우리 마음이 이 세상으로부터 멀어져 영원한 본향을 준비할 수 있게 된다.

자족

자족은 자존의 쌍둥이 형제 격이다. 자족에서 자존이 비롯하는 경우가 많다. 나는 '의존'의 중요성을 자주 이야기한다. 이것은 지나친 독립심을 자제함으로써 남들을 돕는 것을 의미한다. 사실, 남들에게 나를 섬길 기회를 주려면 겸손이 필요하다. 요즘에는 남들이 도움의 손길을 내밀면 "됐어요! 혼자서도 할 수 있어요!"라고 기분 나쁘게 뿌리치는 사람이 얼마나 많은가.

하지만 남들에게 나를 섬길 기회를 주면 섬기는 사람과 섬김을 받는 사람 모두에게 유익하다. 그래서 셰익스피어는 다음과 같이 말했다.

> 자비란 강요되는 것이 아니다.
> 자비는 부드러운 비처럼 하늘에서
> 아래에 있는 땅으로 떨어지는 것이다.
> 그때 두 배의 축복이 이루어진다.
> 자비를 베푸는 사람도 복을 받고
> 자비를 받는 사람도 복을 받는다.[6]

우리 아버지는 정말 좋은 아버지셨다. 아버지는 사업가로서 큰 성공을 거두었고 평생 독실한 신자로 사셨다. 하지만 독립심이 너무 강해

뭐든 혼자서만 하려고 하셨다. 아버지가 세상을 뜨기 얼마 전, 아내와 함께 본가를 찾아갔던 기억이 난다.

그때 아버지는 내게 용변을 도와 달라고 부탁하셨다. 나는 휠체어를 밀고 화장실에 가 아버지를 변기에 앉혔다. 그러고 나서 내가 나가려고 하자 아버지가 나가지 말라고 손짓을 하셨다. 아버지는 볼일을 마치고 화장지를 뜯어 난감한 표정으로 나를 쳐다보셨다. 그러고는 떨리는 손으로 내게 화장지를 내밀며 고개를 끄덕이셨다. 나는 화장지를 받아 닦고 바지를 올려 드린 뒤 아버지를 휠체어로 옮겨 병실로 모시고 갔다. 그러는 내내 아버지는 한 마디도 없으셨다. 문득 50년 전에는 아버지도 내게 똑같이 해 주셨을 거라는 생각이 들었다. 이제 우리는 한 바퀴를 완전히 돌아 원점으로 돌아온 것이었다.

아버지가 내게 매우 개인적인 섬김을 허락하는 순간, 우리 부자의 관계는 완전히 새로운 차원에 접어들었다. 아이라 바이오크는 죽어 가는 사람이 주변 사람들에게 섬김의 특권을 주는 것은 곧 그들이 그 관계를 완성하도록 돕는 동시에 나중에 그들의 슬픔을 반감시켜 주는 것이라고 말했다. 내가 겪어 보니 과연 그랬다.

남들의 섬김을 받으려면 겸손해야 한다. 진정으로 구원을 받은 신자라면 구원을 위해 자신이 할 수 있는 일은 아무것도 없고 전적으로 하나님을 의지해야 한다는 사실을 이해한다. 자족의 욕구는 영적 성장을 방해한다. 그런 의미에서 나이가 들면 좋은 점 가운데 하나는 자족의 욕구를 버리고 하나님을 신뢰하기가 좀 더 쉬워진다는 것이다.

올바른 희망은 무엇일까

우리가 중병, 심지어 말기 암에 걸려서도 내려놓기 가장 힘든 것은 치료와 생존에 대한 희망이다. 나는 환자들을 치료하면서 매일같이 이 사실을 확인한다. 환자만이 아니라 의사로서 나도 희망을 버리기가 쉽지 않다. 대부분의 사람들이 마지막 순간에 가서야 비로소 이 희망을 버린다. 그런데 죽음을 제대로 준비하지 않고 지나치게 공격적인 치료에 매달리게 만드는 것이 바로 이 희망이다.

나와 친하게 지냈던 무디신학교(Moody Bible Institute)의 전 학장 조지 스위팅 박사는 우리가 음식 없이 40일, 물 없이 3일, 공기 없이 3분, 희망 없이 3초밖에 살 수 없다고 말했다. 소망은 기독교의 덕목 가운데 하나다. 따라서 소망의 가치를 무시해서는 안 된다. 바울은 소망에 관해 이렇게 말했다. "소망의 하나님이 모든 기쁨과 평강을 믿음 안에서 너희에게 충만하게 하사 성령의 능력으로 소망이 넘치게 하시기를 원하노라"(롬 15:13).

마흔다섯 살의 린은 치명적인 감염 때문에 십대 시절부터 많이 아팠다. 심한 관절염으로 인해 관절 수술도 여러 번 받았다. 응고 장애도 있어서 치명적인 출혈과 치명적인 혈전 사이를 오락가락하면서 끊임없이 생명의 위협을 받아 왔다. 세상을 떠나기 직전에는 집에 있는 시간보다 병원에 있는 시간이 더 많았다.

그런데 린이 그토록 아픈 가운데서도 남들을 생각하고 자신의 상태를 침착하게 받아들이는 모습은 가히 경이로울 정도였다. 모두가 그녀를 사랑했다. 숨을 거두기 약 3개월 전, 나는 그녀에게 삶의 의지는 존중하지만 이대로 간다면 6개월을 넘기기 힘들다고 말했다. 그러면서 시한부 간호를 받고 사전 의료 지시서를 작성하는 것이 어떠하냐고 물었다. 그랬더니 곧바로 절박한 반응이 돌아왔다. "안 돼요! 희망을 버리지 마세요. 대답해 주세요. 끝까지 최선을 다해 주실 거죠?"

결국 린은 중환자실에서 시달리다가 죽음을 맞았다. 가족들은 사후 문제에 관해 그녀와 전혀 대화를 나누지 못해 아무 계획도 세우지 못했다. 이생에 대한 희망을 끝까지 놓지 못하면 이런 결과를 낳게 된다.

내 친한 친구의 다른 친구가 암으로 죽어 가고 있다. 나는 공격적인 생명연장술을 포기하는 편이 바람직하다고 말했지만, 친구는 희망을 버리라는 말 같아서 차마 그 친구에게 그런 말을 할 수 없다고 말했다.

99세의 오드리는 양로 호텔에서 잘 살아가고 있었지만 점점 상태가 나빠지고 있었다. 대장암이 예상됐다. 우리는 오드리의 보호자와 함께 더 이상 검사를 하지 않기로 결정했다. 어차피 나이가 많아 수술을 비롯한 다른 치료를 받을 수 없기 때문이었다. 아울러 나는 상태가 점점 나빠지고 있으니 요양원으로 옮기는 것이 어떻겠냐고 물었다. 그러자 보호자는 오드리에게 차마 암이 생겨 요양원으로 옮겨야 한다는 말을 할 수 없다고 대답했다. "그런 말을 하면 모든 희망을 버릴 거예요."[7]

우리는 희망 없이는 단 하루도 살아갈 수 없다. 우리에게는 희망이 필요하다. 절대 희망의 끈을 놓아서는 안 된다. 문제는 무엇에 희망을 두느냐다. 이 질문에 대한 세 가지 답을 제시해 보겠다.

치료와 계속된 삶에 대한 희망

삶에 대한 희망은 좋은 것이다. 잘 알다시피 의사들은 오진을 할 수 있다. 하지만 연구에 따르면, 의사들이 남은 삶을 더 길게 예측하는 경우는 많아도 더 적게 예측하는 경우는 드물다. 의학은 꾸준히 발전하고 있기 때문에 과학에 희망을 둘 만한 이유가 충분하다.

하지만 의학에서만 치료의 희망을 찾을 수 있는 것은 아니다. 성경은 기도하라고 명령한다. "너희 중에 병든 자가 있느냐 그는 교회의 장로들을 청할 것이요 그들은 주의 이름으로 기름을 바르며 그를 위하여 기도할지니라"(약 5:14).

때로 하나님은 우리의 기도에 치유로 응답해 주신다. 단, 기도할 때 하나님께 뭔가를 내놓으라는 듯 권리를 내세우며 기도해서는 안 된다. 어린아이처럼 그분께 나아가 우리의 소원을 아뢰어야 한다.[8]

하지만 희망의 대상이 하나님이든 의학이든 지나친 것은 모자란 것만 못하다. 치료와 삶에 대한 희망을 계속해서 품을 때는 언제나 '최선을 희망하고 최악을 준비하라'라는 옛말을 명심해야 한다. 그렇지 않으면 희망이 삶을 잘 마무리하는 데 방해물이 될 수 있다. 궁극적으로 계속된 삶에 대한 희망은 꺾일 수밖에 없다. 바울이 말했듯이 "만일 그리스도 안에서 우리가 바라는 것이 다만 이 세상의 삶뿐이면 모든 사람 가운데 우리가 더욱 불쌍한 자이리라"(고전 15:19).

천국에 대한 소망

크리스천들은 하나님과 영원히 함께하는 삶에 대한 소망을 품고 있다. 천국에 대한 이러한 소망은 인생을 잘 마무리하는 데 꼭 필요한 요소다. 하지만 이 소망을 품을 이유가 없는데도 이 소망을 품고 있는 사람들이 더러 있으니 이상한 노릇이다.

암에 걸려 죽어 가던 존이라는 사람이 생각난다. 내가 천국에 대한 소망이 있냐고 묻자 그가 빙그레 웃으며 대답했다. "분명히 있습니다!" 내가 어떻게 확신하느냐고 묻자 그는 베트남에서 있었던 일을 이야기해 주었다. 그는 베트남에서 군복무를 하다가 미사일로 인해 죽음의 문턱까지 다녀왔다. 멍한 채로 땅바닥에 누워 이젠 죽나 보다 하고 생각하는데 갑자기 주변이 환해졌다. 그는 그 일을 자신이 천국에 갈 것이라는 하나님의 계시로 받아들였다.

그런가 하면 자신이 평생 착하게 살았기 때문에 천국에 갈 것이라고 확신하는 사람이 너무도 많다. 그들은 선행으로 천국에서 한자리 얻을 수 있으리라 희망한다. 안타깝게도 성경은 전혀 그렇게 가르치고 있지 않다. 성경은 하나님, 그리고 그리스도를 통해 주시는 그분의 은혜에만 소망을 두어야 한다고 말한다.

천국의 소망은 모든 신자가 품어야 할 소망이다. 이 소망은 절박한 희망이 아니라 확실한 기대다. "우리가 이 소망을 가지고 있는 것은 영혼의 닻 같아서 튼튼하고 견고하여"(히 6:19).

하지만 영생에 대한 소망도 부작용을 일으킬 수 있다. 루이스는 50

년간 오지 선교사로서 복음을 전했다. 하지만 74세에 심장이 크게 나빠져 고국으로 돌아왔다. 그 뒤로도 계속해서 주님의 일을 했지만 건강이 더 나빠져 그 일도 그만두어야 했다. 이제 루이스는 죽을 때가 되었다고 판단하고서 주님이 부르실 날까지 침대에 누워 있기로 했다. 나는 그것은 섣부른 결정이라고 조언했다. 그러면서 내가 일곱 살에 처음 여름 캠프에 갔던 이야기를 해 주었다.

캠프는 7월 셋째 주였는데 나는 6월 중순부터 짐을 싸고 기다렸다. 그 바람에 한 달 내내 괴로웠다. 나는 루이스도 짐을 너무 빨리 쌌다고 말했지만 그녀는 내 말을 들으려고 하지 않았다. 천국에 대한 소망을 품는 것은 좋지만 그로 인해 하나님이 주신 삶을 끝까지 의미 있게 사용하지 않는 모습은 참으로 안타까웠다. 그녀는 삶을 포기한 지 2년 만에 세상을 떠났다.

하나님에 대한 소망

이것이 신자에게 가장 어울리는 소망이다. 우리는 하나님이 옳은 일을 하시리라 믿는다. 하나님은 우리가 살기를 바라실까? 말하나 마나다. 중요한 질문은 따로 있다. 하나님이 선하시며, 인생의 상황을 다스리고 계신다고 믿는가? 그래서 하나님께 소망을 두는가? 시편은 계속해서 하나님께 소망을 두라고 권고한다. 린의 이야기를 기억하는가? 그녀는 끝까지 희망의 끈을 놓지 않았다. 만약 그것이 하나님에 대한 소망이었다면 얼마나 좋았을까?

하나님은 이생에서 우리에게 많은 복을 주셨다. 우리는 오랜 세월 동안 그분의 선물을 감사히 누렸다. 하지만 그 모든 것에 작별을 고해야 할 때가 필연적으로 온다. 이 세상의 것들을 내려놓고 영원한 것들과 영원한 가치들을 받아들여야 할 때가 온다.

죽음이 가장 싫은 이유는 소중하게 여겼던 것들을 내려놓아야 하기 때문이다. 이 세상에 대한 미련을 버리기는 언제나 쉽지 않다. 하지만 인생을 잘 마무리하려면 반드시 그렇게 해야 한다. 이 과정에서 중요한 단계 가운데 하나는 우리의 소망을 다시 정렬하는 것이다. 오랫동안 건강하게 살기를 소망하기보다는 오직 주님께만 소망을 두는 법을 배워야 한다. 그분이 선하시고 옳은 일을 하시리라는 믿음에서 소망을 찾아야 한다.

기도

하나님 아버지, 이토록 풍성한 삶을 허락해 주셔서 감사합니다. 가족, 건강, 재물까지 너무도 많은 복을 주셨습니다. 당신의 선물을 당신과 혼동하지 않으렵니다. 당신을 더욱 사랑할 수 있도록 이런 선물에 너무 집착하지 않게 해 주세요. 예수님 이름으로 기도드립니다. 아멘.

묵상

세상을 가지고 내게는 예수님을 줘라.
내 영혼의 지극히 달콤한 위로이신 분.
나를 지키시는 내 구주와 함께라면
파도가 쳐도 노래를 부를 수 있다네.

세상을 가지고 내게는 예수님을 줘라.
세상의 모든 기쁨은 이름뿐이지만
그분의 사랑은 영원하네.
영원히 변함이 없네.

오, 높고도 깊은 긍휼이여!
오, 길고도 넓은 사랑이여!
오, 구속의 온전함이여!
영원한 천국 삶의 약속이여!

_ '세상을 가지고 내게는 예수님을 줘라', 패니 크로스비 (1879)

| 세 번째 전략 | **이후의 영원한 삶을 고대하는 법**

하나님의 깊은 사랑을 경험하라

하나님의 사랑을 진정으로 경험하면 어떻게 될까?
하나님의 사랑에 어떻게 반응해야 할까?
하나님의 사랑을 알면 죽음을 바라보는 시각이 어떻게 달라질까?
더 이상 죄가 없는 천국에서의 삶은 어떤 모습일까?
교회는 우리가 인생을 잘 마무리하는 데 어떤 도움을 주는가?

켄은 40대 초반에 췌장암 말기 진단을 받았다. 그는 십대 때 예수님을 믿고 하나님과 개인적인 관계를 맺었다. 그는 예수님의 십자가 죽음을 생각할 때마다 하나님이 자신을 얼마나 사랑하는지 절감했다. 거기서 하나님을 향한 깊고도 열정적인 사랑이 싹텄고, 그 사랑은 그분을 충성스럽게 섬기는 삶을 낳았다. 그는 하나님이 만사를 다스리신다는 잔잔한 확신 속에서 자신의 병을 받아들였다. 그가 말기 암 진단 후 6개월 동안 살면서 보여 준 모습은 많은 이에게 깊은 감명과 교훈을 주었다.

세상을 떠나기 한 달 전, 그는 교회와 지역 주민들의 모임에서 간증을 하면서 늘 하나님의 사랑과 영생의 소망을 이야기했다. 그는 늘 자신을 지극히 사랑하시는 하나님의 임재 안에 거하기를 바랐다. 그가 세상을 떠날 때의 모습은 마치 하나님의 부르심에 평온하게 반응하는 것 같은 모습이었다.

이 땅의 시각으로 보면 그렇게 젊은 나이에 죽는 것은 비극이지만 영원의 시각으로 보면 그의 죽음은 곧 승리였다. 내가 인생을 잘 마무리하기 위한 전략 가운데 가장 중요하게 여기는 세 번째 전략(하나님의 깊은 사랑을 경험하라)을 그처럼 완벽하게 실천한 사람은 별로 보지 못했다.

하나님의 사랑을 소중히 여기라

많은 사람이 어릴 적부터 하나님의 사랑에 관해 배운다. "예수 사랑하심을 성경에서 배웠네." 이 찬양을 다 알 것이다. 하지만 과연 우리가 하나님의 사랑을 제대로 아는가?

바울은 이 강력한 진리를 부여잡는 것이 얼마나 중요한지 잘 알았다. 그래서 에베소 교인들을 위해 다음과 같이 기도했다.

믿음으로 말미암아 그리스도께서 너희 마음에 계시게 하시옵고 너희가 사랑 가운데서 뿌리가 박히고 터가 굳어져서 능히 모든 성도와 함께 지식에 넘치는 그리스도의 사랑을 알고 그 너비와 길이와 높이와 깊이가 어떠함을 깨달아 하나님의 모든 충만하신 것으로 너희에게 충만하게 하시기를 구하노라(엡 3:17-19).

여기서 바울은 우리 뇌 속이 아니라 마음속에서 일어나는 일에 관한 이야기를 한 것이다. 신약에서 마음은 생각과 감정, 의지의 중심이다. 마음은 인격 전체를 의미한다.[1] 바울은 그리스도의 사랑을 경험하면 궁극적으로 하나님의 충만하신 것으로 충만해진다고 보았다. 19세기 전도자 D. L. 무디는 이런 경험의 강렬함을 직접 경험했다.

"어느 날, 뉴욕에서였다. 정말 대단한 날이었다. 도무지 말로 표현할 수가 없다. 웬만해서는 그 이야기를 하지 않는다. 뭐라고 규정하기에는 너무도 신성한 경험이라 …… 그저 하나님이 내게 자신을 드러내셨다는 말밖에 달리 표현할 길이 없다. 그분의 사랑이 워낙 봇물처럼 밀려와서 좀 천천히 사랑해 달라고 요청해야 할 정도였다."[2]

바울이 에베소 교인들에게 원했던 것이 바로 이런 경험이었다. 무디만큼 강렬하게는 아니지만 내 평생에 하나님의 사랑을 경험한 순간들이 있어서 얼마나 감사한지 모른다. 물론 그런 순간이 자주 있지는 않았고 길게 지속되지도 않았지만 그것들은 평생 잊을 수 없는 순간이며 하나님에 대한 내 관념의 기초가 되었다.

하나님의 사랑을 머리로만 이해하고 내면 깊은 곳에서 경험해 본 적은 없는 사람이 너무도 많다. 바울은 에베소 교인들이 그런 사람이 되지 않기를 위해서 기도했다. 먼저 하나님의 사랑을 지적으로 이해해야 하지만 그 다음에는 성령을 통해 그 사랑을 깊고도 충만하게 경험하게 해 달라고 간절히 기도해야만 한다. 먼저 머리로 알고 나서 실제로 경험하는 것. 이 순서대로 하면 하나님의 사랑을 소중히 여길 수 있다.³⁾

하나님의 사랑을 이해하기 위해서는 기본적인 신학으로 시작해야 한다. 성경은 태초에 하나님이 계셨다고 가르친다. 그때는 하나님 외에 아무것도 없었다. 하나님은 모세에게 자신을 "스스로 있는 자"(출 3:14)로 소개하셨다.

신학자들은 오직 하나님만이 자존하신다고 말한다. 오직 하나님만이 스스로 존재하실 수 있다. 하나님은 1차적이시다. 반면, 나머지 모든 것들은 창조되었기 때문에 2차적이다. 이는 근본적으로 만물이 하나님을 위해 존재한다는 뜻이다. 그래서 릭 워렌은 〈목적이 이끄는 삶(The Purpose-Driven Life)〉을 "우리 삶은 우리 자신을 위한 것이 아니다"라는 말로 시작한다.⁴⁾

이런 하나님 중심의 세계관은 사도 바울이 힘주어 가르친 진리와 일치한다. "이는 만물이 주에게서 나오고 주로 말미암고 주에게로 돌아감이라 그에게 영광이 세세에 있을지어다 아멘"(롬 11:36).

바울은 하나님이 만물의 근원임을 알았다. 모든 것이 "주에게서 나오고."

나아가 바울은 영원한 가치가 있는 모든 것이 하나님을 통해서 이루어진다는 사실을 알았다. 모든 것이 "주로 말미암고."

마지막으로, 하나님은 만물의 목적이요 목표다. 모든 것이 "주에게로 돌아감이라."

이어서 바울은 만물의 궁극적인 목적이 하나님께 영광을 돌리는 것이라고 말한다. 따라서 하나님의 영광이 우리 삶의 지향점이요 목적이 되어야 한다. 우리는 하나님의 영광을 드러내기 위해 창조되었으며, 오직 그분께 영광을 돌릴 때만이 우리는 참된 위로와 만족을 얻을 수 있다. 바울이 이 송영을 "아멘"으로 끝낸 것은 정말 적절하다. 아멘. 옳소이다! 두말 하면 잔소리다.

태초부터 하나님은 분명하게 정의된 존재셨다. 하나님은 마치 원으로 둘러싸인 존재와도 같았다. 이 원에는 하나님의 전부가 포함되어 있었다. 이 원을 그분의 거룩하심으로 생각할 수 있다. 거룩함이란 구별되었다는 뜻이다.

하나님은 그분의 영광을 위해 세상을 창조하셨다. 성경은 창조의 모든 단계에 대해 "좋았더라"라고 말한다. 동식물을 포함해서 하나님이 창조하신 모든 것은 이 거룩한 원 안에 있었다. 만물이 하나님의 인격과 완벽히 일치했다. 하나님께 "좋았더라"라고 불리기 위한 기준은 완벽밖에 없다. 이 선한 피조 세계에는 생명과 의, 사랑, 평화, 건강, 완벽한 생태계 같은 것들이 포함되어 있었다.

인간의 삶도 하나님의 영광을 위해 창조되었다. 이사야는 이 점을 간결하게 정리했다. "내 이름으로 불려지는 모든 자 곧 내가 내 영광을 위하여 창조한 자 …… 그를 내가 지었고 그를 내가 만들었느니라"(사 43:7).

에덴동산의 아담과 하와는 하나님의 임재 안에서 우리의 이해를 초월하는 만족을 누렸다. 그들은 하나님 안에서 기쁨을 찾았고, 그로 인해 하나님이 영광을 받으셨다. 하나님은 그들을 사랑하셨고, 그들도 사랑으로 응답했다. 하지만 아담과 하와는 그만 하나님의 명령을 어기고 말았다. 그렇게 그분의 거룩한 원 밖으로 나감으로써 그분 안에서 누리던 기쁨도 사라져 버렸다.

그들의 죄가 얼마나 엄청난 결과를 낳았는지 온전히 이해하는 사람이 별로 없다. 이제 세상은 더 이상 하나님이 창조하신 '좋은' 모습이 아니었다. 예전처럼 만물이 완벽히 조화를 이루지 않았다. 온 우주가 분열되기 시작했다. 이제 세상에는 죄와 질병, 죽음, 미움, 전쟁이 가득했고 생태계는 망가지기 시작했다. 이것이 신학자들이 말하는 '타락'의 결과다. 이제 인류는 하나님의 거룩하신 원 밖에 있다.

하지만 감사하게도 좋은 소식이 있다. 하나님은 사랑 자체이시기 때문에 피조물이 자신과 떨어진 상태로 남아 있는 것을 그냥 보실 수 없었다. 그래서 해법을 내놓으셨다. 아마도 성경에서 가장 유명한 구절은 요한복음 3장 16절일 것이다. "하나님이 세상을 이처럼 사랑하사 독생자를 주셨으니 이는 그를 믿는 자마다 멸망하지 않고 영생을 얻게 하려 하심이라."

하나님은 불순종한 우리가 그분의 거룩한 원 안으로 다시 들어올 수 있도록 아들을 보내주셨다. 이 사건에 대해 바울은 이렇게 설명했다. "우리가 아직 죄인 되었을 때에 그리스도께서 우리를 위하여 죽으심으로 하나님께서 우리에 대한 자기의 사랑을 확증하셨느니라"(롬 5:8).

"긍휼이 풍성하신 하나님이 우리를 사랑하신 그 큰 사랑을 인하여 허물로 죽은 우리를 그리스도와 함께 살리셨고 (너희는 은혜로 구원을 받은 것이라)"(엡 2:4-5).

하나님이 우리를 그분의 거룩한 원 안으로 다시 들이기 위해 그토록 파격적인 조치를 취하신 것은 우리에게 그만한 자격이 있었기 때문이 아니라 단순히 그분이 우리를 원하셨기 때문이다. 하나님은 단순히 그분의 선하심과 영광을 드러내기 위해 아들을 주신 것이다. 그렇게 예수님이 돌아가신 덕분에 죽음이 삶으로, 미움이 사랑으로, 죄가 의로 변할 수 있게 되었다. 예수님이 이 땅에 오셔서 십자가에서 돌아가신 덕분에 우리는 우리를 향한 하나님의 사랑이 얼마나 큰지 똑똑히 확인할 수 있게 되었다.

예수님의 죽음을 통해 하나님의 사랑을 바라보면 두 가지 중요한 교훈을 얻을 수 있다. 첫째, 그리스도의 죽음을 통해 증명된 하나님의 사랑은 그분이 언제나 우리의 필요를 채우신다는 사실을 담보해 준다. "자기 아들을 아끼지 아니하시고 우리 모든 사람을 위하여 내주신 이가 어찌 그 아들과 함께 모든 것을 우리에게 주시지 아니하겠느냐"(롬 8:32).

둘째, 하나님의 사랑은 우리의 노력을 통해 얻어야 할 결과물이 아니라 거저 받는 선물이다. 바로 이것이 하나님 은혜의 의미다. "너희는 그 은혜에 의하여 믿음으로 말미암아 구원을 받았으니 이것은 너희에게서 난 것이 아니요 하나님의 선물이라 행위에서 난 것이 아니니 이는 누구든지 자랑하지 못하게 함이라"(엡 2:8-9).

　나는 이 진리를 진심으로 믿는다. 하지만 나도 모르게 이 진리와 상반된 생각에 빠질 때가 너무도 많다. 그저 하나님의 사랑 안에서 기뻐하고 그분을 즐기면 되는 것을, 자꾸만 내 선행으로 하나님의 사랑을 얻어 내야 한다거나 내가 그렇게 악하지는 않으니 어느 정도 사랑을 받을 만한 자격이 있다는 생각으로 흐른다. 그렇게 되면 그분께 모든 공로를 돌리지 않고 나 자신을 내세우기 시작한다. 하지만 과연 내가 사랑을 받을 만한 존재라서 그분이 나를 사랑하시는 것일까? 그렇지 않다. 하나님의 사랑은 오직 은혜로 주시는 선물이다. 내 힘으로 얻을 수 있는 것이 아니다.

　우리는 각자 개인적인 차원에서 하나님의 사랑을 경험하려고 노력해야 한다. 먼저 당신을 향한 하나님의 사랑을 머리로 이해한 다음, 가만히 앉아서 긴장을 풀고 그분의 강렬한 포옹을 느껴 보라. 그분의 사랑을 머리로만 알지 말고 존재의 깊은 곳에서 경험해 보라. 하나님의 사랑을 소중히 여기라. 그러면 인생을 잘 마무리할 수 있을 것이다.

하나님의 사랑에 사랑으로 응답하라

　하나님의 사랑을 소중히 여기면 스스로도 사랑할 줄 아는 사람이 된다. "우리가 사랑함은 그가 먼저 우리를 사랑하셨음이라"(요일 4:19).

예수님은 두 가지 가장 큰 계명에 관해 말씀하셨다. "네 마음을 다하며 목숨을 다하며 힘을 다하며 뜻을 다하여 주 너의 하나님을 사랑하고 또한 네 이웃을 네 자신 같이 사랑하라"(눅 10:27).

예전에는 이 명령을 볼 때마다 부담스럽기 짝이 없었다. 아무리 봐도 너무 큰 희생을 요구하는 것 같았기 때문이다. 하지만 가만히 생각해 보면 예수님은 우리에게 뭔가 행동을 하라고 요구하신 게 아니다. 예수님은 단지 사랑하라고만 말씀하셨을 뿐이다. 사랑에 빠지는 것을 싫어할 사람은 아무도 없다.

사랑은 부담이 아니다. 진정한 사랑에 빠지면 남을 위해 뭔가를 해 주고 싶고, 심지어 자신을 희생해도 부담스럽기는커녕 즐겁기만 하다. 나아가 우리는 남을 사랑하는 것만이 아니라 지존하신 분을 사랑하라는 명령을 받았다. 하나님은 그분을 사랑할 존재로 우리를 창조하셨으며, 우리에게 가장 필요한 것을 공급해 주신다. 우리에게 무엇이 가장 필요한가? 바로 하나님 자신이 아니고 무엇이겠는가?

아내가 나를 사랑한다는 사실을 알면 아내를 사랑하는 것이 전혀 부담되지 않는다. 아내를 사랑하는 마음이 절로 일어난다. 그렇다면 하늘 아버지의 사랑에 사랑으로 반응하는 것이 얼마나 더 자연스럽고도 합당한가? 예수님이 신랑이고 교회가 신부라는 성경 속 비유의 요지가 바로 이것이다. 신랑은 신부를 누구보다도 사랑하는 사람이다. 그래서 신부의 마음속에서는 신랑을 향한 사랑이 자연스럽게 솟아난다.

하나님을 향한 사랑은 더없는 기쁨으로 이어진다. 심지어 물리적인 의미에서는 우리가 하나님으로부터 떨어져 있음에도 전혀 상관없이 그런 기쁨을 누릴 수 있다. "예수를 너희가 보지 못하였으나 사랑하는도다 이제도 보지 못하나 믿고 말할 수 없는 영광스러운 즐거움으로 기뻐하니"(벧전 1:8).

나아가 하나님을 향한 사랑은 우리의 인격을 결정하는 동시에 풍요롭게 만든다. 존 파이퍼는 〈하나님을 기뻐하라(Desiring God)〉를 통해 헨리 스쿠걸의 이 인용문을 널리 알렸다. "한 영혼이 얼마나 가치 있고 훌륭한지는 그 영혼이 어떤 대상을 사랑하느냐에 따라 결정된다."[5]

하나님의 임재를 갈망하게 된다

하나님을 사랑하면 자연스럽게 그분의 임재를 갈망하게 되어 있다. 일상 속에서 그분과의 교제를 맛보기를 원한다. 그분이 약속해 주신 미래는 가히 상상을 초월한다. 사도 바울은 그 미래를 이렇게 묘사했다. "하나님이 자기를 사랑하는 자들을 위하여 예비하신 모든 것은 눈으로 보지 못하고 귀로 듣지 못하고 사람의 마음으로 생각하지도 못하였다"(고전 2:9).

하나님을 사랑하면 그분의 임재 안에 영원히 거할 날을 고대하게 된다. 시편 기자는 이 세상과 영원한 세상 모두에서 하나님의 임재 안에 거하려는 마음을 절절하게 표현했다.

주께서 생명의 길을 내게 보이시리니 주의 앞에는 충만한 기쁨이 있고 주의 오른쪽에는 영원한 즐거움이 있나이다(시 16:11).

하나님이여 주는 나의 하나님이시라 내가 간절히 주를 찾되 물이 없어 마르고 황폐한 땅에서 내 영혼이 주를 갈망하며 내 육체가 주를 앙모하나이다 내가 주의 권능과 영광을 보기 위하여 이와 같이 성소에서 주를 바라보았나이다 주의 인자하심이 생명보다 나으므로 내 입술이 주를 찬양할 것이라(시 63:1-3).

우리는 하찮은 것에서 기쁨을 찾을 때가 얼마나 많은가? 걸핏하면 세상의 악한 것들과 하찮은 우리 자신에게서 만족을 찾으려고 한다. 하찮은 것들을 통해 즐거움을 추구하면 위대하신 하나님에게서 최고의 만족을 찾을 기회를 잃고 만다. 하나님 외에 다른 곳에서는 진정한 만족을 찾을 수 없다. 하나님은 예레미야를 통해 그런 행동을 가리켜 뼛속까지 시원한 생수를 마실 수 있는 줄도 모르고 진흙투성이 구멍에서 물을 떠 마시는 꼴이라고 말씀하신다.

내 백성이 두 가지 악을 행하였나니 곧 그들이 생수의 근원되는 나를 버린 것과 스스로 웅덩이를 판 것인데 그것은 그 물을 가두지 못할 터진 웅덩이들이니라(렘 2:13).

우리 아버지는 열아홉 살 때부터 주님을 따르다가 아흔넷에 세상을 떠나셨다. 죽음을 얼마 앞두고 아버지는 암에 걸렸고 치매는 점점 심해졌다. 아버지와 보낸 마지막 주일, 아버지와 함께 라디오로 어윈 루처 박사의 설교를 들었던 기억이 생생하다.

루처가 무디 교회에서 했던 설교의 주제는 그리스도의 심판대였다. 아버지는 표현을 잘 안 하는 사람이었다. 그래서 아버지가 평생 엄지손가락을 드는 것을 본 적이 없다. 하지만 루처 목사가 주님 앞에 서는 날에 관한 설교를 하는 동안 아버지는 세 번이나 웃으며 엄지손가락을 올려 보였다. 아버지는 천국에 간다는 확신으로 하나님의 품에 안길 날을 고대했다. 이날의 경험으로 인해 죽어 가는 아버지를 바라보는 마음이 한결 편안해졌다.

내가 젊은 시절에 만났던 영적 거인 가운데 한 명은 당시 휘튼 대학 총장이었던 레이몬드 에드먼 박사다. 1967년 9월 22일 에드먼 박사는 휘튼 대학의 모든 사람들을 한자리에 모아 놓고 왕의 임재 속으로 초대받는 것에 관해 설명했다. 그런데 설교 도중 그는 갑작스런 심장마비를 일으켜 그 자리에서 주님의 품에 안겼다. 그는 평생 사랑해 마지 않던 위대한 왕의 임재 속으로 초대되었다.

에드먼 박사와 우리 아버지를 통해서 확인했듯이 하나님을 열렬히 사랑하고 그분의 임재를 갈망하는 나의 크리스천 환자들은 하나님이 본향으로 부르실 때 평온한 얼굴로 기꺼이 그분의 품에 안길 것이다.

경건한 삶을 갈망하게 된다

하나님의 사랑을 이해하고 그 사랑에 사랑으로 응답할 때 자연스럽게 생기는 또 다른 결과가 있다. 바로 우리 자신만이 아니라 주변 세상의 죄까지 안타까워한다는 것이다.

우리는 매일같이 유혹에 시달린다. 왜 우리는 마음을 순결하게 유지하지 못하는 걸까? 왜 자기 자신과 자신의 성과에 그토록 집착하는가? 세상은 왜 이리도 악으로 들끓는 걸까? 안타까운 마음에 우리는 "나라가 임하시오며 뜻이 하늘에서 이루어진 것같이 땅에서도 이루어지이다"라고 기도한다. 우리는 하나님의 거룩한 원 안으로 다시 들어가기를 갈망한다. 하지만 아직은 그럴 수 없다.

물론 예수님은 분명 죽어 장사되신 지 사흘 만에 죽음에서 살아나셨다. 하나님은 우리에게 구원하는 믿음을 주셨다. 하지만 우리의 구원은 아직 완성되지 않았다. 오직 우리의 구속이 언젠가 완성된다는 약속만 있을 뿐이다. 지금 우리는 우리 죄의 치유에 대한 약속과 그 약속의 최종적인 성취 사이에서 살고 있다.

우리는 죄에서 완전히 해방되어 더 이상 죄를 짓지 않는 영원한 세상을 고대한다. 사도 요한은 그 세상을 이렇게 묘사했다. "다시 저주가 없으며 하나님과 그 어린 양의 보좌가 그 가운데에 있으리니 그의 종들이 그를 섬기며"(계 22:3).

천국에서는 예수님의 몸에 난 상처들 외에는 죄의 저주가 흔적조차 남아 있지 않을 것이다.

부활한 몸을 갈망하게 된다

이 땅에 사는 동안에는 육체적인 제약 때문에 하나님의 사랑을 온전히 경험할 수 없는 경우가 많다. 그래서 우리는 현재의 몸보다 하나님을 훨씬 더 온전히 누릴 수 있는 영광체(glorified body)를 갈망한다.

죄가 우리 몸에 미친 영향을 제대로 이해하는 사람은 그리 많지 않은 것 같다. 마찬가지로 우리에게 약속된 부활한 몸이 어떤 몸인지 제대로 아는 사람도 생각만큼 많지 않다. 성경에 그 몸에 관해 자세히 기록해 두었다. "모든 눈물을 그 눈에서 닦아 주시니 다시는 사망이 없고 애통하는 것이나 곡하는 것이나 아픈 것이 다시 있지 아니하리니 처음 것들이 다 지나갔음이러라"(계 21:4).

천국에서는 더 이상 병이나 건망증, 노화의 고통으로 인해 하나님을 온전히 경험하지 못하는 일이 없을 것이다. 천국에서 우리는 하나님의 거룩한 원 안으로 다시 들어갈 것이다. 하나님이 본래 의도하셨던 몸을 입게 될 것이다.

교회의 역할

교회는 신자들이 인생을 잘 마무리하도록 적극적으로 도와야 한다. 교회의 가장 중요한 역할은 노년의 변화에 대한 영원한 시각을 제공하는 것이다. 크리스천들은 하나님이 우리를 사랑하시며 어떠한 필요도 너끈히 채워 주실 수 있다는 사실을 늘 기억해야 한다. 그리고 인생의 고난을 예수 그리스도의 죽음과 부활이라는 관점에서 바라볼 수 있어야 한다.

또한 천국의 소망을 늘 떠올려야 한다. 이 부분에서 교회의 역할이 매우 중요하다. 찬양, 말씀 선포, 회중기도 같은 교인들의 격려를 통해 노년의 변화가 훨씬 덜 고통스럽게 다가올 수 있다.

교회는 영적 도움 이상의 것을 제공해야 한다. 노인뿐 아니라 간병하는 사람은 육체와 감정 측면에서도 힘에 부치기 때문에 교회는 이 부분에서도 최대한 도움을 주어야 한다. 1년에 한두 번 진행하는 프로그램으로는 충분하지 않다. 장기적인 헌신이 필요하다. 성경은 교회가 어려운 노인들을 돌볼 책임이 있다고 명시한다. 주로 가족이 없는 가난한 과부들을 말한다. 재정적인 도움이 필요한 노인들도 있고, 집안일이나 운송 수단의 도움이 필요한 노인들도 있다.

하지만 대부분은 말동무가 있었으면 하고 바라는 이들이 많다. 또 간병하는 사람들은 잠시 자기 시간이 있어서 다른 용무를 보거나 혹은 단순히 바람을 쐴 수 있는 시간을 가졌으면 하고 바란다. 교회가 이런 섬김을 실천할 수 있다. 그렇게 하면 사람들이 하나님의 사랑을 매우 구체적으로 경험할 수 있다.

하나님은 우리가 감히 상상도 할 수 없을 만큼 우리를 사랑하신다. 하나님은 그분의 영광을 위해 우리를 창조하셨다. 하나님은 아담과 하와가 피조 세계와 완벽한 조화를 이루도록 창조하셨다. 그런데 아담이 타락함으로써 그만 우리는 거룩한 원 밖으로 한 발 내딛고 말았다.

하지만 하나님은 우리와의 관계를 회복시키기 위해 독생자를 이 땅에 보내셨다. 그렇게 하나님은 원 안으로 다시 들어오라고 우리를 초대하고 계신다. 원 안으로 다시 들어가는 것, 이것이야말로 우리 인생의 궁극적인 목적이다. 다행히 믿는 우리에게는 죄와 육체의 한계에서 해방되어 영원히 하나님의 임재 안으로 들어갈 소망이 있다.

하나님의 사랑을 알고 경험함으로써 그분을 향한 갈망을 채우고 이 세상 어떤 것보다도 그분에게서 만족을 찾을 때 우리는 인생을 잘 마무리하고 그분의 임재 안으로 들어갈 수 있다. 우리가 내내 갈망해 오던 것, 그 이상을 마침내 찾을 수 있다. 하지만 계속해서 이 세상의 것들을 부여잡고 있으면 진정한 만족은 누릴 수 없다.

기도

하나님 아버지, 당신이 생명의 샘이요 모든 기쁨의 근원이라고 믿습니다. 당신을 더 깊이 알기를 원합니다. 당신의 임재 안으로 들어가 당신을 영원히 누리기를 원합니다. 이 세상에서는 신음할 수밖에 없습니다. 죄가 제 자신과 이 세상을 망가뜨리고 있기 때문입니다. 제 몸이 아프고 약하기 때문입니다.

저를 위해 더 좋은 곳을 예비하신 줄 압니다. 마침내 죄에서 해방되어 영원히 당신과 함께할 날을 고대합니다. 당신의 영광을 지금보다 훨씬 더 충만하게 경험할 수 있는 몸을 기대합니다. 제가 당신의 사랑을 경험하고 당신을 사랑함으로 인해 당신이 저를 본향으로 부르실 그날까지 인생을 잘 살아가게 하소서. 예수님 이름으로 기도드립니다. 아멘.

묵상

구주를 생각만 해도 이렇게 좋거든
주 얼굴 뵈올 때에야 얼마나 좋으랴

예수의 넓은 사랑을 어찌 다 말하랴
주 사랑 받은 사람만 그 사랑 알도다

사랑의 구주 예수여 내 기쁨 되시고
이제로부터 영원히 영광이 되소서
_ '구주를 생각만 해도', 클레보의 버나드 (12세기)

| 네 번째 전략 | **역경을 통해 성장하는 법**

고난 가운데 하나님의
선한 목적을 발견하라

고난이 유익할 수 있을까?
욥에게서 무엇을 배울 수 있을까?
하나님에 대한 바른 시각이 고난에 대한 우리의 반응에 어떤 영향을 미칠까?
우리의 고난 속에 하나님의 특별한 목적이 있을까?
상처를 입었을 때 어떻게 반응해야 할까?

몇 해 전 마라톤에 참가하고 난 다음 날 진료할 때 나이가 지긋한 한 환자가 나를 보고 물었다. "어제 마라톤에 참가하셨죠?"

나는 빙긋이 웃으며 고개를 끄덕였다. 그가 놀랍다는 표정으로 계속해서 말했다. "대단해요. 42킬로미터였지요?"

나는 일부러 짐짓 심각한 표정을 지었다. "아니에요. 42 '점' 195킬로미터에요. 0.195킬로미터를 빼먹으면 안 되죠. 내 생애 가장 힘든 0.195킬로미터였어요."

사람의 인생도 이처럼 마지막 순간이 가장 힘들 수 있다. 그래서 사도 바울은 이렇게 말했다. "우리가 하나님의 나라에 들어가려면 많은 환난을 겪어야 할 것이라"(행 14:22).

그렇다면 노년의 고통을 어떻게 다뤄야 할까? 고통의 한복판에서도 여전히 하나님이 선하시다고 말할 수 있는가? 고난을 겪으면 우리의 믿음이 약해질까 강해질까?

고난은 우리를 하나님에게서 멀어지게 만들 수 있다. "하나님이 선하시다면 왜 나쁜 일이 일어나게 허락하시는 걸까?" 이 질문은 많은 신자를 불신으로 몰아갔다. 나도 역경으로 인해 하나님께 등을 돌린 사람을 많이 보았다. 그들은 고난을 막아 주지 못하는 신 따위는 더 이상 따르고 싶지 않다고 말했다.

고난을 다루는 법에 관한 책이 시중에 널려 있고, "삶이 시큼한 레몬처럼 변하면 레모네이드로 만들라"고 유머를 건네기도 있다. 의사로서 나는 한꺼번에 많은 것을 잃어버린 사람들을 매일같이 만나야 한다. 그래서 그들에게 무슨 말을 해 주어야 할지 수없이 고민해 왔다.

한 가지 확실한 사실은, 하나님에 대한 깊은 실망감에 빠지고 삶에 절망한 사람들에게 레몬과 레모네이드 같은 이야기는 별로 위로가 되지 않는다는 것이다. 날것 그대로의 고통을 느끼는 사람들에게 그런 반 농담 같은 소리를 하는 것은 오히려 실례다. 극심한 고난의 한복판에 있는 사람들에게 어려운 개념을 가르치려고 드는 것도 옳지 않다. 누군가 힘들어하고 있다면 대개는 그저 곁을 지키며 함께 눈물을 흘려 주는 것이 최선이다.

성경에는 고난을 이겨 내는 데 도움이 되는 진리가 가득하다. 성경의 진리는 진부한 조언과는 사뭇 다르다. 따라서 우리에게 고난이 닥치기 전에 성경의 진리를 미리 공부하고 이해해야만 한다. 교회도 성도들이 고난을 잘 이겨 내도록 성경의 진리로 훈련시켜야 한다.

노년의 역경이 아무리 힘들어도 이겨 낼 수 있는 성경적인 방법이 있다. 이번 장에서 그 방법을 자세히 살펴보자.

성경은 고난이 우리를 하나님에게서 떼어놓는 것이 아니라 오히려 그분께로 더 가까이 다가가게 만들 수 있다고 말한다. 이에 대해 나는 '생산적으로 고난을 당하기'라는 표현을 쓰고 싶다.

성공회 공동 기도문(Anglican Book of Common Prayer)에는 이런 기도가 포함되어 있다. "오 하나님, 당신 종의 병을 신성하게 하소서. 그래서 그가 자신의 약함을 알고서 오히려 믿음이 더 강해지고 그의 회개가 더 진지해지게 하소서. 그리고 우리 주 예수 그리스도를 통해 그가 당신과 함께 영원히 살게 해 주소서. 아멘."

우리는 고통의 한가운데 있을 때에 주님의 임재를 느끼고 그분께 더욱 기대는 법을 배워야 한다.

성경 속의 고난

고난을 이해하고, 그래서 그것을 이겨 내려면 성경에서 그것에 관해 뭐라고 말하는지 살펴봐야 한다.

욥기

고난이 유익할 수 있다는 것이 욥기의 중심 개념이다. 욥기는 이 개념을 주장이나 설교, 그럴듯한 문구가 아닌 이야기 형태로 제시한다. 욥기는 희망과 의심, 확신, 감정의 격동을 동시에 경험한 한 인간의 내면을 묘사한다. 욥기는 욥이 겪었던 고난이 얼마나 고통스러웠는지를 생생하게 전해 준다. 하지만 거기서 멈추지 않고, 그 고난을 통해 하나님과의 더 깊고도 만족스러운 관계로 나아갈 수 있는 길을 보여 준다.

욥기 줄거리를 모르는 사람은 별로 없다. 주인공 욥은 하나님 앞에서 한 점 부끄러움 없이 살았던 동방의 복 받은 부자다. 하루는 사탄이 하나님을 찾아와서는 그분이 잘해 줬기 때문에 욥이 충성하는 것이라고 주장한다. 이에 하나님은 사탄에게 욥을 마음대로 시험해 보라고 허락하신다. 그리하여 사탄은 욥의 재산이며 자녀와 건강, 아내의 연민까지 모조리 빼앗아 버린다.

욥의 이야기는 우리가 극심한 역경을 받아들일 수는 있지만, 그런 경지에 이르는 과정은 결코 쉽지 않다는 사실을 가르쳐 준다. 어쩌면 하나님은 욥의 이야기를 통해 현재 상황에 대한 의문과 씨름하며 감정적인 혼란을 겪어도 괜찮다고 허락하시는 것인지도 모른다. 욥은 극심한 고통 중에 자신이 태어난 날을 저주했다. "어찌하여 내가 태에서 죽어 나오지 아니하였던가!"(욥 3:11)

때로 그는 낙심했다. "나에게는 평온도 없고 안일도 없고 휴식도 없고 다만 불안만이 있구나!"(욥 3:26)

그는 하나님의 진노가 자신에게 쏟아지고 있다는 생각까지 했다. "전능자의 화살이 내게 박히매 나의 영이 그 독을 마셨나니 하나님의 두려움이 나를 엄습하여 치는구나"(욥 6:4).

하지만 욥은 끝까지 믿음을 잃지 않았다. 다만 이해는 할 수 없었다. 아무리 지난날을 돌아봐도 자신이 벌 받을 만한 짓을 한 것이 생각나지 않았다. 욥은 하나님께 해명해 달라 부르짖었다. 그러나 하나님이 자신의 상상보다 훨씬 크신 분이라는 믿음은 변함이 없었다. 또한 욥은 그분의 선하심을 전적으로 믿었다. 그는 하나님이 자신의 이해를 초월한 분이라는 점을 인정했다. "보라 이런 것들은 그의 행사의 단편일 뿐이요 우리가 그에게서 들은 것도 속삭이는 소리일 뿐이니 그의 큰 능력의 우렛소리를 누가 능히 헤아리랴"(욥 26:14).

욥기의 처음부터 끝까지 하나님이 고난을 비롯한 모든 상황을 다스린다는 점을 욥은 조금도 의심하지 않았다. 그의 머릿속에는 하나님이 생산적인 고난을 가능케 하실 만큼 크신 분이라는 개념이 완벽히 정립되어 있었다.

하지만 욥의 친구들은 하나님에 대해 전혀 다른 시각을 보여 준다. 그들은 하나님을 완벽히 이해하고 있다는 착각에 빠져 있었다. 그들은 자신들이 선하며, 하나님은 누구도 이유 없이 괴롭히시지 않는다고 주장했다. 그런 논리대로라면 욥은 죄를 지어 벌을 받는 게 분명했다. 그래서 그들은 욥에게 회개를 촉구했다. 회개하면 하나님이 모든 것을 바로잡아 주실 거라고 했다.

그것은 하나님을 마음대로 통제할 수 있다는 논리에 불과하다. 그래서 욥은 그들이 자기 손으로 주무를 수 있는 신을 섬기고 있다고 말했다(욥 12:6 참조). 그들의 신은 무슨 소원이든 군말 없이 들어주는 램프의 요정에 불과했다. 착각도 그런 착각이 없다. 하나님을 이용해 우리 자신의 뜻을 이루려고 하면 결국 우리 스스로 하나님이 되려는 것이나 다름없다.

마침내 하나님이 욥에게 찾아오셨다. 단, 답을 갖고 찾아오신 게 아니라 관계를 맺을 수 있는 분으로 찾아오셨다. 욥은 바로 이것이 그가 진정으로 원했던 것임을 깨달았다. 이제 욥은 고난을 통해 하나님을 더 깊이 알려고 노력하기 시작한다.

D. A. 카슨은 욥기의 핵심적인 교훈을 다음과 같이 정리했다.

고난의 이유는 과거가 아닌 미래에 있다. 다시 말해, 고난은 지난 죄에 대한 벌이 아니라 우리의 인격을 길러주기 위한 도구일 수 있다. …… 하나님의 관심은 우리의 질문에 답하는 것이 아니라 우리의 충성심을 얻고 우리의 믿음을 확고히 하며 거룩함에 대한 열정을 키워 주는 데 있다. 영적 성숙의 중요한 부분 중 하나는 이 분명한 진리와 깊은 연관이 있다. 하나님은 그분 자신에 관해 많은 것을 알려 주신다. 그 외에 풀리지 않는 신비는 단순히 신학적이고 지적인 차원에서 답을 찾을 수 없는 것이다.

하나님이 주신 머리를 사용하면 수박 겉핥기로 그분의 영광을 어렴풋이나마 엿볼 수는 있다. 하지만 궁극적으로 크리스천들은 교만한 설명이 아니라 예배에서 하나님에 관한 질문의 답을 찾아야 한다.[1]

시편

시편도 인생의 고난을 다루는 법에 관해 많은 것을 가르쳐 준다. 믿음이 시험대 위에 놓일 때 많은 크리스천들이 시편을 통해 위로를 얻는다. "여호와는 나의 목자시니"(시 23:1)와 "하나님은 우리의 피난처시요 힘이시니"(시 46:1)라는 사실이 얼마나 큰 위로가 되는가!

그런데 시편 전체가 하나의 단순한 이야기를 전해 주기 위해 세심하게 편집되었다는 사실을 아는 사람은 그리 많지 않다. 전체적으로 보면 시편은 다섯 권의 책으로 나뉘며, 각 권은 하나님을 찬양하는 송영으로 마무리된다. 다섯 번째 책은 다섯 편의 찬양으로 마친다(시 146-150 참조).

시편의 교훈은 심오하면서도 단순하다. 그것은 시편 기자들의 개인적인 비극과 국토 및 성전을 잃고, 또 이스라엘 국가 전체가 혹독한 시련을 겪으면서도 여전히 하나님에 대한 찬양을 잊지 않았다는 것이다.

하나님의 인격을 먼저 알아야 한다

고난을 '초월하려면' 먼저 하나님이 어떠한 분이신지 이해한 뒤에 그분이 고난을 허락하시는 이유를 이해해야 한다.

강하고 사랑이 많으시다

성경은 하나님은 강하시며 동시에 사랑이 많으시다고 말한다.

하나님이 한두 번 하신 말씀을 내가 들었나니 권능은 하나님께 속하였다 하셨도다 주여 인자함은 주께 속하오니 (시 62:11-12).

질병이나 죽음에 직면했을 때, 암에 걸렸다는 진단을 받았을 때 우리의 믿음은 시험대 위에 놓인다. 그때 우리는 하나님이 병을 예방하실 만큼 강하시지 못하다고 생각할 수 있다. 혹은 하나님이 우리를 진정으로 사랑하지 않아 병을 막아 주시지 않았다고 생각할 수도 있다.

하지만 시편 기자는 하나님이 강하고도 사랑이 많으시다고 분명히 말한다. 우리는 이 사실을 분명히 믿어야 한다. 하나님이 시련을 허락하신 데는 선한 이유가 있다는 사실을 믿고 그분을 변함없이 신뢰해야 한다. 하나님의 사랑을 바라볼 때는 현재 상황이 아니라 예수님의 십자가, 즉 그분의 고난과 부활이라는 렌즈를 통해 바라보아야 한다.

우리가 눈앞의 고난을 통해 하나님이 영광을 받으시는 모습을 보지 못하고 생을 마감할 수도 있다. 그럼에도 그분이 반드시 영광을 받으시리라 믿어야 한다. 가장 중요한 사실은 그 어떤 재난도 우리를 하나님의 사랑에서 떼어놓을 수 없다는 것이다. 사도 바울은 이 점을 장담

했다. "내가 확신하노니 사망이나 생명이나 천사들이나 권세자들이나 현재 일이나 장래 일이나 능력이나 높음이나 깊음이나 다른 어떤 피조물이라도 우리를 우리 주 그리스도 예수 안에 있는 하나님의 사랑에서 끊을 수 없으리라"(롬 8:38-39).

하나님은 우리를 시련에서 구해 주시는 방식으로 권능과 사랑을 보여 주실 때도 있지만 시련을 견뎌 낼 은혜를 주실 때도 있다.

성경은 사탄까지도 전능하신 하나님의 주권적인 통치 아래 있다고 분명히 말한다. "공중의 권세 잡은 자"(엡 2:2)인 사탄이 우리에게 해를 끼칠 수는 있지만 궁극적인 통제권은 그에게 없다. 그는 이미 십자가에서 최종적인 완패를 당했다. 바울은 이 점을 분명히 선포했다. "통치자들과 권세들을 무력화하여 드러내어 구경거리로 삼으시고 십자가로 그들을 이기셨느니라"(고후 2:15).

여전히 사탄이 활개를 치며 우리를 괴롭히지만 그의 패배는 기정사실이다. 우리는 "너희 안에 계신 이가 세상에 있는 자보다 크심이라"(요일 4:4)는 약속을 받았다.

전지하시다

극심한 고난 중에서 우리에게 위로를 주는 하나님의 또 다른 속성은 완벽한 지혜와 전지함이다. 하나님은 전지하시므로 우리의 인격이 어떤 수준이며, 우리 안에서 그분의 목적을 어떻게 이룰지 정확히 알고 계신다. 다시 말해, 모든 일은 하나님의 완벽한 계획 속에 있다.

또한 하나님의 전지하심으로 인해 우리는 그분의 목적을 이루는 데 필요한 수준 이상의 고난이 찾아오지 않는다고 확신할 수 있다. 그래서 바울은 이렇게 말했다. "사람이 감당할 시험 밖에는 너희가 당한 것이 없나니 오직 하나님은 미쁘사 너희가 감당하지 못할 시험 당함을 허락하지 아니하시고 시험 당할 즈음에 또한 피할 길을 내사 너희로 능히 감당하게 하시느니라"(고전 10:13).

영원하시다

성경은 하나님과 시간의 관계를 속 시원하게 설명해 주지 않는다. 다만 하나님이 우리처럼 시간의 틀에 갇혀 계시지 않은 것만큼은 확실하다. 그래서 시편 기자는 "영원부터 영원까지 주는 하나님이시니이다"(시 90:2)라고 고백했다. 하나님은 과거부터 미래까지 영원히 존재하신다. 예수님이 이 점을 직접 확인시켜 주셨다. "진실로 진실로 너희에게 이르노니 아브라함이 나기 전부터 내가 있느니라"(요 8:58).

여기서 중요한 교훈은, 우리는 현재만을 알 수 있지만 하나님은 최종 결과를 아신다는 것이다. 하나님의 영원한 시각을 이해하면 사도 바울처럼 절대 흔들리지 않는 확신을 얻을 수 있다. "그러므로 우리가 낙심하지 아니하노니 우리의 겉사람은 낡아지나 우리의 속사람은 날로 새로워지도다 우리가 잠시 받는 환난의 경한 것이 지극히 크고 영원한 영광의 중한 것을 우리에게 이루게 함이니 우리가 주목하는 것은 보이는 것이 아니요 보이지 않는 것이니 보이는 것은 잠깐이요 보이지 않는 것은 영원함이라"(고후 4:16-18).

믿는 우리는 한 발자국 뒤로 물러나 잠시의 고난을 영원하신 하나님의 시각으로 바라볼 수 있다. 이 영원한 시각은 모든 것을 바꿔 놓는다.

고난을 받으셨다

하나님은 친히 두 가지 모습으로 고난을 받으셨다. 예수님을 통해 인간으로서 고난을 받으셨고, 아들을 죽게 내어줌으로써 아버지로서 고난을 받으셨다. 이처럼 직접 고난을 받으셨기 때문에 하나님은 우리의 고난을 깊이 이해하신다. 그래서 우리는 우리를 이해하고 사랑하시는 아버지께 나아가 우리의 괴로운 심정을 쏟아낼 수 있다. 젊은 나이에 죽어 가는 사람들의 비극적인 이야기는 무척 마음이 아프다. 그때 우리는 예수님도 젊은 나이에 돌아가셨다는 사실을 기억해야 한다.

은혜로우시다

믿음이 하나님의 선물이어서 얼마나 감사한지 모른다. 하나님은 우리에게 구원하는 믿음을 주신다. "너희는 그 은혜에 의하여 믿음으로 말미암아 구원을 받았으니 이것은 너희에게서 난 것이 아니요 하나님의 선물이라 행위에서 난 것이 아니니 이는 누구든지 자랑하지 못하게 함이라"(엡 2:8-9).

노년의 상실을 이겨 내게 하시는 하나님의 은혜를 믿는 것도 우리 맘대로 되는 것이 아니다. 바울은 스스로 "육체에 가시"라 부른 병으로 고생했다. 그는 이 시련에서 배운 교훈을 다음과 같이 정리했다.

> 나에게 이르시기를 내 은혜가 네게 족하도다 이는 내 능력이 약한 데서 온전하여짐이라 하신지라 그러므로 도리어 크게 기뻐함으로 나의 여러 약한 것들에 대하여 자랑하리니 이는 그리스도의 능력이 내게 머물게 하려 함이라 그러므로 내가 그리스도를 위하여 약한 것들과 능욕과 궁핍과 박해와 곤고를 기뻐하노니 이는 내가 약한 그때에 강함이라(고후 12:9-10).

우리가 하나님의 영광을 위해 고난을 이겨 낼 수 있는 것은 그분이 매일같이 부어 주시는 은혜를 통해서다.[2] 따라서 우리는 시련을 견뎌 낼 은혜를 달라고 기도해야 한다. 이 은혜를 자주 경험할수록 시련 속에서 그분을 믿기가 더 쉬워진다.

어떤 면에서 죽음은, 하나님의 은혜가 충분하다는 사실을 세상에 증명해 보일 마지막 기회다. 이생에서 하나님의 은혜를 경험할수록 그분께 더 영광스러운 모습으로 이 세상을 떠날 수 있다.[3]

우리의 고난을 통한 하나님의 목적

우리가 고난을 받는 것은 하나님의 뜻이다

우리의 고난은 하나님의 계획에 없던 일이 아니다. 사도 베드로는 고난이 우리를 향한 하나님의 뜻 안에 있다고 분명히 말했다. "하나님의 뜻대로 고난을 받는 자들은"(벧전 4:19).

그렇다고 해서 고난을 즐기거나 고대하라는 뜻은 전혀 아니다. 겟세마네 동산에서 예수님은 십자가의 고난을 겪지 않게 해 달라고 기도하셨다. 하지만 예수님 안에서 아버지께 순종하려는 마음이 고난을 피하려는 마음을 이겨서 우리로서는 얼마나 감사한지 모르겠다. 그래서 예수님은 이렇게 기도하실 수 있었다. "내 원대로 마시옵고 아버지의 원대로 되기를 원하나이다"(눅 22:42). 예수님은 고난을 당하는 것이 아버지의 뜻임을 알고 순종하셨다.

고난은 원래 하나님이 창조하신 선한 피조세계의 일부가 아니었다. 고난은 인류가 죄로 타락한 결과로 찾아왔다. 하지만 죄의 다른 결과들과 마찬가지로 하나님은 고난을 통해서도 그분의 뜻을 이루실 수가 있다. 지금 어떤 상황에 처해 있든지 우리를 향한 하나님의 목적이 분명히 있다. 그래서 시편 기자는 이렇게 말했다. "내가 지존하신 하나님께 부르짖음이여 곧 나를 위하여 모든 것을 이루시는 하나님께로다"(시 57:2).

사지마비 환자인 조이 에릭슨 타다는 〈내가 사랑하는 하나님(The God I Love)〉에서 이렇게 말했다. "때로 하나님은 원하시는 일을 이루기 위해 원치 않는 일을 허락하신다."[4)]

하나님이 우리의 고난을 통해 이루시려는 목적은 무엇일까? 우리가 그것을 항상 알 수는 없다. 하지만 우리는 변함없이 언제나 그분을 믿기로 선택해야 한다. 당장 그분의 목적이 무엇이든 간에 그분의 궁극적인 목적은 영광을 받으시는 것이다. 이 사실에서 우리는 이루 말할 수 없는 위로를 찾을 수 있다.

서문에서 나는 바울의 이런 말을 인용했다. "이는 만물이 주에게서 나오고 주로 말미암고 주에게로 돌아감이라 그에게 영광이 세세에 있을지어다 아멘"(롬 11:36).

"만물"에는 우리 고난의 원인도 포함된다. 이 사실을 생각하면 괴로운 가운데서도 형언할 수 없는 위로가 찾아온다.

성경은 하나님이 우리 삶 속의 고난을 통해 이루실 수 있는 일에 관해 많은 말을 한다. 고난을 통해 이룰 수 있는 아름다운 열매를 생각하면 끝까지 참아낼 힘이 솟아난다.

우리의 고난은 남들에게 도움이 된다

하나님은 그분의 주권에 따라 한 사람의 고난을 사용하여 다른 이들에게 소중한 교훈을 주실 수 있다. 예컨대 하나님은 욥의 고난을 통해 사탄뿐 아니라 우리에게 교훈을 주고자 하셨다. 베드로는 한 신자의 인내가 다른 신자에게 도움이 될 수 있다고 말했다. "너희는 믿음을 굳건하게 하여 그를 대적하라 이는 세상에 있는 너희 형제들도 동일한 고난을 당하는 줄을 앎이라"(벧전 5:9).

또한 성경은 고난을 이겨 내고 나면 남들을 위로할 능력이 생긴다고 말한다. 바울은 이런 목적을 이해하고 있었다. 그에 따르면 하나님은 "우리의 모든 환난 중에서 우리를 위로하사 우리로 하여금 하나님께 받는 위로로써 모든 환난 중에 있는 자들을 능히 위로하게 하시는 이시로다"(고후 1:4).

고난은 하나님의 역사를 드러낼 수 있다

하나님은 우리의 고난을 통해 치유하시는 능력을 드러내기도 하신다. 요한복음에 나오는 맹인의 경우가 그러했다. "제자들이 물어 이르되 랍비여 이 사람이 맹인으로 난 것이 누구의 죄로 인함이니이까 자기니이까 그의 부모니이까 예수께서 대답하시되 이 사람이나 그 부모의 죄로 인한 것이 아니라 그에게서 하나님이 하시는 일을 나타내고자 하심이라"(요 9:2-3).

나사로의 경우도 마찬가지였다(요 11장 참조). 예수님은 나사로가 죽어가고 있는 것을 아셨으며, 그가 죽기 전에 찾아가 적시에 치료를 하실 수 있었다. 그런데도 예수님은 나사로가 죽은 지 나흘째가 되어서야 도착하셨다. 나사로가 부활함으로써 하나님께 영광을 돌리도록 일부러 그리하신 것이다.

하나님의 능력으로 고난에서 구원을 받고 나면 그분의 역사를 확신하게 된다. 그 경험이 우리 믿음의 닻이 된다. 베드로는 이 점을 분명히 알고 있었다.

그러므로 너희가 이제 여러 가지 시험으로 말미암아 잠깐 근심하게 되지 않을 수 없으나 오히려 크게 기뻐하는도다 너희 믿음의 확실함은 불로 연단하여도 없어질 금보다 더 귀하여 예수 그리스도께서 나타나실 때에 칭찬과 영광과 존귀를 얻게 할 것이니라(벧전 1:6-7).

고난을 통해 우리는 하나님의 사랑과 신실하심을 더 확실히 깨달을 수도 있다. 잠시 욥의 이야기를 돌아보라. 욥은 사탄의 공격을 받기 전에도 하나님의 선하심을 분명히 믿는다고 말했을 것이다. 그 말은 솔직한 고백이었겠지만 검증은 되지 않은 상태였다.

하지만 끔찍한 비극을 이겨 낸 뒤 42절에서 욥이 한 고백은 겉으로는 똑같은 고백이지만 그 안에는 훨씬 더 강한 확신이 담겨 있다. 하나님의 은혜를 경험한 뒤 그분을 바라보는 욥의 시각은 더욱 명료해졌다.

하나님은 고난을 통해 우리의 인격을 변화시키신다

하나님은 우리를 향한 특별한 계획을 품고 계신다. 그분은 우리를 그분이 원하시는 사람으로 빚기를 원하신다. 히브리서 저자는 사랑 많으신 아버지가 어떻게 우리를 징계하시는지 설명한다. "너희가 참음은 징계를 받기 위함이라 하나님이 아들과 같이 너희를 대우하시나니 어찌 아버지가 징계하지 않는 아들이 있으리요 징계는 다 받는 것이거늘 너희에게 없으면 사생자요 친아들이 아니니라"(히 12:7-8).

우리가 받는 고난이 꼭 징계가 아니더라도 하나님은 그 고난을 통해 우리를 변화시키실 수 있다.

다만 이뿐 아니라 우리가 환난 중에도 즐거워하나니 이는 환난은 인내를, 인내는 연단을, 연단은 소망을 이루는 줄 앎이로다 소망이 우리를 부끄럽게 하지 아니함은 우리에게 주신 성령으로 말미암아 하나님의 사랑이 우리 마음에 부은 바 됨이니(롬 5:3-5).

하나님의 방식은 언제나 최선이지만 그것이 반드시 쉬운 것은 아니다. 많이 아는 토기장이와 진흙의 비유에 관해 생각해 보자.

그러나 여호와여, 이제 주는 우리 아버지시니이다 우리는 진흙이요 주는 토기장이시니 우리는 다 주의 손으로 지으신 것이니이다(사 64:8).

과연 우리 가운데 토기장이의 회전판에 놓여 250rpm의 속도로 돌아가며 모난 구석이 깎여 나가는 고통스러운 과정을 기꺼이 자원할 사람이 얼마나 될까? 그래도 이 과정이 반드시 필요하다면 사랑 많으신 하늘 아버지께 이 과정을 맡기는 것보다 더 안전한 방법이 또 있을까?

인격 변화의 가장 중요한 부분 가운데 하나는 죄에 대한 미움을 기르는 것이다. 옛 표현을 빌자면, 고난은 육욕을 억제시킨다. "그리스도께서 이미 육체의 고난을 받으셨으니 너희도 같은 마음으로 갑옷을 삼으라 이는 육체의 고난을 받은 자는 죄를 그쳤음이니 그 후로는 다시 사람의 정욕을 따르지 않고 하나님의 뜻을 따라 육체의 남은 때를 살게 하려 함이라"(벧전 4:1-2).

우리가 가장 미워해야 할 죄 가운데 하나는 바로 교만이다. 바울은 이 교만을 꺾는 데 고난만한 것도 없다는 사실을 직접 체험했다. "여러 계시를 받은 것이 지극히 크므로 너무 자만하지 않게 하시려고 내 육체에 가시 곧 사탄의 사자를 주셨으니 이는 나를 쳐서 너무 자만하지 않게 하려 하심이라"(고후 12:7).

교만을 버릴수록 하나님을 더욱 의지하게 된다. 그 옛날 잔혹한 나치 체제에서 이 진리를 깨달은 사람이 있었다.

> 오 하나님, 제 원수들을 축복하소서. 그들을 저주하지 않고 오히려 축복하고 싶습니다. 친구들보다 원수들이 저를 더욱 당신의 품으로 이끌었습니다. 친구들은 저를 이 땅에 묶어두었지만 원수들은 저를 이 땅에서 해방시키고 이 세상에 대한 저의 모든 소망을 부수어 버렸습니다. 원수들은 이 세상에서 저를 연고 없는 이방인으로 만들었습니다. 사냥을 당하지 않는 짐승보다 사냥을 당하는 짐승이 더 안전한 피난처를 찾는 것처럼 저도 원수들에게 박해를 받은 덕분에 가장 안전한 은신처를 찾았습니다. 덕분에 친구도 원수도 제 영혼을 해칠 수 없는 당신의 장막 아래에 숨을 수 있었습니다. 오 하나님, 제 원수들을 축복하소서. 그들을 저주하지 않고 오히려 축복하고 싶습니다.[5]

19세기의 목사 제리미 테일러는 〈거룩한 삶과 죽음(Holy Living and Dying)〉에서 병의 결과들을 다루었다. "그것은 공허한 공상을 앗아 가고 정신을 부드럽게 하며 위선을 치료하고 교만의 발작을 억누른다. 그것은 인내의 학교다. 세상에 대한 맛을 잃고 영적인 것에 맛을 들이게 만든다."6) 참으로 옳은 말이지 않은가!

하나님은 노년의 고통을 통해 이 세상에 대한 우리의 사랑을 약화시키신다. 젊었을 때는 육체의 힘이나 외모를 자랑할 수 있지만 나이를 먹어 고통을 겪을수록 우리 몸은 점점 감옥처럼 변해 간다. 그럴수록 어서 천국에서 새로운 몸을 입어 이 육신의 족쇄에서 해방될 날을 고대하게 된다.

바울과 베드로는 현재의 고난과 미래의 영광에 관해 비슷한 말을 했다.

> 자녀이면 또한 상속자 곧 하나님의 상속자요 그리스도와 함께한 상속자니 우리가 그와 함께 영광을 받기 위하여 고난도 함께 받아야 할 것이니라 생각하건대 현재의 고난은 장차 우리에게 나타날 영광과 비교할 수 없도다(롬 8:17-18).

> 오히려 너희가 그리스도의 고난에 참여하는 것으로 즐거워하라 이는 그의 영광을 나타내실 때에 너희로 즐거워하고 기뻐하게 하려 함이라(벧전 4:13).

고난은 하나님의 영광을 더 깊고 풍부하게 경험하게 해 준다. 그래서 바울은 현재의 고난은 미래의 영광에 비할 바가 아니라고 말했다.

고난은 죄에 대한 벌일 수 있다

하나님이 우리의 잘못을 벌하시려고 고난을 허락하실 때도 있다. 고린도전서 11장 29-30절에서 사람들이 성찬을 남용한 결과 몸이 약해지고 병에 걸리며 심지어 죽었던 사건이 이런 경우다.

고난은 예수님과의 관계를 더 깊게 만든다

나는 서로가 서로의 고난에 동참했을 때의 유익을 두 눈으로 확인할 기회가 많았다. 의사로서 가장 힘든 일 가운데 하나는 환자에게 나쁜 소식을 전하는 것이다. 그럴 때 나는 환자가 사랑하는 사람들을 그 자리에 함께 부른다. 그러면 환자가 나쁜 소식을 받아들이기가 훨씬 더 쉬워진다. 딸이 울음을 터뜨리거나 아들이 "괜찮아질 거예요"라고 말하거나 남편이 그저 손을 꼭 쥐어 주기만 해도 말할 수 없이 큰 위로가 된다. 사랑하는 사람들이 고통을 함께 느껴 주면 당사자의 고통이 반감된다. 고통이란 서로 나눌 수 있는 것이다.

무엇보다도 우리는 예수님과 고통을 나눌 수 있다. 빌립보서 3장 10절에서 바울은 예수님의 고통에 참여하는 것에 관해 이야기한다. 여기서 참여에 해당하는 단어는 주로 '교제'로 번역되는 '코이노니아'(koinonia)이다. 우리는 예수님이 우리를 위해 십자가 위에서 겪으신 고난을 더 깊이 느껴야만 한다.

교제는 양방향이다. 예수님이 우리를 위해 고난을 당하셨으니 우리도 그분을 위해 고난을 당할 수 있어야 한다. 그렇게 우리가 그분의 고난에 참여할 때 그분이 우리의 고난에 참여해 주신다. 히브리서는 이렇게 말한다. "우리에게 있는 대제사장은 우리의 연약함을 동정하지 못하실 이가 아니요 모든 일에 우리와 똑같이 시험을 받으신 이로되 죄는 없으시니라 그러므로 우리는 긍휼하심을 받고 때를 따라 돕는 은혜를 얻기 위하여 은혜의 보좌 앞에 담대히 나아갈 것이니라"(히 4:15-16).

예수님은 육체적인 고난과 감정적인 고난을 겪어 봐서 고난에 대해 너무도 잘 아신다. 그래서 우리가 그분 앞에 나아가 도움을 요청하면 진심으로 동정해 주신다.

뿐만 아니라 두 가지 놀라운 진리가 있다. 첫째, 예수님은 우리가 나아가기 전에 이미 우리를 위해 아버지께 중보하고 계신다(롬 8:34, 히 7:25 참조). 둘째, 예수님은 우리에게 성령을 보내주셨다. 헬라어 성경에서 성령을 '파라클레테'(paraklete)로 부른다(요 14:26, 15:26, 16:7 참조). 이것은 조력자나 상담자, 위로자, 중보자로 번역이 가능하다.

우리가 고난을 당할 때 예수님과 성령이 우리 곁에서 도와주신다. 사람들 중에서도 고난의 시기에 내 곁을 지켜 준 사람들이 지금 나와 가장 가까운 사람들이 되었다. 이처럼 고난 중에 하나님의 임재를 경험하면 그분에게 더 가까이 다가가게 된다.

고난은 우리를 천국으로 데려가기 위한 하나님의 방법일 수 있다

때로 하나님은 고통을 통해 그분의 자녀들을 본향으로 데려가신다. 내 친구 에디에게 암 말기라는 사실을 알렸을 때 그는 참으로 놀라운 대답을 했다. "음, 건강해서는 천국에 갈 수 없지 않나."

고통은 하나님이 우리를 데려가시기 전 이 저주받은 세상에서의 마지막 경험이 될 수 있다. 우리가 하나님의 품에 안긴 뒤에는 이생을 돌아보며 고통스러운 삶에서 구원해 주신 하나님의 역사에 놀라워할 수 있을 것이다. 하지만 과연 우리가 천국에서 이생의 고통에 관해 자주 생각할까?

"나는 췌장암으로 이곳에 오게 되었소." "그렇소? 나는 비행기 추락 사고로 이곳에 오게 되었소." 과연 천국에서 이런 대화가 오갈까? 아마도 그렇지 않을 것이다.

하나님이 어떤 방법으로 우리를 집에 데려가실지는 전혀 중요하지 않다. 천국에서 우리의 머릿속은 온통 우리를 천국으로 이끈 예수님의 대속의 죽음과 하나님의 은혜에 관한 생각으로만 가득할 것이다.

우리는 남들이 고통 가운데 하나님의 목적을 발견하도록 도울 수 있다

고통 중에 신음하는 사람들을 위로할 때 우리의 고통에 하나님의 목적이 있다는 사실을 알려 주면 큰 도움이 된다. 단, 설교를 하려고 해서는 곤란하다.

욥기를 보라. 욥의 세 친구들은 욥을 위로하기 위해 찾아와 한마디도 하지 않고 7일 동안 조용히 앉아만 있었다. 그들이 곁에 있다는 사실 자체가 욥에게는 무엇과도 비교할 수 없는 큰 위로였다. 하지만 그들이 입을 열어 욥의 고난에 관한 신학적인 입장을 설명하기 시작하자 욥의 고통은 더 심해졌다.

　나는 환자들이 나를 찾아온 것이 고통을 덜기 위해서지 고통에 관한 신학적 설명을 듣기 위함이 아니라는 사실을 너무도 잘 안다. 그 순간 환자들이 원하는 것은 당장 고통을 덜어 줄 약이나 치료다.

　하지만 때로는 그들의 고통을 덜어 주는 것 외에도 하나님의 목적을 일깨워 줄 필요성이 있다. 나는 그들에게 위의 성경 구절들을 읽어 주면서 하나님이 그들의 고난을 통해 그분의 목적을 이루신다는 사실을 상기시켜 준다. 같은 맥락에서 환자들에게 하나님이 내면에서 어떤 역사를 행하고 계시며 그들이 그 역사에 어떻게 반응하는지 물어보기도 한다. 물론 언제나 상대방의 감정을 헤아리려고 노력하면서 말이다.

고통과 고난에 대한 우리의 반응

믿는 사람은 고난 중에도 희망을 잃지 않는다. 바울은 이 희망을 굳게 부여잡은 덕분에 온갖 종류의 고난을 너끈히 이겨 낼 수 있었다.

> 생각하건대 현재의 고난은 장차 우리에게 나타날 영광과 비교할 수 없도다 …… 우리가 소망으로 구원을 얻었으매 보이는 소망이 소망이 아니니 보는 것을 누가 바라리요 만일 우리가 보지 못하는 것을 바라면 참음으로 기다릴지니라(롬 8:18, 24-25).

현재 상황이 아무리 암울해도 크리스천들은 더 좋은 날을 기대할 수 있다. 이생에서는 그날이 오지 않을지 몰라도 결국에는 반드시 온다. 우리는 이 땅에서 가장 좋았던 날보다 훨씬 더 좋은 미래를 믿는다. 이생의 모든 고난이 별것 아니게 보일 만큼 멋진 미래가 우리를 기다린다.

희망의 최고봉은 다름 아닌 우리가 주님으로 따르는 예수 그리스도이시다. "믿음의 주요 또 온전하게 하시는 이인 예수를 바라보자 그는 그 앞에 있는 기쁨을 위하여 십자가를 참으사 부끄러움을 개의치 아니하시더니 하나님 보좌 우편에 앉으셨느니라"(히 12:2).

더 나은 미래에 대한 희망은, 절망의 순간에 꿋꿋이 앞으로 나아갈 수 있게 한다.

크리스천들은 고통을 기쁨과 함께 버무릴 수 있다

우리 믿는 자들은 고난 속에서 하나님의 목적을 발견하고 그 목적을 통해 위로를 얻을 수 있다. 하지만 희망이 있다고 해서 현재의 고통이 사라지는 것은 아니다. 욥이 청천벽력과도 같은 소식을 듣자마자 옷을 찢고 머리를 잘랐던 것이 기억나는가? 그런 뒤에야 그는 바닥에 엎드려 예배를 드렸다. 주권적인 하나님을 믿는다고 해서 슬픔의 무게가 줄어들지는 않는다.

하지만 우리는 하나님의 약속과 정의를 분명히 믿는다. 이 믿음을 통해 우리는 고통을 기쁨과 함께 버무릴 수 있다. 그래서 성경에 "주 안에서 항상 기뻐하라"(빌 4:4)는 명령도 있지 않은가? 현실을 부인하라는 뜻은 절대 아니다. 희망을 품을 확실한 이유가 있기 때문에 고난을 받아들일 수 있다는 뜻이다. 호레이시오 스패포드는 우리 모두가 사랑하는 한 찬송가에 이 개념을 담아냈다.

> 내 평생에 가는 길 순탄하여 늘 잔잔한 강 같든지
> 큰 풍파로 무섭고 어렵든지
> 나의 영혼은 늘 편하다.
> 내 영혼 평안해, 내 영혼 내 영혼 평안해.[7]

하나님이 부당하다고 느껴질 때

지금까지 고통과 고난에 대한 이상적인 반응을 제시했다. 그런데 문제는 우리가 매번 위대한 믿음과 기쁨으로 시련을 이겨 낼 수는 없다는 것이다. 우리 안에 한 점의 기쁨도 없이 극심한 고통만 가득할 때도 있다. "내 영혼 평안해"라고 노래하지 못할 때도 있다. 상처가 너무 깊고 고통이 너무 심해서 절규밖에 나오지 않을 때도 있다.

그럴 때면 하나님이 전혀 만사를 다스리시지 못하시는 것 같다. 혹시 그분이 만사를 다스리신다면 우리가 믿어 왔던 것과 달리 사랑과 자비가 충만한 분이 아닌 게 틀림없어 보인다. 때로는 이것이 우리의 솔직한 감정이다. 이런 감정을 부인할 필요는 없다. 우리는 이런 감정을 들고 하나님 앞에 나아가 울부짖고 도와 달라고 간청해야 한다. 시편에는 이런 울부짖음이 가득하다. "주여 깨소서. 어찌하여 주무시나이까? 일어나시고 우리를 영원히 버리지 마소서"(시 44:23).

이것은 불경한 발언이 아니라 하나님께 대한 솔직한 탄원이다. 이처럼 고통스러운 상황에 대해 탄식하는 시편이 많다.

지독한 고통에 처했을 때 우리는 두 가지 모습으로 하나님께 울부짖을 수 있다. 첫 번째 모습은 발을 차며 엄마에게 "너무해요!"라고 소리를 지르는 어린아이의 모습이다. 이것은 자신의 좁은 생각으로 상황을 판단하는 모습이다. 하나님께 이런 식으로 굴면 결국 우리가 그분보다 더 많이 안다는 뜻이 되고 만다. 이것은 스스로 하나님이 되려는 것이나 다름없다. 그리고 이것은 바로 그 옛날 에덴동산에서 아담이 지었던 죄다.

다른 모습은 이 고통에서 구해 달라고, 이 고통 속에서 그분의 목적을 보게 해 달라고, 이 고통을 견뎌 낼 믿음을 달라고 부르짖으며 계속해서 그분을 부여잡는 것이다. 이것이야말로 하나님을 진정 하나님으로 대하는 모습이다.

고통과 고난은 아담이 죄를 짓고 타락한 결과일 뿐 하나님이 처음 창조하신 선한 피조 세계의 일부는 아니었다. 그럼에도 하나님은 우리에게 고난을 허락하시며 그 고난을 통해 선한 목적을 이루실 수 있다. 따라서 우리는 하나님이 선한 목적을 이루실 거라는 확신으로 고난을 이겨 낼 수 있고, 더 좋은 미래를 기대할 수 있다. 그럴 때 우리는 역경을 통해 하나님께 더 가까이 다가가고 더 나은 인간이자 신앙인으로 자라 갈 수 있다.

기도

하나님 아버지, 고난을 생각만 해도 두렵습니다. 결코 고난을 원하지 않습니다. 하지만 아버지, 당신을 믿습니다. 제 미래에 고난이 포함되어 있다 해도 저를 그 고난에서 구해 주시거나 끝까지 견뎌 낼 은혜를 주실 줄로 믿습니다. 저에게 가장 중요한 것은 제 안위가 아니라 당신에 대한 충성과 순종입니다. 당신 이름의 영광을 위해 이 기도를 드립니다. 예수님 이름으로 기도드립니다. 아멘.

묵상

내 삶은 무엇보다도 주님과 나의 베 짜기다.

내가 색을 고를 수는 없지만 주님은 무슨 색을 써야 할지 정확히 아신다.

주님은 위쪽의 패턴을 볼 수 있는 반면,
나는 이 아래서만 볼 수 있기 때문이다.

때로 주님은 슬픔 가운데서 뜨개질을 하신다.
대체 이것은 무엇이란 말인가?
하지만 그분의 판단을 믿고 충성스럽게 일하리라.

베틀의 북을 채우는 것은 주님이고
무엇이 최선인지 아시는 분도 주님이시다.
그래서 나는 열심히 베를 짜고 나머지는 그분께 맡기리라.
베틀이 조용해지고 북이 날아다니기를 멈추기 전까지
하나님은 베를 펼쳐 이유를 설명해 주시지 않는다.

베 짜는 사람의 솜씨 좋은 손 안에서,
그가 계획한 패턴에는,
검은 실도 금실과 은실만큼 필요하다.
_ '베 짜는 장인의 계획', 저자 미상

| 다섯 번째 전략 | **죽음의 두려움을 극복하는 법**

삶과 죽음을 성경적인 관점으로 이해하라

성경은 삶과 죽음에 관해 뭐라고 가르치는가?
죽음은 무엇으로 이어지는가?
죽음이 원수라는 사실과 그것이 이미 패배한 적이라는 사실을 어떻게 융화시켜야 할까?
하나님이 우리가 죽는 순간을 결정하시는가?

'죽음'과 '죽어 가는'이라는 단어는 다양한 감정을 불러일으킨다. 많은 사람이 죽음이라는 얘기만 나오면 인상을 찌푸리며 재빨리 주제를 바꾼다. 우리 교회에서 후원한 강연회에 초빙을 받았을 때 이 현상을 똑똑히 목격했다.

당시 4주에 걸쳐 주일 오후에 강연회를 열었다. 그런데 처음 세 번은 약 250명씩 참석해서 뿌듯했지만 죽음에 관한 이야기를 하는 네 번째 시간에는 겨우 60명 정도밖에 참석하지 않아 실망스럽기도 하고 뜻밖이기도 했다. 친한 교인들에게 물어봤더니 단지 죽음에 관해 생각하기 싫어서 그 시간에 참석하기 않았다는 대답이 돌아왔다.

죽음의 문턱까지 수없이 갔지만 매번 모두의 예상을 깨고 살아남은 수지라는 여성도 똑같은 반응을 나타냈다. 중환자실에서 사투를 벌이는 그녀를 보니 죽음이 얼마 남지 않아 보였다. 곧 심정지가 올 것이 분명했기 때문에 그녀가 '심폐소생술 거부'에 동의하기를 바랐다. 심폐소생술을 해 봤자 성공할 확률이 낮고 죽는 순간만 더 고통스러워질 뿐이었다. 수지는 내 말의 의미를 이해한 것처럼 보였지만 결국 힘겨운 미소를 지으며 말했다. "오늘, 선생님 넥타이가 멋지네요."

한마디로, 싫다는 소리였다. 어떤 면에서 이해는 갔다. 누구나 죽음을 부인하고 싶으니까 말이다. 하지만 또 다른 면에서 그것은 비극이었다. 죽음을 성경적으로 이해하지 않으면 남은 시간에 대해 현명하고, 또 하나님께 영광이 되는 결정을 내리기가 불가능하다. 그래서 지금부터 당신에게 다섯 번째 전략, 삶과 죽음에 대한 성경적인 관점을 품는 것에 대해 설명하고자 한다.

생명에 대한 관점

죽음의 의미를 이해하기 위해서는 먼저 생명을 이해해야 한다. 앞서 이야기했던 하나님의 거룩한 원을 기억하는가? 생명은 이 원 안에 있다. 생명은 하나님이 "좋았더라"고 부르셨던 첫 피조 세계의 일부였다.

사도 요한은 자신의 이름을 딴 복음서 머리말에서 예수님이 창조주라는 이야기를 한 뒤 "그 안에 생명이 있었으니"(요 1:4)라고 말했다. 생명을 어떤 식으로 이해하든 간에 그것이 예수님 안에 있다는 성경의 가르침을 잊지 말아야 한다. 사도 바울은 이런 표현을 썼다. "우리가 그를 힘입어 살며 기동하며 존재하느니라"(행 17:28). 간단히 말해, 예수님을 떠나서는 진정한 삶이 없다.

우리는 생명을 다양한 차원에서 이해할 수 있다. 첫째, 세포의 단순한 생명이 있다. 그 다음에는 식물과 동물 같은 좀 더 복잡한 유기체의 생명이 존재한다. 가장 높은 차원의 육체적 생명은 인류에게 할당되었다. 우리가 하나님의 형상을 따라 지음을 받았다는 점에서 우리의 생명은 여타 생명체의 생명과 확연히 다르다. "하나님이 자기 형상 곧 하나님의 형상대로 사람을 창조하시되 남자와 여자를 창조하시고"(창 1:27).

하나님의 형상을 따라 지음을 받았다는 것은 매우 심오한 개념이다. 그래서 여기서 본격적으로 다룰 수는 없다. 여기서는 하나님의 형상을 품었다는 것이 인류가 여타 생명체와 구별되는 점이라는 사실만 알고 넘어가도 충분하다.

죽을병에 걸린 사람들, 심지어 심각한 정신착란에 시달리는 사람들도 엄연히 하나님의 형상을 따라 창조된 귀한 존재들이다. 나아가 인간의 생명은 하나님에게서 직접적으로 나온다. "여호와 하나님이 땅의 흙으로 사람을 지으시고 생기를 그 코에 불어넣으시니 사람이 생령이 되니라"(창 2:7). "만민에게 생명과 호흡과 만물을 친히 주시는 이심이라"(행 17:25).

우리의 육체적 생명은 하나님이 주신 귀한 선물이다. 다만 하나님은 우리에게 주신 모든 것에 대해 책임감을 요구하신다. 창세기에 이 점이 명시되어 있다. "내가 반드시 너희의 피 곧 너희의 생명의 피를 찾으리니 짐승이면 그 짐승에게서, 사람이나 사람의 형제면 그에게서 그의 생명을 찾으리라 다른 사람의 피를 흘리면 그 사람의 피도 흘릴 것이니 이는 하나님이 자기 형상대로 사람을 지으셨음이니라"(창 9:5-6). 참으로 생명은 고귀한 것이다.

이외에도 생명 곧 삶에 관한 성경의 가르침을 볼수록 삶을 더욱 귀히 여기게 된다. 요한은 자신의 복음서에서 이렇게 말했다. "영생은 곧 유일하신 참 하나님과 그가 보내신 자 예수 그리스도를 아는 것이니이다"(요 17:3).

요한은 가장 지고한 형태의 삶을 이야기한다. 이 삶은 인격적이고도 사랑 많으신 하나님과 관계를 맺은 삶이다. 우리는 무한하신 하나님 외에는 그 무엇에서도 참된 만족을 찾지 못하도록 창조되었다. 우리는 이 삶을 영적인 삶 혹은 하나님과 교제하는 삶이라 부른다. 예수님은 이 삶에 대해 이렇게 말씀하셨다. "내가 온 것은 양으로 생명을 얻게 하고 더 풍성히 얻게 하려는 것이라"(요 10:10).

영적인 삶은 이생에서 시작되지만 하나님의 품 안에 안겨 죄에서 완전히 해방되기 전까지는 온전히 경험할 수 없다. 하나님의 품 안으로 들어간 뒤에야 이 삶을 영원토록 누릴 수 있다. 하나님과 함께하는 삶보다 육체적 삶을 더 중시하는 것은 크나큰 잘못이다.

죽음에 대한 관점

삶을 성경적으로 이해했다면 죽음에 관한 성경의 가르침을 만날 준비가 된 셈이다. 삶에 육체적인 삶과 영적인 삶이 있듯이 죽음에도 육체적인 죽음과 영적인 죽음이 있다. 육체적인 죽음은 이 세상으로부터 분리되는 것이며, 영적인 죽음은 하나님으로부터 분리되는 것이다.

우리는 영적으로 죽은 채로 육체적으로 태어난다. 하지만 이생에서 예수 그리스도를 믿으면 하나님이 성령을 통해 우리 안에 들어오신다. 그렇게 되면 우리는 영적으로 살아난다. 그리고 나중에 육체적으로 죽어도 영적으로는 영원히 살게 된다. 반면, 이 땅에서 살 때 예수님을 믿지 않으면 계속해서 하나님으로부터 분리된 채로 남는다.

죽음은 원수다

삶은 하나님이 처음 창조하신 피조 세계의 일부요 그분의 거룩한 원 안에 있지만 죽음은 그 원 밖에 있으며 죄에서 비롯했다. 죽음은 추악할 수 있다. 그래서 고린도전서 15장 26절에서 바울은 죽음을 원수라 불렀다.

잔의 아버지는 여든세 살이었다. 하루는 가슴 통증 때문에 병원에 입원했는데 그는 공격적인 치료를 원치 않았다. 병원에서의 첫날 밤, 그는 혼자 힘으로 일어났다가 쓰러졌는데 그대로 세상을 떠났다.

나중에 잔이 내 사무실에 찾아왔다. 잔은 아버지가 고통을 받지 않고 빨리 숨을 거두어 얼마나 감사한지 모른다고 말했다. 심지어 '아름다운' 죽음이라는 표현까지 썼다. 하지만 말과 달리 그녀의 두 눈에서는 쉴 새 없이 눈물이 흘렀다. 아버지를 잃었으니 어찌 슬프지 않겠는가. 그녀가 '아름답다'는 자신의 표현과 어울리지 않게 계속 눈물을 흘린 것은 죽음이 원수라는 사실을 절실히 느끼고 있었기 때문이다. 죽음은 하나님의 거룩함에 속한 것이 아니다. 죽음은 사랑하는 아버지를 딸에게서 떼어 놓았다. '아름다운 죽음'조차 비극적인 면이 있다.

게다가 어떤 죽음들은 아름다움과는 거리가 멀다. 임신한 아내를 두고 세상을 떠난 한 목사가 생각난다. 교회는 좋은 목자를 잃었고, 아들은 아버지의 사랑을 모른 채 자라게 되었다. 영화에나 나올 법한 사랑 이야기의 주인공이었던 팻시가 결혼을 불과 일주일 앞두고 세상을 떠났던 일은 평생 잊지 못할 것 같다. 이런 죽음을 아름답다고 말할 사람은 세상 어디에도 없다.

죽음에는 고통과 슬픔이 따른다. 그래서 사람들은 죽음을 두려워한다. 그래서 예수님이 "죽기를 무서워하므로 한평생 매여 종 노릇 하는 모든 자들을 놓아 주려"(히 2:15) 이 세상에 오신 것이다.

나는 죽음에 대한 두려움을 표현하는 사람을 많이 보았다. 그중에서 특별히 앨리스라는 여성이 생각난다. 그녀는 세상을 떠나기 얼마 전에 신부전에 걸려 약한 정신착란 증세를 보였다. 그녀가 침대에 누워 하염없이 울며 소리를 질렀던 모습이 생생히 기억난다. "죽기 싫어! 나를 죽게 내버려 두지 마!"

나를 비롯해 간호하는 사람들이 얼마나 힘들었겠는가. 하루 종일 고통스러운 울부짖음을 듣는다고 생각해 보라. 앨리스는 복음을 듣고 세상을 떠났다. 그녀가 복음을 받아들였는지는 오직 하나님만이 아시겠지만 그녀는 죽는 순간까지 죽음에 대한 지독한 공포에 시달렸다.

크리스천이라고 해서 죽음에 대해 격한 반응을 보이는 것을 이상하게 볼 일은 아니다. 아니, 그런 반응을 보여야 정상이다. 죽음을 좋아하거나 죽음에 관해 좋게 말할 이유가 전혀 없다.

"죽기 싫어!"

이 말은 매우 적절하며, 심지어 크리스천다운 말이기도 하다. 예수님이 곧 나사로를 되살리실 것이면서도 그의 무덤 앞에서 우셨던 것을 기억하는가?(요 11:35 참조) 예수님은 나사로가 죽었기 때문에 우셨던 것이 아니다. 그분의 눈물에는 죽음이 선한 피조물에 저지른 짓에 대한 개탄의 의미가 담겨 있었다.[1]

우리는 죽어서 그리스도와 함께할 날을 고대했던 바울의 자세를 배워야만 한다. 그는 "죽는 것도 유익함이라"(빌 1:21)고까지 말했다. 그런데 바로 다음 장에서 아파서 죽게 생긴 에바브로디도에 관한 이야기를 보면 다소 혼란스럽다. 바울은 에바브로디도가 죽지 않은 것을 하나님의 은혜로 여겼다. 만약 그가 죽었다면 바울은 몹시 슬퍼했을 것이다. 바울도 죽음을 원수로 여겼던 게 분명하다.

죽음은 원수이므로 친구로 여겨서는 안 된다. 반면, 삶은 하나님의 귀한 선물이다. 따라서 우리는 이 선물을 잘 관리하는 청지기가 되어야 한다. 그러나 죽음이 그냥 원수가 아니라 이미 패한 원수라서 얼마나 감사한지 모른다.

죽음은 패한 적이다

우리의 원수인 죽음이 최종 승리를 거두도록 허락하시지 않은 하나님께 영원토록 감사해야 마땅하다. 하나님은 결국 생명이 승리한다고 약속해 주셨다.

> 이 썩을 것이 썩지 아니함을 입고 이 죽을 것이 죽지 아니함을 입을 때에는 사망을 삼키고 이기리라고 기록된 말씀이 이루어지리라 사망아 너의 승리가 어디 있느냐 사망아 네가 쏘는 것이 어디 있느냐 사망이 쏘는 것은 죄요 죄의 권능은 율법이라 우리 주 예수 그리스도로 말미암아 우리에게 승리를 주시는 하나님께 감사하노니 (고전 15:54-57).

이 놀라운 말씀은 하나님으로부터 영원히 분리되는 것과 그분의 품 안에서 영원히 기쁨을 누리는 것의 차이점을 묘사한. 하나님의 거룩한 원 밖에서 삶을 지배하던 죽음은 예수 그리스도의 죽음과 부활을 통해 파괴되었다. 덕분에 "은혜와 의의 선물을 넘치게 받는 자들은 한 분 예수 그리스도를 통하여 생명 안에서 왕 노릇"(롬 5:17) 하게 되었다.

이제 우리는 하나님의 거룩한 원 안으로 다시 들어갈 수 있게 되었다. 이제 죽음은 그냥 원수가 아니라 패배한 원수다. 패배한 적도 적은 적이지만 이빨 빠진 호랑이일 뿐이니 두려워할 필요가 전혀 없다. 예수 그리스도의 죽음으로 인해 "이제 그리스도 예수 안에 있는 자에게는 결코 정죄함이 없나니"(롬 8:1) 믿는 자에게 육체적인 죽음은 더 이상 형벌로 이어지지 않는다.

믿는 자에게는 죽음의 의미가 다르기 때문에 성경은 믿는 자의 죽음에 대해 '죽음'이라는 단어를 사용하는 대신, 잠을 자거나 옷을 갈아입거나 장막에서 영원한 집으로 옮겨 간다는 식의 비유를 사용한다.[2]

죽음은 상을 받는 자리로 이어진다

그리스도의 구속의 역사로 인해 패배한 원수 죽음은, 이제 우리를 향한 하나님의 선한 목적에 사용된다. 그리스도께서 재림하시기 전까지 하나님의 영원한 품으로 들어가는 유일한 길은 죽음뿐이다. 죽음은 고통과 이별, 슬픔을 동반하지만 믿는 자들에게는 결국 기쁨으로 가는 통로가 된다. 하나님은 죽음을 통해 우리를 그분의 품 안으로 부르신다. "우리가 담대하여 원하는 바는 차라리 몸을 떠나 주와 함께 있는 그것이라"(고후 5:8).

머레이 해리스는 이것이 단순히 지리적인 이동에 관한 이야기가 아니라는 점을 강조한다. 우리는 단순히 육체적으로만 하나님의 품에 안기는 것이 아니다. 이것은 관계에 관한 이야기이기도 하다. 그러니까 천국에서 우리는 이 땅에서보다 하나님과 훨씬 더 깊은 교제를 누리게 된다.[3]

천국에서 우리는 하나님의 임재만이 아니라 그분의 다른 복들도 누릴 것이다. 예전에 라디오에서 들었던 찰스 스윈돌의 설교에 따르면, 경건한 사람이 죽을 때 진정으로 하나님께 속한 것들은 하나도 소멸되지 않는다고 한다. 예를 들어, 사랑하는 사람들 중 믿는 자들과 상봉할 날을 자신 있게 기대할 수 있다. 천국에 가면 이미 죽어서 그곳에 가 있는 사람들을 만날 것이고, 지금 살아 있는 사람들이 나중에 천국에 오면 또 아름다운 상봉이 이루어질 것이다. 또한 하나님은 우리가 이 땅에서 즐기는 모든 아름다움의 저자이시다. 따라서 그분이 계신 천국에서도 그분의 창조적인 작품을 계속해서 즐길 수 있을 것이다.

천국에서 평안도 누릴 것이다. 죽음이 우리를 하나님의 품 안으로 안내하면 우리는 영원한 안식으로 들어간다. "지금 이후로 주 안에서 죽는 자들은 복이 있도다 하시매 성령이 이르시되 그러하다 그들이 수고를 그치고 쉬리니 이는 그들의 행한 일이 따름이라"(계 14:13).

하나님의 품 안에 들어갈 때 비로소 우리는 내내 소망하던 것, 그 이상을 얻을 것이다.

C. S. 루이스는 나니아 이야기의 맺음말에 이 개념을 완벽히 담아냈다.

"실제로 기차 사고가 있었다. 너희가 섀도우 랜즈에서 썼던 표현을 빌자면, 너희 아버지와 어머니, 그리고 너희 모두는 죽었다. 기한은 끝났다. 이제 휴가가 시작되었다. 꿈은 끝났다. 이제 아침이다."

아슬란이 부드러운 목소리로 말하는데 더 이상 사자처럼 보이지 않았다. 그리고 그 뒤로 일어나기 시작한 일은 너무도 위대하고 아름다워서 도저히 글로 담아낼 수 없다. 우리에게는 이것이 모든 이야기에 끝이며, 그 뒤로 우리는 모두 행복하게 살았다.

하지만 그들에게는 이것이 진짜 이야기의 시작에 불과했다. 이 세상에서 그들의 모든 삶, 나니아에서 그들의 모든 모험은 표지요 속표지에 불과했다. 이제 마침내 그들은 세상 누구도 읽어보지 못한 위대한 이야기의 첫 장을 쓰기 시작했다. 그 이야기는 영원히 이어질 이야기요 장을 거듭할수록 점점 더 좋아지는 이야기다.[4]

죽음은 부활한 몸으로 이어진다

이 땅에서 사는 동안 육체적인 제약 때문에 우리는 하나님의 사랑을 온전히 경험하지 못할 때가 무척 많다. 그래서 우리는 이 몸의 한계를 넘어 하나님을 온전히 누릴 수 있는 영광체를 갈망한다. 나이가 들면 누구나 몸이 쇠하는 현실을 피할 수 없다.

내 좋은 친구이자 신약 학자인 그랜트 오스본은 "늙을수록 내 몸이 나를 미워한다"라는 말을 했다. 노화와 질병이 속도를 내면 고통으로 신음하며 더 나은 몸을 갈망하는 것은 너무도 당연하다. 그래서 바울은 이렇게 말했다. "그뿐 아니라 또한 우리 곧 성령의 처음 익은 열매를 받은 우리까지도 속으로 탄식하여 양자 될 것 곧 우리 몸의 속량을 기다리느니라"(롬 8:23). 믿는 우리는 몸의 속량을 갈망하며 인내하면서 기다려야 한다.

타락이 우리의 육체에 미친 영향을 제대로 아는 사람은 그리 많지 않다. 또한 우리에게 약속된 부활체에 대해서도 모르기는 매한가지다. 하지만 성경은 이 부활체에 관해 꽤 많은 단서를 던져 준다. 바울은 이렇게 말했다. "우리가 흙에 속한 자의 형상을 입은 것 같이 또한 하늘에 속한 이의 형상을 입으리라"(고전 15:49).

현재 우리는 우리의 첫 아버지인 아담이 죄로 타락한 뒤에 입었던 것과 비슷한 육체 안에서 살고 있다. 하지만 우리가 고대하는 새 몸은 우리 주 예수 그리스도의 형상을 따른 몸이다. 우리의 부활한 몸은 현재 육신의 특성 가운데 일부를 갖고 있되 부활하신 그리스도의 몸과 훨씬 더 비슷할 것이다. 부활하신 그리스도는 분명한 육체적 특성들을 지니고 있었다.

예를 들어 그분의 몸은 손으로 만질 수 있었고, 음식물을 섭취했으며, 한 장소에서 다른 장소로 걸어 다녔다. 하지만 전과 완전히 다른 점도 있었다. 그분은 문이 굳게 잠겨 있던 방 안에 갑자기 나타나셨다. 그리고 알 수 없는 방법으로 예루살렘에서 갈릴리까지 이동하셨다. 이런 성경의 기록으로 보아 그리스도와 마찬가지로 우리의 현재 몸과 부활한 몸 사이에는 연속성과 차이점이 공존할 것이다.

바울은 하나님이 우리를 위해 예비하신 몸이 얼마나 영광스러운지 설명하기 위해 비유를 사용했다. "또 네가 뿌리는 것은 장래의 형체를 뿌리는 것이 아니요 다만 밀이나 다른 것의 알맹이 뿐이로되"(고전 15:37).

알맹이가 옥수수 씨앗이라고 해 보자. 옥수수 씨앗과 거기서 자란 옥수수 나무가 얼마나 다른가. 물론 옥수수 씨앗에 나무가 될 잠재력이 들어 있는 것은 사실이지만 둘의 차이는 어마어마하다. 하나는 보잘것없고 땅에 묻혀 있지만 그것이 자라서 잠재력을 다 발휘한 모습은 볼 만하다. 우리가 현재 입고 있는 몸과 나중에 받게 될 부활체의 차이가 이와 같다.

부활하면 인간의 진정한 잠재력이 온전히 회복되어 하나님의 영광스러운 임재 안으로 들어갈 준비가 된다. 부활을 통해 우리 몸은 하나님의 거룩한 원 안으로 돌아간다. 인류 타락이 우리 몸에 끼친 악영향이 흔적도 없이 사라진다. 이 새로운 몸은 다시는 질병이나 슬픔을 경험하지 않는다. 무엇보다도 더 이상 죽음을 겪지 않는다. "모든 눈물을 그 눈에서 닦아 주시니 다시는 사망이 없고 애통하는 것이나 곡하는 것이나 아픈 것이 다시 있지 아니하리니 처음 것들이 다 지나갔음이러라"(계 21:4).

이렇게 놀라운 몸을 새로 받을 것을 생각하면 가슴이 벅차오른다.

죽음은 심판으로 이어진다

안타깝게도 죽음 뒤에는 시상만이 아니라 심판도 이루어진다. "한번

죽는 것은 사람에게 정해진 것이요 그 후에는 심판이 있으리니"(히 9:27).

성경은 두 가지 종류의 심판이 있다고 말한다. 첫 번째 심판은 천국에 갈 사람과 지옥에 갈 사람을 가리는 심판이다. 생각하기 싫을 만큼 두려운 심판이지만 성경은 그런 심판이 이루어진다고 못 박아 말한다.

> 인자가 자기 영광으로 모든 천사와 함께 올 때에 자기 영광의 보좌에 앉으리니 모든 민족을 그 앞에 모으고 각각 구분하기를 목자가 양과 염소를 구분하는 것 같이 하여 양은 그 오른편에 염소는 왼편에 두리라 그때에 임금이 그 오른편에 있는 자들에게 이르시되 내 아버지께 복 받을 자들이여 나아와 창세로부터 너희를 위하여 예비된 나라를 상속받으라 …… 또 왼편에 있는 자들에게 이르시되 저주를 받은 자들아 나를 떠나 마귀와 그 사자들을 위하여 예비된 영원한 불에 들어가라(마 25:31-34, 41).

그렇다. 심판의 날이 오고 있다. 어떤 이들에게는 하나님의 품에서 쫓겨나 영원한 고난을 받으라는 판결이 내려질 것이다. 생전에 하나님 없이 살았으니 죽어서도 하나님 없이 지내는 것이 당연하다.

이 심판의 날에 하나님의 나라로 들어가는 자들도 있을 것이다. 이것은 우리 스스로 얻어낼 수 있는 특권이 아니다. 자신의 악행으로 인해 지옥에 떨어지는 자들이 있기는 하지만, 우리가 영생으로 들어가는 것은 우리 자신의 선행을 통해서가 아니다. 하나님과 영원히 함께 살려면 단 한 점의 죄도 없어야 하는데 알다시피 우리 중에 죄에서 완전히 자유로운 사람은 단 한 명도 없다. "모든 사람이 죄를 범하였으매 하나님의 영광에 이르지 못하더니"(롬 3:23).

아무리 많은 선행을 해도 우리가 죄인이라는 사실은 변하지 않는다. 그런데 죄의 대가가 얼마나 무서운지 아는가? 죄는 영원한 죽음, 곧 하나님과의 영원한 이별을 안겨 준다. "죄의 삯은 사망이요 하나님의 은사는 그리스도 예수 우리 주 안에 있는 영생이니라"(롬 6:23).

이 죽음을 면할 수 있는 길은 오직 예수님을 믿는 것뿐이다. 예수님은 죄 없는 삶을 사셨기 때문에 자신의 죄로 인해 죽을 필요가 없으셨다. 하지만 그분은 온 세상의 죄에 대한 하나님의 진노를 거두기 위해 돌아가셨다. "하나님이 죄를 알지도 못하신 이를 우리를 대신하여 죄로 삼으신 것은 우리로 하여금 그 안에서 하나님의 의가 되게 하려 하심이라"(고후 5:21).

먼저 우리가 스스로 그리스도의 대속을 받아들이기 전까지는 하나님도 예수님의 죽음을 우리 죄에 대한 대속으로 받아들이시지 않는다. 따라서 우리가 죄인이라는 사실을 겸허히 인정하고 죄를 회개해야 한다. 우리는 대속의 은혜를 받을 만한 자격이 없고, 그것을 우리 스스로 얻을 수도 없다.

이 점을 고백하고 나서 예수님이 죽으심으로써 우리 죗값을 치르셨다는 사실을 믿고 하나님께 용서를 구해야 한다. 그러면 하나님은 그리스도의 죽음을 우리 죄에 대한 대가로 받아들이고 우리를 그분의 임재 안으로 불러 주신다. 이 놀라운 기적을 가능하게 하는 것은 우리의 선함이 아니라 그분의 은혜다.

또 다른 심판의 날도 오고 있다. 이날은 그리스도를 믿고 천국에 간 성도들을 위한 날이다. 이날에도 심판관은 예수님이실 것이다. 이날은 영원한 형벌에 대한 두려움은 없고 오직 상에만 초점이 맞춰질 것이다.

만일 누구든지 금이나 은이나 보석이나 나무나 풀이나 짚으로 이 터 위에 세우면 각 사람의 공적이 나타날 터인데 그 날이 공적을 밝히리니 이는 불로 나타내고 그 불이 각 사람의 공적이 어떠한 것을 시험할 것임이라 만일 누구든지 그 위에 세운 공적이 그대로 있으면 상을 받고 누구든지 그 공적이 불타면 해를 받으리니 그러나 자신은 구원을 받되 불 가운데서 받은 것 같으리라(고전 3:12-15).

우리의 모든 행위는 악한 행위와 선한 행위, 중립적인 행위 셋으로 나눌 수 있다. 크리스천이 심판관이신 하나님 앞에 설 때 죄에 대한 기록은 전무할 것이다. 그것은 그리스도께서 이미 죽음으로 모든 죗값을 치러 죄를 완전히 소멸시키셨기 때문이다.

하지만 우리의 경솔한 행위들을 기억하고 반성하는 시간은 있을 것이다. 그 행위들은 땔감과 건초, 짚처럼 타 버릴 것이다. 그렇게 그것들도 없어질 것이다. 그래서 오직 우리가 성령의 능력으로 하나님을 위해서 한 행위들만 남을 것이다. 그 행위들은 금은보석처럼 귀한 대접을 받으며 영원히 존재할 것이다. 성경은 이 심판을 근거로 우리에게 선하게 살라고 권고한다.

하나님은 죽음을 다스리신다

죽음이 하나님의 거룩한 원 밖에 있다고 해서 하나님의 주권적인 다스리심이 죽음에는 미치지 못한다는 뜻은 아니다. 하나님은 우리가 태어나기도 전에 우리가 몇 년이나 살다가 언제 어디서 어떻게 죽을지 다 알고 계신다. 그래서 다윗은 다음과 같이 고백했다.

> 내 형질이 이루어지기 전에 주의 눈이 보셨으며 나를 위하여 정한 날이 하루도 되기 전에 주의 책에 다 기록이 되었나이다(시 139:16).

욥도 이 점을 알고 있었다.

> 그의 날을 정하셨고 그의 달 수도 주께 있으므로 그의 규례를 정하여 넘어가지 못하게 하셨사온즉(욥 14:5).

환자들은 얼마나 살게 될지를 무척 궁금해 한다. 그런데 연구를 보면 의사들의 예측은 빗나가기로 악명이 높다. 이 점을 뼈저리게 알기에 나는 주로 이렇게 대답한다. "잘 모르겠습니다. 한 가지 확실한 것은 저 하늘에 당신의 이름과 죽을 날짜가 기록된 책이 있다는 겁니다." 이 사실을 알고 믿는다면 마음 편하게 살다가 갈 수 있다.

매우 실질적인 의미에서 죽음은 병이나 육체적 활동의 정지로 이루어지는 것이 아니다. 죽음은 궁극적으로 하나님이 결정하신다. 사망진단서를 쓸 때마다 나는 사망 원인을 적는 칸에 이렇게 쓰고 싶은 유혹을 느낀다. "하나님이 그 자녀를 집으로 부르셨다." 차마 한 번도 그렇게 쓰지는 못했지만(그리고 보건복지부에서 인정하지도 않겠지만) 맞는 말이지 않은가?

하나님이 죽음을 다스리고 그분의 목적을 위해 사용하신다는 사실을 믿는 것은 좋지만 자칫 이 믿음이 우리를 냉담하게 만들 수 있으니 조심해야 한다. 아무리 하나님의 주권을 믿는다고 해도 자식을 먼저 떠나보내거나 부모를 일찍 여의는 것은 엄연한 비극이다. 결혼한 지 얼마 되지 않아 배우자를 잃는 고통은 당해 보지 않은 사람은 모른다. 이런 상황 앞에서 우리는 깊이 슬퍼해야 마땅하다.

욥도 그러했다. 열 자녀의 죽음을 비롯한 잇따른 비극에 대한 그의 첫 반응은 더없이 신앙인다웠지만, 이후 몇 달간 그는 매우 부정적인 감정들과 씨름해야 했다. 물론 마침내 이렇게 고백하기는 했다. "주께서는 못 하실 일이 없사오며 무슨 계획이든지 못 이루실 것이 없는 줄 아오니"(욥 42:2). 결국 욥은 고난을 다스리는 하나님의 주권을 인정할 수 있었다. 하지만 그러기까지 긴 시간이 필요했다.

나이가 많이 들어 떠난 사람에 대해서는 "하나님이 집으로 데려가셨다"라고 말하기가 쉽다. 하지만 젊어서 죽은 사람에 대해서는 그렇게 말하기가 쉽지 않다. 이런 상황을 보면 나는 결국 유족들이 하나님의 선하고도 사랑 많으신 손길을 깨닫고 인정하게 해 달라고 조용히 기도를 올린다. 하지만 그렇게 되기까지 오랜 세월이 필요할 수도 있다.

하나님이 죽음도 다스리신다는 믿음은 한 가지 의문에 부딪친다. "하나님이 죽음을 다스리시는데 죽음과 싸울 필요가 있는가?"

이 질문에 대해 나는 삶과 죽음에 대한 하나님의 주권적인 다스리심을 받아들이되 우리 스스로는 최대한 현명한 선택을 내려야 한다고 답하고 싶다. 우리는 최대한 하나님의 뜻에 맞는 선택을 내려야 한다.

모든 인간의 생명은 더없이 귀하다. 그래서 우리는 생명 하나하나를 지극히 소중히 다뤄야 한다. 의사로서 나는 하나님이 그만하라고 말씀하신다는 확신이 들기 전까지는 생명의 불씨를 꺼뜨리지 않기 위해 최선을 다한다. 그렇게 나는 생명을 살리려고 애를 쓰지만 죽음에 반대하지는 않는다.

성경은 상충하기 쉬운 두 가지 진리를 우리 안에서 융화시키라고 가르친다. 첫 번째 진리는 인간의 생명이 신성하다는 것이다. 따라서 우리는 생명을 보존하기 위해 노력해야 한다. 죽음은 엄연한 원수다. 두 번째 진리는 천국에서 하나님의 품에 안기기 전까지는 영적 삶을 온전히 경험할 수 없다는 것이다. 육체적인 삶을 유지하기 위해 공격적인 치료를 해야 할 때와 하나님이 집으로 부르신다는 사실을 받아들여야 할 때(그래서 하나님의 품 안으로 평화롭게 들어갈 준비를 해야 할 때)를 구분할 줄 알아야 한다.

두 진리 사이의 긴장, 이것이 우리가 풀어내야 할 긴장이다. 이 책의 남은 부분에서는 이 긴장에 관한 이야기를 많이 하게 될 것이다.

🦋🦋🦋

고린도후서의 다음 구절만큼 죽음과 나이 듦에 관한 성경의 관점을 잘 요약한 구절도 없다.

만일 땅에 있는 우리의 장막 집이 무너지면 하나님께서 지으신 집 곧 손으로 지은 것이 아니요 하늘에 있는 영원한 집이 우리에게 있는 줄 아느니라 참으로 우리가 여기 있어 탄식하며 하늘로부터 오는 우리 처소로 덧입기를 간절히 사모하노라 이렇게 입음은 우리가 벗은 자들로 발견되지 않으려 함이라 참으로 이 장막에 있는 우리가 짐진 것 같이 탄식하는 것은 벗고자 함이 아니요 오히려 덧입고자 함이니 죽을 것이 생명에 삼킨 바 되게 하려 함이라 곧 이것을 우리에게 이루게 하시고 보증으로 성령을 우리에게 주신 이는 하나님이시니라 그러므로 우리가 항상 담대하여 몸으로 있을 때에는 주와 따로 있는 줄을 아노니 이는 우리가 믿음으로 행하고 보는 것으로 행하지 아니함이로라 우리가 담대하여 원하는 바는 차라리 몸을 떠나 주와 함께 있는 그것이라 그런즉 우리는 몸으로 있든지 떠나든지 주를 기쁘시게 하는 자가 되기를 힘쓰노라 이는 우리가 다 반드시 그리스도의 심판대 앞에 나타나게 되어 각각 선악간에 그 몸으로 행한 것을 따라 받으려 함이라(고후 5:1-10).

삶과 죽음 모두에 대해 신학적으로 분명히 이해하는 것이 얼마나 중요한지 모른다. 육체적인 삶도 중요하지만 천국에서 하나님과 함께하는 영원한 삶이 훨씬 더 중요하다.

기도

제게 생명을 주신 하나님, 감사합니다. 진정한 삶은 죽음과 함께 끝이 나지 않는 줄 믿습니다. 저를 위해 영생을 예비하신 줄 믿습니다. 그 영생을 갈망합니다. 그리스도께서 재림하시지 않는 한, 언젠가 죽음을 통해 저를 부르실 줄 압니다.

육체적 죽음을 원하는 것은 아니지만 당신을 믿기를 원합니다. 더 큰 믿음을 주십시오. 당신의 영광을 위해 이런 기도를 드립니다. 예수님 이름으로 기도 드립니다. 아멘.

묵상

때 저물어 날 이미 어두니 구주여 나와 함께하소서.
내 친구 나를 위로 못할 때 날 돕는 주여 함께하소서.

내 사는 날이 속히 지나고 이 세상 영광 빨리 지나네.
이 천지 만물 모두 변하나 변찮는 주여 함께하소서.

이 육신 쇠해 눈을 감을 때 십자가 밝히 보여 주소서.
내 모든 슬픔 위로하시고 생명의 주여 함께하소서.
_ '때 저물어 날 이미 어두니', 헨리 라이트 (1847)

| 여섯 번째 전략 | **느려진 죽음에 준비하는 법**

남은 시간 해야 할 일을 분명히 알고 마무리하라

아무런 여한이 없이 죽을 수 있는가?
이 땅에서의 마지막 나날에 하나님과 어떤 관계를 맺을까?
사랑하는 사람들과의 삶을 어떻게 정리해야 할까?
어떤 영적 유산을 남길 것인가?
어떻게 해야 내가 떠난 뒤에 가족의 유대가 더 강해질까?

내가 의과대에 다니던 60년대 중반에는 대부분의 죽음이 급사였다. 당시 시카고에는 폭설이 잦았다. 그럴 때마다 밖에서 무리하게 눈을 치우다가 쓰러지는 사람이 꼭 생겼다. 그러면 주변 사람들이 전화기로 달려가 소방서에 신고를 했다. 잠시 뒤 소방관들이 환자를 병원으로 데려가면서 인공호흡으로 응급처치를 했다. 하지만 그렇게 해서 응급실에 도착하기 전까지 환자의 생명이 유지된 경우는 별로 없었다. 병원에 도착했을 때는 대부분이 사망한 상태였다. 당시는 이런 급사가 흔했다. 다행히 요즘은 이런 일이 훨씬 줄어들었다.

생명이 위급한 상황이 발생해 재빨리 휴대폰으로 911에 신고하면 몇 분도 되지 않아 온갖 최신 장비를 갖춘 구급차가 현장에 도착한다. 거의 응급실이 통째로 현장에 나타난다고 보면 된다. 구급요원들은 현장에 도착하자마자 휴대용 제세동기로 죽어 가는 환자의 심장에 충격을 가한다. 그러면 심장이나 뇌에 영구적인 손상이 가기 전에 혈액 순환이 이루어진다.

병원에 도착하면 환자는 대기하고 있던 심장 카테터법 시술실로 이송되어 막힌 부분이 동맥의 어디에 있는지 찾아내고 그 부분으로 관을 통과시킨다. 곧 관으로 풍선이 삽입되어 부풀어 오르면 혈액 순환이 회복된다. 마지막으로 작은 스텐트를 삽입하여 혈관이 다시 막히지 않도록 한다. 이 환자는 1970년대만 해도 사망한 채로 병원에 도착했겠지만 지금은 일주일이면 직장에 복귀할 수 있다. 물론 담배를 끊지 않다가 20년 뒤에는 폐암에 걸려 서서히 죽어 가겠지만 말이다.[1]

심장마비, 뇌졸중, 총상, 자동차 사고 등에 대한 통계를 보면 급사는 점점 줄어들고 있다. 우리는 느린 죽음에 적응해야 한다. 그런데 느린 죽음은 쉽지 않다. 사실, 현대인들은 오히려 빨리 죽는 편을 선호한다. 우리는 죽음 자체보다 죽어 가는 과정을 더 두려워한다. 그래서 우디 앨런은 이런 농담을 했다. "죽는 건 상관없다. 다만 나도 모르는 사이에 죽고 싶다."

하지만 사람들이 늘 빠른 죽음을 원했던 것은 아니다. 150년 전만 해도 사람들은 갑작스러운 죽음을 두려워하고 느린 죽음을 선호했다.

성공회 공동 기도문에 이런 문장이 포함된 것만 봐도 알 수 있다. "갑작스러운 죽음을 막아 주소서."

옛날 사람들은 급사보다 느린 죽음이 복이라고 생각했던 게 분명하다. 오늘날 우리도 이런 태도를 되찾아야 하지 않을까 싶다. 곧 죽게 된다는 사실을 알고 나서 실제로 죽기까지 시간이 있으면 이 땅에서의 삶을 마무리할 기회가 있다. 우리가 떠난 뒤에 사랑하는 사람들이 덜 혼란스럽도록 준비시키고 우리 스스로는 다음 생을 준비할 시간이 있다.

잘 죽으려면 죽기 전에 해야 할 일들을 분명히 알아야 한다. 그런 의미에서 나는 나이 듦과 죽어 감에 관해 강연을 할 때면 참석자들에게 태어나서 지금까지 있었던 일 중에서 가장 중요한 일을 네 가지만 꼽아 보라고 말한다. 이것은 대부분의 사람들이 그리 어렵지 않게 해 낸다. 그 다음에는 현재부터 죽기 전까지 해야 할 가장 중요한 일도 네 가지만 꼽아 보게 한다. 여기서 막히는 사람이 많다.

길어야 몇 개월이라는 진단을 받는 것은 엄연한 비극이다. 하지만 남은 시간 동안 뭘 해야 할지 분명히 안다면 비통한 가운데서도 의미 있는 시간을 보낼 수 있다. 그런 의미에서 이번 장에서 인생을 잘 마무리하기 위한 여섯 번째 전략을 살펴보자. 반드시 해야 할 일이라고 생각하는 일들을 소개하고자 한다.

내 제안이 다소 이상적이라는 것을 잘 안다. 실제로는 이 일을 해낼 만한 기력이나 인지 능력이 남아 있지 않은 경우도 많다. 개개인의 상황은 천차만별이므로 각자 해야 할 일도 다를 수밖에 없다. 따라서 이 모든 일을 해내지 못한다고 해서 찜찜해 할 필요는 없다. 다만 각자 해야 할 일을 깊이 고민한 뒤에 가장 중요한 일을 꼭 하고 삶을 마치기를 권한다. 해야 할 일을 하나도 놓치지 않고 할 수 있도록 목록을 만들어 하나씩 체크해도 좋다.

또 하나 짚고 넘어가고 싶은 점은, 점진적인 죽음이 증가하고 있지만 그것이 전혀 보편적인 현상은 아니라는 것이다. 죽음은 주로 세 가지 모습으로 찾아온다. 첫째, 죽음은 점진적이고도 꾸준하게 진행될 수 있다. 이런 경우 죽는 날을 어느 정도는 예측할 수 있다. 예컨대 많은 암과 루게릭병(근위축성 측삭경화증)이 이런 종류의 죽음으로 이어진다. 단, 이런 점진적인 죽음도 의사와 환자가 애초에 예상했던 것보다 더 빨리 찾아오는 경우가 많다. 사실, 실제 죽음은 의사들이 예측한 시간보다 서너 배 빨리 찾아오는 경우가 대부분이다.[2]

둘째, 죽음은 경고도 없이 갑작스럽게 찾아올 수 있다. 셋째, 죽음은 현대 의학으로 오랫동안 통제할 수 있지만 결국은 죽게 만드는 병을 통해 찾아올 수 있다. 앨버트는 세상을 떠나기 8년 전에, 심장이 너무 약해서 결국 심장병으로 사망할 가능성이 높다는 진단을 받았다. 그는 심장 전문의가 내리는 처방을 하나도 빠짐없이 정확하게 따른 이상적인 환자였다. 덕분에 병은 느리게 진행되었다. 그래서 주변 모든 사람은 그의 심장 상태를 알면서도 그가 계속해서 살 줄 알았다.

그런데 어느 날 그의 아내는 그가 화장실 안에 쓰러진 것을 발견했다. 앨버트는 죽음이 오고 있다는 것을 알았지만 그것이 정확히 언제

인지는 알 수 없었다. 그런 의미에서, 점진적인 죽음조차도 갑작스러울 수 있다.

이번 장의 내용은 첫 번째 죽음의 경우에 가장 쉽게 적용할 수 있다. 두 번째 죽음의 경우에는 좀 더 어렵다. 누구라도 갑작스럽게 죽을 수 있기 때문에 우리 모두는 해야 할 일을 지금 당장 해야 한다. 그래야 뜻밖의 죽음이라도 준비된 상태에서 맞을 수 있다. 세 번째 죽음의 경우도 어렵다. 첫 진단이 나오면 이번 장에서 살펴볼 할 일들에 관해 깊이 고민하는 시간이 필요하다.

죽음과 죽어 가는 과정에 관해 진지한 대화를 나누라. 하지만 뭐든 지나치면 독이 된다. 하루 종일 암울한 진단에 관해서만 생각해 봐야 이로울 것이 없다. 밖으로 나가서 삶을 살라. 죽음이 언제 찾아오든 준비되었다는 확신으로 매일을 즐기라.

해야 할 일들

삶을 돌아보라

죽음이 임박하면 지나온 세월을 새로운 시각으로 바라보게 된다. 죽어 가는 사람들은 있는 척 허세를 부리지 않는다. 가면을 벗는다. 좋은 것만이 아니라 나쁜 것도 받아들인다.[3]

나는 환자들에게 지난 성과와 실패, 실수를 돌아보라고 권한다. 성숙한 크리스천들은 자신의 모든 성과가 하나님의 은혜로 이루어진 것임을 잘 안다. 그들은 실패를 인정하고 잘못을 고백하며 죄를 회개할 줄 안다. 그들은 창피한 과거가 있다 해도 부인하는 삶을 살지 않는다. 예수 그리스도의 죽음으로 용서를 받았다는 사실을 잘 알기 때문이다. 그들은 죄로 인해 괴로워하기보다는 용서받았다는 사실로 인해 기뻐하고 평안을 누린다. 그들은 회심한 노예 상인 존 뉴턴처럼 고백하면서 하나님의 용서를 진정으로 경험한다. "나는 천하의 죄인이요 그리스도는 위대한 구주시다."[4] 그로 인해 그들은 잘한 일이나 못한 일이나 상관없이 모든 일에 대해 하나님께 감사하고 찬양할 수 있다.

또한 삶을 돌아보면 하나님이 우리의 고난을 통해 그분의 목적을 이루신 과정이 눈에 들어온다. 뿐만 아니라 과거에 완벽하게 공급해 주셨던 하나님이 끝까지 공급해 주시리라는 믿음이 새롭게 솟아난다.

롤랜드는 두 번의 뇌졸중을 겪고 나서 몸 양쪽이 다 마비된 채로 요양소 침대에서 벗어나지 못하는 신세가 되었다. 그는 텔레비전도 보지 않으려 했고, 웬만해서는 자기 방을 떠나지 않았다. 걱정이 된 우리는 그의 남은 삶을 좀 더 밝게 만들기 위한 방안을 모색했다. 그래서 그는 우리가 제안한 대로 딸에게 두꺼운 판지를 가져오게 했고 거기에 하나님의 복을 생각나게 하는 것들을 붙여 벽을 도배했다. 가족과 친구, 교회의 이름과 사진, 성경책 사진도 벽에 붙었는데 하루는 그곳에 가 보니 영광스럽게 내 이름도 붙어 있었다. 롤랜드는 과거의 복을 떠올릴 때마다 감사할 거리가 너무도 많다는 사실을 새삼 느꼈다.

자신의 믿음을 점검하라

사도 바울은 이렇게 권면했다. "너희는 믿음 안에 있는가 …… 너희 자신을 확증하라"(고후 3:5).

이런 자기 성찰은 절대 시간 낭비가 아니다. 예수님은 죽어서 영원한 상을 받을 줄 기대하며 하나님의 존전에 나아왔다가 문전박대를 당하는 사람들이 있으리라고 경고하셨다. 그들은 당연히 천국에 들어갈 줄 알고 이 땅에서 행했던 수많은 선행을 자랑스럽게 나열할 것이다. 하지만 안타깝게도 그들은 예수님께 외면당하고 말 것이다. "내가 너희를 도무지 알지 못하니"(마 7:23).

지금까지 자신의 노력으로 하나님의 눈에 들어 천국에 들어가려고 애써 왔다면 지금이라도 그것이 불가능하다는 사실을 깨닫기를 바란다. 주님이 이미 해 주신 일에서 쉼과 평안을 얻으라.

기도하라

특히 삶을 얼마 남기지 않은 사람은 하나님과 시간을 보내는 것을 최우선 사항으로 삼아야 한다. 하나님과 있는 시간이 편안해질수록 그분께로 가는 길이 쉬워진다. 기도에는 다양한 초점이 존재할 수 있다. 한창 나이에는 필요한 것, 원하는 것에 초점을 맞추기 쉽다. 하지만 하나님의 영광에 기도의 초점을 맞추는 것이 더 현명하지 않을까? 나보다 나이가 많은 지인 중에는 그런 식으로 기도하는 사람이 많다.

시간을 내서 하나님의 영광스러운 성품과 창조와 구속의 경이에 관해 묵상하면 좋다. 성경에 대한 깊은 경외감에 빠져들라. 하나님의 사랑과 임재를 떠올리며 깊은 만족과 기쁨을 느끼라. 옛 성도 가운데 한 명은 이렇게 기도했다. "당신의 아름다움을 보면서 죽기를 원합니다."[5] 죽을 때 하나님의 아름다움에 대한 감동으로 강렬한 전율이 전해져 심장이 멎어 그분의 품 안에 안기면 얼마나 좋을까!

또한 감사하는 시간도 늘려야 한다. 매일 하나님은 우리에게 호흡과 함께 온갖 복을 주신다. 생명을 연장시켜 주신 것에 감사하라. 인생을 잘 살도록 도와줄 사람들을 보내주신 것에 감사하라. 무엇보다 영생의 소망을 주신 것에 감사하라.

이외에도 우리의 필요를 위해 기도해야 한다. 자신을 위해서 기도하라. 삶을 잘 마무리할 힘을 달라고 기도하라. 당신이 마지막 숨을 내쉴 때까지 하나님께 영광이 되는 삶을 살게 해 달라고 기도하라. 하나님의 뜻 앞에 자신을 내려놓는 기도를 드리라. 치료를 위해 열심히 기도해야 하지만 언제나 하나님의 뜻에 순종하겠다는 자세가 밑바탕에 깔려 있어야 한다.

남들을 위해서 기도하라. 사랑하는 사람들과 가족들에게 정말로 중요한 것이 무엇인지 진지하게 고민해 보라. 그들이 영원한 진리를 알게 해 달라고 기도하라. 그들의 인격이 성장하고, 그들이 하나님과 그분의 뜻을 알게 해 달라고 기도하라. 그들의 삶을 향해 성경의 약속을 선포하는 기도를 드리라.

작년, 심한 뇌졸중으로 장애가 온 뒤에 요양소로 들어간 오랜 친구를 찾아갔다. 친구는 침대에 누워서 점점 약해져 갔다. 친구의 아내는 최근에 세상을 떠났다. 친구는 아내가 하나님과 함께 있다며 흐뭇한 표정을 지었다. 한편, 친구는 잠을 잘 못 잔다며 도움이 될 만한 처방이 있냐고 물었다. 내가 잠이 안 오면 어떻게 하냐고 물었다.

"그냥 여기 누워서 밤새 기도를 하네."

"무슨 기도를 하나?"

"가족과 간호사들을 위해 기도하네. 참, 매일 밤 자네를 위해서도 기도를 하네."

그 말에 "그렇다면 수면제를 줄 수 없지"라고 말하고 싶었지만 당연히 처방을 해 주었다. 그로부터 몇 주 뒤, 주님은 그 친구를 집으로 부르셨다.

인생을 잘 마무리하기로 결단하라

인생의 마지막 나날은 불확실성으로 가득하다. 무엇보다도 언제 어떻게 죽을지를 알 수가 없다. 앞날을 생각하면 걱정이 되는 것이 인지상정이다. 이 모든 근심 걱정을 기도로 주님께 아뢰어야 하지만 마지막 순간까지 그분을 위해 살다가 가고 싶다는 기도를 빼놓아서는 안 된다. 다시 말해, 인생을 잘 마무리할 은혜를 달라고 기도해야 한다.

찰리는 50년 넘게 교회의 안내위원으로 섬겼다. 그런데 말년에 전립선암에 걸렸다. 고통이 극심할 텐데도 그는 언제나 전혀 아프지 않다며 죽는 순간까지 교회 문을 지키겠다는 의지를 내비쳤다. 그는 하나님이 부르신 일을 하고 있다는 확신으로 이를 악물고 교회에 나왔다. 주일을 단 세 번만 빠졌을 뿐이다. 그것이 쓸데없는 고집이었을까?

그런 헌신이 인생을 잘 마무리하는 데 도움이 되었을까? 물론이다. 찰리는 인생을 잘 마무리하기로 굳게 마음을 먹었기 때문에 끝까지 잘 살 수 있었다.

자신 앞에 어떤 난관이 놓여 있는지는 아무도 모른다. 하지만 우리 크리스천들에게 불확실성은 전혀 걸림돌이 아니다. 주님이 함께 계신다는 사실을 알면 그분이 필요한 그때에 필요한 힘을 주실 줄 알고 자신 있게 미래로 나아갈 수 있다.

남들을 돕는 일

이 전략들을 살피면서 계속해서 느끼겠지만 인생을 잘 마무리한다는 것은 우리 자신만을 챙긴다는 뜻이 아니다. 이미 살폈듯이 하나님께 영광이 되어야 인생을 잘 마무리했다고 말할 수 있다.

뿐만 아니라 남들을 챙겨야 한다. 우리의 마지막 나날은 주변 사람들의 남은 삶에 큰 영향을 끼친다. 우리가 이 땅에서의 남은 시간을 잘 활용하면 그들의 슬픔을 반감시켜 줄 수 있다. 또한 주변 사람들이 인생을 잘 마무리할 수 있도록 좋은 본보기를 남겨 줄 수 있다.

가족의 유대를 강화시키라

한 연구에 따르면 시한부 환자의 39퍼센트는 가족의 유대를 강화하는 것을 최우선 사항이라고 대답했다.[6] 이것은 점진적인 죽음이 흔해지면서 생긴 기회 가운데 하나다. 가족 가운데 한 명이 시한부 선고를 받은 뒤에 역기능 가정이 회복되기 시작하는 모습을 자주 보았다. 가족들이 서로 부둥켜안고 눈물을 흘렸다. 묵은 감정을 털어 버리고 예전의 단란했던 모습을 빨리 회복했다.

가족 내의 갈등이 저절로 해결되리라는 기대는 금물이다. 환자가 가족들에게 단도직입적으로 쓴소리를 해야 할 수도 있다. 프랜은 임종 자리에서 두 딸을 불러 이렇게 말했다. "얘들아, 지미의 결혼식장에서 있었던 일을 이제 그만 잊을 때도 되지 않았니? 예전처럼 다시 서로 사랑할 수 없겠니?" 그 말에 오랫동안 소원했던 두 딸은 서로 부둥켜안고 울며 앙금을 털어 버렸다.

나는 환자의 가족들과 치료에 관한 토론을 자주 한다. 그때 환자를 어느 정도까지 적극적으로 치료해야 할지를 두고 의견이 분분할 수 있다. 한 자녀는 수술을 밀어붙이고 다른 자녀는 완화 간호를 주장할 수 있다. 그럴 때 나는 환자의 대변자 역할을 자처하곤 한다. "아버지가 이 토론에 참여한다면 뭐라고 말씀하실지 짐작이 가네요."

그러면 당연히 가족들은 "뭐라고 하실까요?"라고 묻는다. 그러면 나는 그들의 아버지가 이렇게 말할 거라고 말해 준다. "너희가 어떤 결정을 내릴지는 관심이 없다. 나는 살 만큼 살았어. 너희가 어떤 결정을 내리든 어차피 나는 곧 죽을 거야. 내가 정말로 원하는 것은 내가 눈을 감기 전에 온 가족이 다시 사랑하는 모습을 보는 거란다."

이 말에 온 가족이 고개를 끄덕이고 나면 치료 결정을 내리기가 훨씬 쉬워진다.

스티븐 키어난은 이런 말을 했다.

마지막 간호를 하면서 놀라운 선물을 발견하는 가족들이 많다. 그들은 더없는 친밀함과 풍요로움을 얻는다. …… 한 사람의 마지막 여정과 그 길을 편하게 해 주는 가족들이 서로에게 보여 주는 용기, 그리고 그들 사이의 강력한 유대는 새로운 종류의 사랑을 만들어 낼 수 있다.[7]

유산을 전해 주라

'유산'은 무엇이 되었든 지난 세대가 새로운 세대에게 전해 주는 것을 가리킨다. 다음 시편에서 다윗은 유산에 관한 이야기를 한 것이다.

하나님이여 내가 늙어 백발이 될 때에도 나를 버리지 마시며 내가 주의 힘을 후대에 전하고 주의 능력을 장래의 모든 사람에게 전하기까지 나를 버리지 마소서(시 71:18).

자식에게 돈을 물려주는 것도 좋지만 우리 크리스천들은 그보다 훨씬 더 귀하고 오래 가는 것을 남겨 줄 수 있다. 다윗처럼 우리도 하나님의 권능에 관한 증언을 후대에 전해 줄 수 있다.

자기 인생의 굴곡을 충분히 돌아보았다면 이제 이 땅에 남을 사람들에게 인생 이야기를 전해 줄 시간이다. 인생 이야기를 전할 방법이 많겠지만 나는 '은혜의 자서전'이라는 것을 써 보라고 권하고 싶다. 당신이 아닌 하나님을 주인공으로 당신의 인생 이야기를 써 보라. 하나님이 당신의 삶에서 얼마나 큰 은혜를 베풀어 주셨는지 기록하면 시편 145편 4절의 명령에 순종하는 셈이다. "대대로 주께서 행하시는 일을 크게 찬양하며 주의 능한 일을 선포하리로다."

이 자서전을 쓰는 사람이나 읽는 사람이나 예배자의 마음을 품어야 한다. 이 글을 통해 당신이 예수님을 믿게 된 과정을 자녀와 손자들에게 알려 줘도 좋다. 하나님이 어떻게 당신을 자녀로 부르셨는지 하나하나 자세히 기록하라. 하나님이 가정과 직장생활을 비롯한 인생의 모든 면에서 당신을 어떻게 인도하셨으며 때마다 어떻게 공급해 주셨는지 기록하라.

자신이 죽은 뒤에 사랑하는 사람들에게 전달되도록 편지를 쓰는 사람들도 있다. 죽음을 앞둔 사람이 졸업식이나 결혼식 같은 인생의 중요한 순간에 자녀나 손자에게 전달될 편지를 썼다는 이야기를 실제로 들은 적이 있다.

우리 아버지의 장례예배를 준비할 때 곤혹스러웠던 기억이 난다. 아버지가 어떻게 구원을 받았는지 정확히 알지 못해 어머니와 함께 조사를 해야 했으니 우습지 않은가. 네 분의 조부모 가운데 세 분의 영적 여정에 관해서는 아는 바가 전혀 없고, 나머지 한 분에 대해서도 아는 것이 거의 없다. 단지 그분들이 생전에 예수님을 믿었고 지금 하나님의 품 안에 있다는 것밖에 알지 못한다.

죽기 전에 친구와 친척들을 모두 만나고 떠나는 사람들이 많다. 이것은 참 바람직한 일이다. 나아가 야곱처럼 하는 사람들도 있다. 야곱은 자식 한 명 한 명에게 축복을 해 주었다. 자신을 진정으로 아끼는 사람이 해 주는 축복의 가치는 이루 말할 수 없다.

듣는 사람이 평생 기억할 만한 축복을 해 주라. 그저 잘되라고 빌어 주는 말이나 '안녕'이라는 마지막 인사도 얼마든지 축복이 될 수 있다. 우리의 '안녕'이 언제 마지막 인사가 될지 모르니 작별을 너무 늦게 하는 것보다 너무 빨리 하는 편이 더 낫다. 실제로 죽기 훨씬 전에 마지막 축복을 해도 괜찮다. 축복을 한다는 것 자체가 중요하다.

이런 대화 중에 환자는 가족들에게 이 상황을 어떻게 다루고 있는지 묻는 것이 좋다. 그러면 가족들은 자신의 감정을 솔직히 털어놓아야 한다. 구체적으로 나는 환자들에게 이런 질문을 던지라고 권한다. "내가 병에 걸려 우리 가족이 많은 변화를 겪게 되었지. 다들 이 변화에 어떻게 대처하고 있니?" 가족들의 대답을 잘 들어 보면 그들을 어떻게 도울지 답이 나오는 경우가 많다.

즐거운 시간을 보내라

나는 죽어 가는 환자들이 슬픔에만 빠져 지내지 않고 나름대로 즐거운 시간을 보내는 모습을 자주 보았다. 그런 모습을 볼 때마다 오히려 내가 환자들에게서 용기를 얻었다.

크리스천으로서 우리에게는 영생의 소망이 있으니 인생을 끝까지 즐길 수 있다. 나는 환자들에게 이렇게 말하곤 한다. "마음을 편히 하고 남은 시간을 최대한 즐기세요. 웃긴 영화를 보고, 사랑하는 사람들과 배꼽이 빠져라 웃고, 힘이 남아 있다면 늘 하고 싶었던 것을 하세요."

할 수 있다면 멀리 사는 옛 친구들을 찾아가 회포를 푸는 것도 좋다. 폴 히버트는 암으로 죽어 가는 신학교 은퇴 교수였다. 그는 죽음이 임박하기 전까지 최대한 많은 친구와 가족을 찾아다녔다. 그 모습은 많은 이들에게 귀감이 되었다. 죽어 가고 있다는 사실만 생각하지 마라. 아직은 살아 있지 않은가!

사랑하는 사람들과의 남은 시간을 잘 마무리하라

죽을병에 걸렸을 때 가족과 친구들이 있다는 것은 보통 큰 복이 아니다. 나는 곁에 아무도 없이 쓸쓸하게 죽어 가는 환자를 많이 보았다. 죽어 가는 사람일수록 사랑하는 사람들과 함께 있기를 더 간절히 원한다.

눈을 감기 전에 초콜릿 케이크와 커피를 원했던 젭이 기억나는가? 그는 케이크와 커피 못지않게 가족들과 함께 있기를 원했다. 가족이 죽어 가는 사람에게 줄 수 있는 가장 큰 선물 가운데 하나는 그저 곁을 지켜 주는 것이다. 나는 죽어 가는 사람과 보낸 시간에 대해 후회하는 사람을 단 한 명도 보지 못했다.

가족들과 시한부 환자의 대화는 심각한 주제로만 흐르기 쉽다. 하지만 아이라 바이오크는 〈품위 있는 죽음의 조건(Dying Well)〉과 〈아름다운 죽음의 조건(The Four Things That Matter Most)〉에서 죽음을 앞둔 사람들에게 네 가지 말을 자주 하라고 권했다.

1. 사랑해요.
2. 감사해요.
3. 용서해 주세요.
4. 용서할게요.[8]

바이오크는 이 네 가지 말을 하기만 해도 뿌듯함과 평온함이 찾아온다고 말한다. 크리스천의 입장에서 나는 예수님도 우리 입술에서 이런 말이 나오기를 원하신다는 생각을 했다.

죽음을 앞둔 사람들은 주변 사람들을 돌아보며 누구에게 이런 말이 필요할지 고민해 봐야 한다. 굳이 말하지 않아도 상대방이 우리 마음을 알리라고 생각하기 쉽다. 하지만 그렇지 않다. 오래전에 깨진 뒤로 아직까지 회복되지 않은 관계가 있는가? 그 사람과 화해의 말을 주고받으라. 우리가 매일 보는 사람들이 이 네 가지 표현에 목말라 있을지 모른다.

사도 바울은 이렇게 말했다. "할 수 있거든 너희로서는 모든 사람과 더불어 화목하라"(롬 12:18). 이 땅에서의 나날이 끝나 갈수록 모든 사람과 화목하려고 더욱 애써야 한다.

정말 사랑하는데 그 마음을 제대로 표현하지 못한 사람이 있는가? 많은 아버지들이 자녀에게 선물을 줬으니 굳이 사랑한다고 말하지 않아도 된다고 생각한다. 하지만 자녀들은 아버지의 사랑 표현을 얼마나 기다리는지 모른다. 아버지가 떠난 뒤에 자녀는 그 어떤 선물보다도 아버지의 "사랑한다"라는 말을 오래도록 기억할 것이다.

우리는 사랑을 행동으로 보일 뿐 아니라 말로도 표현해야 한다. 창피하지만 나도 사랑한다는 말을 잘하는 편이 못 된다. 두 아들은 "아버지, 사랑합니다"라는 말로 전화를 끊곤 한다. 그 아이들 덕분에 그나마 사랑한다는 말을 조금은 더 자주하게 되었다.

우리는 남들의 호의를 당연하게 여길 때가 너무도 많다. 그런 의미에서 사랑하는 사람들에게 고맙다는 말을 꼭 해 주길 바란다. 시간을 내서, 그들에게 받은 사랑을 언급하고 감사하는 마음을 전하라. 성경은 감사의 중요성을 수없이 강조한다. '감사합니다'라는 말을 입에 달고 살자.

한쪽 혹은 두 사람 모두가 잘못을 인정하지 않는 바람에 지금 이 시간에도 세상의 수많은 관계가 깨지고 있다. 성경은 서로에게 죄를 고백하라고 권면한다. 여기서 죄 고백은 잘못에 대해 용서를 구하는 것까지 포함한다. 우리 모두는 가까운 사람들에게 상처를 준 적이 있다.

우리는 별것 아니라고 생각할지 모르지만 정작 당하는 사람의 입장에서는 그렇지 않을 수도 있다. 따라서 작은 잘못에도 용서를 구하는 습관이 중요하다.

용서하지 않는 태도도 용서를 구하지 않는 태도 못지않게 파괴적이다. 계속해서 원망을 품고 있으면 기쁘고 온전한 삶의 길이 막힌다. 지금 바로 용서하지 않으면(그 용서를 말로 표현하지 않으면) 결국 그 사람과 화해하지 못하고 세상을 떠날지도 모른다. 예수님이 말할 수 없이 큰 용서를 받고서 작은 잘못을 용서하지 않은 종을 얼마나 악하게 묘사하셨는지 기억하는가?(마 18:21-35 참조) 하나님의 용서를 받은 사람이라면 자신에게 잘못한 사람을 용서해야 마땅하다.

남을 용서하는 것은 단순히 깨끗한 양심으로 죽기 위해서가 아니다. 용서는 우리가 죽기 전에 사람들에게 줄 수 있는 귀한 선물 가운데 하나다. 그러니 용서한다고 말하기를 주저하지 마라.

죽어 가는 사람은 이 네 가지 말을 할 뿐 아니라 스스로도 그런 말을 들어야 한다. 먼저 나서서 이런 대화를 시작하면 사람들과의 관계를 잘 마무리할 수 있다. 관계 정리는 삶을 잘 마무리하는 과정의 중요한 한 부분이다. 하지만 죽음이 눈앞에 닥칠 때까지 기다릴 필요는 없다. 그러다가는 기회를 영영 놓칠지도 모른다. 조는 정말 소중한 사람과 이 네 가지 말을 주고받지 못하고 세상을 떠난 비극의 주인공이다.

조는 누구나 좋아하는 사람이었다. 또한 도움이 필요한 사람이 있으면 만사를 제쳐 두고 달려가는 인정 많은 사람이었다. 그의 아내 설리는 자녀와 손자들을 사랑해서 입만 열면 그들의 이야기를 했다. 은퇴한 뒤 조는 가족과 많은 시간을 보내고 좋아하는 골프를 치며 인생을 즐길 꿈에 부풀어 있었다. 나는 조와 친해서 그가 사무실에 놀러오기를 늘 고대했다.

하지만 조의 삶이 평안하기만 한 것은 아니었다. 조에게는 내가 한 번도 만나 본 적이 없는 프랭크라는 아들이 있었는데 그 아들은 내놓은 자식 취급을 받고 있었다. 이 부자는 대놓고 서로에게 증오심을 표출하지는 않아도 관계가 매우 나빴다. 서로 말 한마디 하지 않은 지 수년 째였다. 조는 이것이 늘 마음에 걸렸다. 그래서 어떻게든 아들에게 다가가려고 했지만 번번이 벽에 부딪히다 보니 조답지 않게 두려움이 생겼다. 조는 아들과 그 가족에 관한 걱정으로 자꾸만 흰머리가 늘어갔다.

조의 또 다른 문제점은 성인이 된 후로 인생의 전반부를 술로 보냈다는 것이다. 결국 간경변증이 생기고, 그로 인해 여러 번의 위장 출혈이 발생했다. 어느 수요일 아침, 진료 약속일도 아닌데 조가 나를 찾아와 45분 넘게 피를 토했다고 말했다. 나는 즉시 그를 입원시켜 위장 출혈을 진정시키기 시작했다. 막대한 피를 수혈한 뒤에야 상태가 약간 호전되었지만 위장에서는 계속해서 피가 나왔다. 금요일 오후 조는 갑자기 가슴 오른쪽에 극심한 통증을 느끼더니 숨을 거의 쉬지 못했다. 온 몸이 시퍼렇게 변하고 극심한 고통으로 온몸을 떨었다. 즉시 CT 촬영을 해 보니 예상대로 폐색전증이 있었다. 폐에 혈전이 생긴 것이다.

혈전과 출혈의 결합은 치명적이다.

밤사이 조의 숨소리는 점점 얕아졌고 숨 쉴 때마다 힘든 기색이 역력했다. 결국 조는 인공호흡기를 찼다. 곧 가족들이 호출되어 찾아왔고, 곧바로 내가 병실에 도착했다. 하지만 프랭크는 그 자리에 없었다. 조는 깨어 있었지만 인공호흡기를 차고 있어서 말을 할 수 없었다. 그는 자신이 죽기 직전이며 인공호흡기로 겨우 숨을 쉬고 있다는 사실을 정확히 알고 있었다. 그는 메모지에 프랭크를 보고 싶다고 썼다. 그는 아들에게 사랑한다고 말해 주고 싶었다. 아버지와 의절하다시피 한 것을 이미 용서했노라고 말하고, 그동안 모질게 대했던 것에 대해 용서를 구하고 싶었다.

셜리는 겨우 프랭크에게 연락을 취해 아버지가 오늘 내일 한다는 소식을 전했다. 다행히도 프랭크는 되도록 한 주 내로 가겠다고 대답을 했다. 당장 온다는 대답을 듣지 못해 아쉽기는 했지만 그래도 온 가족이 기뻐했다. 조는 내게 쓴 메모지를 통해 자신이 결국은 살지 못하겠지만 아들이 도착할 때까지만이라도 숨이 붙어 있게 해 줄 수 있냐고 물었다. 나는 최선을 다하겠노라고 말해 주었다.

마침내 프랭크에게서 전화가 걸려왔다. 비행기 표를 예약해서 8시간 안에 도착한다는 것이었다. 조는 정신을 놓지 않으려고 애를 썼다. 하지만 약 6시간 뒤 조의 심장은 정지했다. 우리는 모든 수단을 동원했지만 그의 심장을 다시 뛰게 만들 수 없었다. 조는 결국 아들을 보지 못하고 눈을 감고 말았다.

프랭크는 30분 뒤에 도착했고, 셜리는 중환자실 밖에서 아들을 기다리고 있었다. 프랭크가 도착하자 모자는 부둥켜안았고, 어머니는 아버지가 아들을 보려고 필사적으로 버텼지만 결국 숨을 거두었다는 소식을 전했다. 두 사람은 손을 꼭 잡은 채로 시신을 확인하러 갔다. 아버지의 싸늘하게 식은 몸을 본 아들은 결국 참지 못하고 울음을 터뜨렸다. 아들은 아버지의 이마에 입을 맞추었지만 너무 늦었다. 아버지는 아무런 반응도 없었다.

조는 죽기 전에 꼭 해야 할 일을 마치지 못하고 눈을 감았다. 죽기 전의 소원을 끝내 이루지 못했다. 아내는 남편의 죽음을 생각할 때마다 한스럽다. 아들은 좀 더 빨리 아버지를 찾아가지 않은 자신을 용서할 수 없다. 각설하고, 조는 잘 죽지 못했다. 자신의 삶이 끝나가고 있다는 것을 조가 조금만 더 일찍 알았더라면 좋았을 것이다.

우리가 죽고 나면 별로 남는 것이 없다. 그중에서 오래도록 남는 것은 사랑하는 가족들과 좋은 관계들이다. 앞서 말한 네 가지 말을 주고받으면 이 하나만큼은 확실히 보장할 수 있다.

우리가 서서히 죽어 간다는 사실을 늘 기억하고 살아가면 남은 세월을 최대한 값지게 활용할 수 있다. 남은 삶을 잘 정리하고 나면 언제 어떻게 죽을지 그리 걱정할 필요가 없다. 준비가 된 자는 죽음이 닥쳤을 때 받아들이고 남은 삶을 하루하루 잘 살기로 결심할 수 있다. 우리는 매일을 여한 없이 잘 살아야 한다. 언제 죽음이 찾아올지 알 수 없기 때문에 해야 할 일을 오늘부터 하기 시작해야 한다.

오늘부터 자신의 믿음을 점검하고 기도하고 가족 및 사랑하는 사람들과 좋은 관계를 쌓아 가길 바란다. 어떤 유산을 남길지 지금부터 고민하라. 하지만 그 와중에서도 삶을 즐기는 일을 잊지 마라. 그리고 네 가지 말을 자주 하라.

기도

하나님 아버지, 제 시간은 당신의 손안에 있습니다. 저는 언제 죽음이 찾아올지 모르지만 그때 잘 죽기를 원합니다. 이 땅을 조금이라도 더 좋은 곳으로 만들고 떠나고 싶습니다. 제 가족이 더욱 하나가 되길 원합니다. 도와주십시오. 제가 이 땅에서 해야 할 일을 마치고 갈 수 있도록 당신의 영으로 인도하소서. 예수님 이름으로 기도드립니다. 아멘.

묵상

주님을 섬기기로 나 약속했으니
내 친구 되신 주여 늘 함께하소서.
주 함께하시오면 전쟁도 겁 없고
주 나를 이끄시면 내 갈 길 가오리.

저 영광 빛난 곳을 주 내게 보이시니
그 아름다운 곳을 늘 사모합니다.
주님을 섬기기로 나 약속했으니
끝까지 따라가게 늘 힘을 주소서.
_ '주님을 섬기기로 나 약속했으니', 존 보드 (1868)

| 일곱 번째 전략 | **의학을 현명하게 사용하는 법**

첨단 의학 기술을 적절히 사용하라

의학 기술에 대한 성경의 시각은 어떠한가?
의학 기술이 어떤 도움이 될 수 있는가?
의학 기술에는 어떤 위험이 있는가?
어떻게 하는 것이 의학 기술을 현명하게 사용하는 것인가?

내 친구 리는 현대 의학 기술이 얼마나 유용한지 잘 보여 주는 좋은 예다. 그는 일흔의 나이에도 전기기사의 기술로 여러 교회와 기독교 단체를 섬기고 있다. 무엇보다도 그것은 30년 전 처음 관상 동맥 질환 진단을 받았을 때 우회술의 도움을 받은 덕분이다. 그로부터 10년 뒤 파열이 일어났지만 응급 수술 덕분에 치명적인 대동맥류로 발전하는 것을 막고 다시 양질의 삶을 영위했다.

다시 10년 뒤 심장 상태가 나빠져 또 우회술이 필요해졌다. 그 뒤로 리는 콜레스테롤을 줄이기 위해 독한 약을 복용해 왔다. 그 뒤로 더 이상의 위기는 찾아오지 않았다. 오늘날 그의 섬김의 삶은 하나님이 우리에게 주신 생명 연장 기술이 얼마나 귀한 선물인지 잘 보여 주는 증거다. 이 선물에 대해 하나님께 아무리 감사해도 모자랄 것이다.

하지만 첨단 기술이 항상 축복인 것만은 아니다. 아흔두 살의 톰은 가족들과 멀리 떨어져 홀로 살았다. 주로 만나는 사람들은 수십 년 동안 다닌 교회 식구들이었다. 크리스마스 직전의 어느 주일, 톰은 무심코 목사에게 교회 안에서 눈을 감는 것이 소원이라고 말했다.

그런데 몇 주 뒤 예배당 안에서 성가대의 연습을 듣고 있다가 갑자기 심장마비가 찾아와 바닥에 쓰러지고 말았다. 곧 911에서 응급요원들이 나와 재빨리 전기 충격으로 심장을 다시 뛰게 만들었다. 그리고 나서 그는 근처 병원의 응급실로 이송되었다. 응급실 담당 의사는 이런 말로 나를 맞았다. "존 박사님, 다행히 고비는 넘겼습니다."

하지만 내가 살펴보니 고비를 넘긴 게 전혀 아니었다. 분명 뇌가 죽은 것은 아닌데도 뇌 활동 징후가 거의 없었다. 중환자실에서 생명 유지 장치를 최대로 사용한 지 일주일 만에 톰은 숨을 거두었다. 이것은 톰이 스스로 선택한 종류의 죽음이 아니었다. 톰의 마지막 나날은 첨단 기술의 실패를 단적으로 보여 주는 사례다.

첨단 기술은 우리 삶의 피할 수 없는 일부다. 대부분의 사람들이 죽음을 앞두고서 생명 연장을 위해 어느 정도까지 치료를 받아야 할지 고민해야 한다. 현재의 의학적 선택 사항들은 불과 백 년 전만 해도 존재하지 않던 것들이다. 최근 십 년 사이에 등장한 기술도 많다. 지금도 의학 기술은 폭발적인 속도로 발전하고 있다.

현재 소생법과 인공호흡기, 심장절개술, 항암치료, 심지어 폐혈증 인두염을 위한 페니실린 사용까지 생명 연장을 위한 선택 사항은 무수히 많다. 이 모든 방법은 우리의 삶을 연장시키고 삶의 질을 크게 높여 줄 수 있다. 죽음을 원수로 보는 사람들은 가능한 모든 치료법을 동원할 것이다. 만약 치료가 가능하다면 이런 의학 기술에 하나님께 감사하고 적극적으로 삶을 추구해야 마땅하다. 하지만 죽음을 막을 가능성이 희박하다면 죽음을 패배한 적으로 보고, 고통만 가중시킬 수 있는 의학 기술을 포기하는 편이 현명하다.

35년 전, 우리가 어떻게 생명을 연장시킬지에 관한 '지식'만 많고 언제 생명을 연장시켜야 할지에 관한 '지혜'는 부족하다는 말을 들은 적이 있다. 당시도 그랬지만 지금은 훨씬 더 심각한 것 같다.

그렇기 때문에 인생을 잘 마무리하기 위한 일곱 번째 전략이 매우 중요하다. 이번 장에서는 의학 기술 사용에 대한 균형 잡힌 접근법을 제안하고 싶다. 치료가 가능하다면 병을 물리쳐야 하지만, 궁극적으로 죽음을 피할 수 없다는 사실을 잊지 말아야 한다.

첨단 기술이 유익한 데가 많다는 사실에는 이견의 여지가 없다. 하지만 문제점도 있다. 17세기 프랑스 수학자이자 철학자 블레즈 파스칼은 이렇게 말했다.

인간들은 죽음과 불행, 무지를 이길 수 없을 때 행복해지기 위해 그것들에 관해 아예 생각하지 않기로 결심했다. …… 우리는 뭔가를 우리 앞에 놓은 탓에 벼랑을 보지 못하고 부주의하게 그 쪽으로 달려간다.1)

내 동료 노인병학자 패트 재거드는 공격적인 치료가 우리가 벼랑으로 향하고 있다는 사실을 보지 못하게 만든다고 하면서 "파스칼의 주의 집중 방해"라는 표현을 쓴다.2) 실제로 죽음과의 싸움은 우리의 혼을 빼놓을 수 있다.

이전 전략에서 우리는 인생을 잘 마무리하기 위해 꼭 해야만 하는 것들에 관해 논했다. 집중 치료, 인공호흡기, 수술 같은 생명 유지를 위한 노력은 죽음을 막기는커녕 오히려 죽기 전에 꼭 해야 하는 일에 집중하는 데 방해가 될 때가 너무도 많다. 더구나 우리가 영원히 죽지 않는다는 착각을 불러일으키기도 한다.

첨단 기술에 대한 성경의 시각

하나님은 우리에게 세상을 다스리게 하셨다
하나님이 세상 창조 직후에 인류에게 주셨던 명령을 기억하는가?

하나님이 이르시되 우리의 형상을 따라 우리의 모양대로 우리가 사람을 만들고 그들로 바다의 물고기와 하늘의 새와 가축과 온 땅과 땅에 기는 모든 것을 다스리게 하자 하시고(창 1:26).

이 명령은 수세기 동안 온갖 기술의 발명으로 이어졌다. 오늘날 우리는 이런 기술의 진보에 크게 의존하고 있으며, 대부분의 기술은 하나님께 감사해야 할 귀한 선물이다. 하나님이 첨단 기술을 사용하여 죄의 결과를 상쇄시킨다는 데는 의문의 여지가 없다. 치료에 조금이라도 효과가 있다면 그 기술을 발명한 사람들과 사용할 줄 아는 사람들에게 고마워해야 한다. 그리고 물론 궁극적인 감사는 그런 두뇌와 능력을 주신 하나님께 돌아가야 한다.

하나님은 우리가 치유되길 원하신다

병이 죽음으로 이어지는 것이 하나님의 뜻일 때도 있지만 대부분의 경우 하나님은 병을 물리쳐 그분의 영광을 드러내신다. 예수님도 그런 식으로 수많은 병자를 고치셨다. 지금도 하나님은 주로 두 가지 방식으로 치유를 행하신다. 첫째, 여러 치료 기술을 배운 사람들을 통해 역사하신다. 둘째, 기도를 통해 역사하신다.[3]

하나님은 우리를 통해 역사하신다

성경을 펴면 하나님이 인간을 통해 역사하시는 모습을 자주 볼 수 있다. 기적을 행하실 때도 하나님은 인간의 손발을 빌리실 때가 많다. 예수님이 언덕 중턱에서 설교를 듣던 5천 명의 굶주린 사람들을 먹이실 때가 그러했다. 예수님은 군중의 배고픔을 헤아리고 그들의 허기를 채워 주기로 하셨다. 그래서 어떤 방법을 사용하셨을까?

하나님께 사람들의 혈당 수치를 순식간에 끌어올려 달라고 기도하실 수도 있었다. 사람들의 위에 구운 소고기와 으깬 감자를 가득 채워 달라고 요청하실 수도 있었다. 하지만 대신 예수님은 어린 소년이 내놓은 떡 다섯 덩이와 물고기 두 마리를 사용하기로 결정하셨다. 그것은 기껏해야 어린아이의 한 끼 식사밖에 되지 않는 양이었지만 주님의 손에 놓이니 군중을 먹이기에 충분해졌다.

나는 언제나 내가 처방하는 약이 떡 다섯 덩이와 물고기 두 마리에 지나지 않는다고 생각한다. 그래서 상황이 허락할 때는 환자에게 내가 처방한 약을 복용하기 전에 하나님께 감사하고 그분께 '축사해 달라고' 요청하라고 권한다. 나는 궁극적으로 하나님의 도움 없이는 약이 아무런 효과가 없다고 믿는다. 그런 의미에서 하나님이 치유하시고 의사가 치료비를 받는다는 옛말이 참으로 옳다.

기도가 의학에 위력을 더한다

나는 잘못된 순서로 의술을 펼칠 때가 너무 많다. 환자를 최대한 치료하려고 애를 쓰다가 정 안 되면 기도해 보라고 권한다. 원래는 기도가 우선이다.

"선생님이 저를 위해 정확한 진단과 치료를 하게 해 달라고 늘 기도하고 있어요."

환자에게 이런 말을 들을 때마다 절로 고개가 숙여진다. 야고보는 치료에서 기도의 역할을 강조한다. "너희 중에 병든 자가 있느냐 그는 교회의 장로들을 청할 것이요 그들은 주의 이름으로 기름을 바르며 그를 위하여 기도할지니라 믿음의 기도는 병든 자를 구원하리니 주께서 그를 일으키시리라"(약 5:14-15).

이 구절에서 기름의 의미는 분명하지 않다. 성령의 역사를 의미하는 상징일 수도 있다. 아니면 당시에 사용하던 치료법 가운데 하나일 수도 있다. 오늘날로 치자면 의학 기술이다. 어쨌든 그 의미는 분명하다. 어떤 식으로 치료하든 몸뿐 아니라 영혼을 위한 기도를 병행해야 한다.

치유를 원할 때는 그저 병을 고쳐 달라고 기도하면 된다. 다만 요구가 아니라 요청하는 기도여야 한다. 예수님처럼 하나님의 지혜가 우리의 지혜보다 크심을 인정하면서 청을 드려야 한다. "그러나 내 원대로 마시옵고 아버지의 원대로 되기를 원하나이다"(눅 22:42).

아울러 바울은 자신이 "육체에 가시"를 없애 달라는 기도를 멈추었던 것처럼 기도를 그만해야 할 때도 있다는 사실을 가르쳐 준다. "이것이 내게서 떠나가게 하기 위하여 내가 세 번 주께 간구하였더니 나에게 이르시기를 내 은혜가 네게 족하도다 이는 내 능력이 약한 데서 온전하여짐이라 하신지라"(고후 12:8-9).

첨단 기술이 좋지 않을 때도 있다

첨단 기술이 우상이 될 수 있다

우리는 의학을 신으로 숭배하곤 한다. 의사를 전지한 사람으로 보면 의학이 종교의 대상이 된다. 심지어 교회에 다니는 환자들도 예수님보다 의사를 더 믿는 모습을 볼 때면 씁쓸하기 짝이 없다. 이런 식으로 우리는 의료 기술을 우상으로 숭배할 수 있다.

'기술적 명령'(technologic Imperative)을 거부하라

일부 과학 철학자들이 '기술적 명령'이라는 것에 관해 저술 활동을 하고 있다.[4] 이것은 대가에 상관없이 기술 진보를 추구해야 한다는 믿음이다. 이것은 뭔가를 할 수 있다면 무조건 해야 한다는 주장을 내포하고 있다. 크리스천들은 이런 사고를 철저히 거부해야 한다. 왜냐하면 도덕적으로 용인할 수 없는 온갖 행동을 낳을 수 있기 때문이다. 하지만 요즘 기술적 명령에 굴복한 크리스천들이 너무도 많다.

잭은 세상을 떠나기 9개월 전에 췌장암에 걸려 큰 수술을 받았다. 그런데 수술한 지 6개월 뒤 암이 완전히 제거되지 않았다는 사실이 밝혀졌다. 그로 인해 두 번의 항암치료를 받았지만 별로 효과가 없었다. 다른 곳의 암 전문 병원에서 치료가 가능하다는 소식을 들은 그는 시도해서 잃을 건 없다는 판단을 했다. 하지만 그토록 자신했던 의사는 그의 고통조차 덜어 주지 못했다. 그는 이 땅에서의 마지막 2주 동안 인공호흡기와 인공신장으로 연명하다가 4주 만에 숨을 거두었다.

그동안 그는 가족과 친구들을 거의 만나지 못했다. 그로 인해 그들은 아무런 준비도 하지 못한 채 그를 떠나보내야 했다. 결국 그는 자신의 결정에 후회하면서 눈을 감았다. 그의 선택을 비난할 수는 없지만 뭔가가 가능하다고 해도 꼭 그것을 하는 것이 현명한 것은 아니다.

어떤 의미에서 그의 꺾이지 않는 의지는 존경할 만하다. 하지만 그가 기술적 명령에 굴복한 게 아닌가 하는 의심이 든다. 크리스천들이 심각한 부작용의 가능성은 높고 성공 가능성은 낮은 치료를 선택할 때면 이런 생각이 들곤 한다. '그토록 가지 않으려고 발버둥을 칠 만큼 천국이 나쁜 곳인가?'

첨단 기술을 동원한다고 환자를 더 사랑하고 존중하는 것은 아니다

환자가 죽어 가는 모습을 보는 것은 늘 쉽지 않다. 그래서 어떤 기술을 동원해서라도 그를 살아 있게 만들고 싶은 것이 인지상정이다. 딱 잘라서 "이 정도면 공격적인 치료는 충분히 했어. 이제 그만 환자를 놔 주자"라고 말하기란 결코 쉽지 않다.

나는 환자의 자녀들이 도에 지나치는 연명 치료, 심지어 스스로도 원하지 않을 조치를 막무가내로 요구하는 모습을 자주 보았다. 포기하지 않고 생명연장술을 강행하는 것이 곧 사랑과 헌신의 증거라고 믿는 사람들이 많은 것 같다.[5] 그 이면에는 이런 사고가 흐르고 있다. "나는 어머니를 사랑해. 그래서 어머니가 돌아가시게 놔둘 수 없어. 어떻게

든 살려내겠어."

요양소에 소속된 목사로 활동 중인 행크 던은 이런 생각이 의학적 혹은 윤리적 이유보다 감정적인 집착에서 비롯한다고 말했다.[6] 하지만 생명연장술은 대체로 환자들에게 매우 고통스러우며, 양질의 삶을 영위하며 연장되는 경우는 드물다는 것이다. 오히려 고통만 연장되는 경우가 많다. 그러므로 이런 집착은 환자에 대한 사랑도 존중도 아닐 수 있다. 고통스러운 생명 연장은 환자 자신이 원하는 것이 아닐 수도 있다.

오래전부터 나는 환자의 자녀에게 이렇게 묻지 않는다. "어머니를 어떻게 했으면 좋겠습니까?"

적절한 질문은 따로 있다. "어머니가 스스로 말씀을 하실 수 있다면 어떻게 해 달라고 말씀하실까요?"

첨단 기술은 비싸다

생명연장술은 불필요한 고통을 낳을 뿐 아니라 불필요한 지출을 초래한다. 다시 말해, 노인 의료 보험 비용의 27퍼센트 이상이 24개월 내에 사망한 환자들에게 지출되고 있다.[7] 한번은 한 간호 선교사에게 이 문제를 이야기했더니 시원한 대답이 돌아왔다. "이것을 그만하면 세상 모든 어린이들에게 예방 접종을 할 수 있어요. 이것이 훨씬 좋은 투자 아닌가요?"

언제나 어떤 식으로든 위험이 따른다

나는 치료를 시작하기 전에 결정을 내리는 사람들에게 꼭 위험에 관해 충분히 고민하라고 권한다. 정말이다. 항상 위험이 있다. 동료 의사 가운데 한 명은 "약은 약간의 좋은 부작용이 있는 독이다"라는 말을 자주 한다. 그런 의미에서 나는 학생들에게 자주 이렇게 말한다. "환자의 상태를 파악한 뒤에 가장 먼저 해야 던져야 할 질문은 '혹시 내 처방이 이 문제를 일으키지 않을까?'가 되어야 한다."

마이크는 70대 초반의 신실한 남자였다. 교회 생활에 누구보다도 열심이었고, 집 밖으로 나올 수 없는 환자들을 자주 찾아가 돌보았다. 그의 건강은 완벽해 보였다. 그런데 어느 월요일 아침, 그가 심방마비로 쓰러졌다는 소식을 듣고 급히 응급실로 달려갔다. 그는 폐에 액체가 가득 차서 가슴에 극심한 압박을 느끼고 있었다. 혈압이 떨어지자 그의 정신은 더욱 희미해져갔다. 한마디로, 그는 죽어 가고 있었다. 당장 조치를 취하지 않으면 몇 시간을 넘기지 못할 게 분명했다.

이 일은 꽤 오래전 의사들이 마이크와 같은 증상에 으레 혈전용해제를 투약하던 시절에 일어났다. 나도 그 치료를 했고, 30분 만에 상태가 많이 호전되었다. 그것은 마치 기적과도 같았다. 고통이 사라지고 혈압이 올라갔다. 마이크의 호흡과 정신이 정상으로 돌아왔다. 나는 흥분을 감출 수 없어 그의 아내와 함께 그토록 놀라운 약을 선물로 주신 하나님을 찬양했다.

하지만 그날 오후 두 시에 마이크의 발음이 불분명해지고 몸의 오른

편이 마비되었다. 급히 CT 촬영을 해 보니 뇌출혈이 보였다. 분명 그 '기적의 약'이 문제였다. 나는 촬영 결과를 보자마자 뇌출혈이 치명적이라는 것을 알아챘고, 마이크는 사흘 뒤에 숨을 거두었다.

이런 뇌출혈은 발생률이 2퍼센트에 불과하지만 마이크 자신에게는 100퍼센트였다. 마이크의 경우에는 이런 위험이 정당화될 수 있다. 어차피 죽어 가고 있었으니까 말이다. 하지만 생명이 위태롭지도 않은 상황에 대한 성형 수술의 합병증으로 목숨을 잃는 경우는 얘기가 다르다. 의학의 효과에 대해 놀라워하기만 할 것이 아니라 이런 위험도 있다는 사실을 늘 기억해야 할 것이다.

아무리 낙관적으로 보이는 상황이라도 치료 결과가 반드시 좋으리라 가정해서는 안 된다. 반대로, 아무리 위험해 보이는 상황이라도 결과가 반드시 나쁘리라 가정해서는 안 된다. 이런 불확실성 앞에서 최선의 결정을 내리기란 여간 어렵지 않다.

기술 사용에 관한 가이드라인

기술 사용에 관해서 몇 가지 기본 원칙이 있다.

공격적인 치료를 조기에 시행하라

치료는 병 발생한 초기에 시행할수록 효과적이다. 시간이 흐를수록 예후는 훨씬 좋지 않다. 예를 들어, 암이 조기에 발견되면 항암치료로 완치되는 경우가 많지만 말기로 갈수록 항암치료 효과가 떨어진다. 늦게 치료해도 때에 따라 환자의 삶을 몇 주나 몇 달을 연장시킬 수 있지만 대개는 극심한 고통이 수반된다. 사실, 죽기 직전에 치료를 너무 많이 하면 오히려 죽음을 더 앞당기는 경우가 정말 많다.

설령 수명을 조금 더 늘릴 가능성이 있다 해도 과연 독한 치료로 인한 심신의 극심한 고통을 감수할 만한 가치가 있는지 진지하게 고민해봐야 한다. 따라서 두려움이나 불확실성 혹은 다른 이유로 치료를 미루지 않는 것이 중요하다. 병이 발생하면 최대한 빨리 검사와 치료를 받아야 한다.

목적을 분명히 정의하라

죽음이 가까워서 목표를 분명히 정하지 않고 여러 가지 기술을 사용하는 경우가 다반사다. 행크 던은 치료의 목표를 더없이 분명히 하고, 계속해서 목표를 재설정해야 한다고 말한다. 그에 따르면 치료의 목적은 다음 세 가지다.

1. 완치시킨다.
2. 기능을 안정시킨다.
3. 편안하고도 품위 있는 죽음을 준비시킨다.[8]

건강을 회복할 수 있는 가능성이 매우 높다면 가능한 모든 수단을 동원하는 것이 옳다. 하지만 단순히 환자의 상태를 안정시키거나 편안하고도 품위 있는 죽음을 준비시키는 것이 목적이라면 선택의 폭을 확 줄여야 한다. 또한 시간의 흐름에 따라 계속해서 목표를 재설정해야 한다. 예를 들어, 폐렴에 걸리면 항생제로 대개는 효과를 거둔다. 하지만 치료를 하는 과정에 폐가 충분한 산소를 공급하지 못하는 호흡부전이 발생할 수 있다. 이런 경우는 폐가 회복되기 시작할 때까지 며칠 동안 인공호흡기를 달고 있어야 한다. 이때는 완치를 기대하는 것이 당연하다.

그런데 때때로, 특히 눈에 띄지 않는 만성폐질환이 있는 경우는 환자가 인공호흡기를 떼지 못할 수 있다. 그렇게 되면 완치를 목표로 했던 치료가 이제 단순히 생명만 연장시킬 뿐이다. 이 시점에서는 인공호흡기를 계속 사용하는 것이 바람직한지를 묻고 목표를 다시 설정하는 것이 현명하다.

안타깝게도 완치를 위한 치료와 증상 완화를 위한 치료를 항상 확실히 구분할 수 있는 것은 아니다. 그리고 때로는 증상 완화를 위한 치료가 불가피하게 생명을 연장시킬 수도 있다. 그래서 증상이 치료되는 것을 원하지만 무의미하게 생명이 연장되는 것은 바라지 않는 경우에는 결정을 내리기가 쉽지 않다.

해리의 경우가 그랬다. 울혈심부전으로 죽어 가는 그는 삶에 아무런 미련이 없었다. 가능한 모든 수단을 거의 동원했지만 그의 심장은 나날이 나빠져만 갔다. 나는 그에게 우리의 딜레마를 설명했다. 그것은 고통을 줄이기 위해 약물을 투여하면 고통만 줄어드는 것이 아니라 수명이 더 늘어날 가능성이 높다는 것이다. 나는 고통을 줄여 주는 치료를 받고 호스피스 병원에 입원해 조금이라도 편하게 살다가 가라고 권했다.

그러자 그는 그렇게 하면 수명이 늘어나는지 꼬치꼬치 캐물었다. 어쩔 수 없이 내가 그렇다고 대답하자 그는 한사코 짐을 싸서 집으로 돌아갔다. 그리고 며칠 뒤에 숨을 거두었다. 편하게 죽은 게 아니라 폐에 액체가 가득 차서 몇 시간 동안 고통으로 몸부림치다가 겨우 숨이 끊어졌다.

처음부터 치료를 하지 않는 것과 중도에 포기하는 것에 도덕적인 차이는 없다

"처음부터 치료를 하지 않는 것과 중도에 포기하는 것에 도덕적인 차이가 있는가?"

이것은 우리가 반드시 던져야 할 질문이다. 예를 들어, 한 환자는 말기 암에 대한 항암치료를 받지 않기로 선택하고, 또 다른 환자(혹은 환자의 가족)는 생명을 연장시켜 줄 치료를 그만둘 수 있다. 크리스천이든 아니든 대부분의 생명윤리학자는 둘 사이에 도덕적 차이는 없다고 말한다. 애초에 치료를 하지 않든 중도에 포기하든 상황에 따라 옳은 결정일 수도 있고 그릇된 결정일 수도 있다.

중환자실에서 말기 폐기종 환자를 치료하는 상황을 생각해 보자. 호흡이 곤란해지면 생명을 유지하기 위해 인공호흡기는 필수다. 하지만 환자가 결국 인공호흡기를 떼고 다시 스스로 호흡할 수 있을지는 미지수다. 죽을 때까지 인공호흡기를 의지할 가능성을 항상 배제할 수 없다. 대부분의 환자들은 이런 식으로라도 살아 있는 편을 선택한다.

하지만 의사가 이런 치료를 처방하지 않는 것, 다시 말해 애초에 치료를 하지 않는 것이 환자를 더 편하게 해 주는 길이다. 그런데 그렇게 되면 생명을 살릴 가능성이 배제된다. 다른 선택 사항은 시간제한을 두고 인공호흡기를 사용하는 것이다. 예를 들어, 가족과 의사는 최대 5일까지 인공호흡기를 사용하고 그때까지 환자가 스스로 호흡을 하지 못하면 치료를 멈추기로 결정할 수 있다. 이것은 중도에 치료를 포기하는 것에 해당한다.

가족들로서는 이런 결정을 내리기가 보통 어렵지 않다. 하지만 적당량의 모르핀을 사용하면 인공호흡기를 떼면서 숨이 짧아질 때 환자를 꽤 편하게 해 줄 수 있다. 모르핀은 진통제 역할 외에도 몸의 호흡하려는 욕구를 줄여 준다. 호흡이 곤란한 사람에게 약간의 모르핀을 투여하면 꽤 편안해진다. 그래서 모르핀을 투여하면 극심한 고통 없이 인공호흡기를 뗄 수 있다.

때로 환자들은 스스로 호흡하지 못하고 곧바로 숨을 거둔다. 하지만 몇 시간 동안 숨을 쉬면서 천천히 죽어 가는 경우가 더 많다. 더러 회복을 별로 기대하지 않았던 환자가 꽤 좋아지는 경우도 있다. 시간제한을 둔 시험을 하면 최소한 유족들은 아무런 노력도 하지 않았다는 죄책감에서 자유로울 수 있다.

예순여섯 살의 레오나는 극심한 폐기종을 앓고 있다. 그녀는 24시간 내내 산소를 마시고 지난 2년 사이에 병원에 다섯 번을 다녀왔다. 모두 폐질환이 악화된 경우였으며 일주일 정도 입원해 있었다. 두 번은 인공호흡기를 사용해야 했다. 처음 입원 때는 하루를 사용했고, 마지막 입원 때는 사흘간 사용했다. 그것이 너무 괴로웠는지 그녀는 다시는 인공호흡기를 사용하지 않겠다고 분명히 못을 박았다. 그러자 의사는 시간제한을 두는 방안을 제안했다.

이제 그녀가 7일 동안 스스로 호흡하지 못하면 의사가 적당량의 모르핀을 투여하고 인공호흡기를 제거하기로 약속이 되어 있다. 그녀는 그렇게 하면 자신이 죽을 수 있고 반대로 인공호흡기를 계속 사용하면 회복될 가능성도 있다는 점을 분명히 알고서 그런 결정을 내렸다.

잠재적인 손익을 잘 비교해서 판단하라

특정한 의학 기술을 사용할지 말지 판단할 때는 잠재적인 손익을 잘 따져 보는 것이 현명하다. 손해에는 재정적 감정적 육체적(고통) 대가뿐 아니라 관련된 위험까지 포함된다. 손해와 이익 중 무엇이 더 큰가? "먼저 앉아 그 비용을 계산하지 아니하겠느냐?"(눅 14:28)라는 예수님의 말씀이 바로 이런 종류의 손익 분석을 말하는 것이다.

노인병 전문의로서 내 경험으로 볼 때, 이런 종류의 손익 계산은 중병에 걸린 노인을 치료할 때 매우 중요하다. 알다시피 노인들은 간단한 알약이든 대수술이든 상관없이 언제라도 합병증에 걸릴 위험이 있다. 한 곳을 치료하면 다른 곳에서 문제가 생긴다. 하나의 합병증을 다스리려고 하면 다른 합병증이 나타난다. 이런 식으로 온갖 문제가 나타나 치료 과정이 예상했던 것보다 훨씬 복잡해지는 경우가 비일비재하다.

아흔두 살의 마지는 무릎 골관절염으로 점점 정상적인 생활이 힘들어져 갔다. 결국 왼쪽 무릎을 인공 관절로 교체하기로 결정했다. 그런데 수술은 잘 끝났지만 적절한 조치를 취했음에도 불구하고 다리에 혈전이 생겼다. 더 큰 문제는 그 혈전이 폐로 전이될 때까지 몰랐다는 것이다. 결국 마지는 숨을 거의 쉬지 못할 지경이 되어 중환자실로 옮겨져 인공호흡기를 달았다. 중환자실에서 한 달, 다시 병원에서 3주가 지난 뒤에야 그녀는 요양원으로 갈 수 있었다. 말할 것도 없이 그녀는 이런 결과에 분통을 터뜨렸다. 인공 관절 수술의 위험성을 미리 알았다면 그녀는 수술을 포기하고 그냥 불편한 대로 사는 편을 선택했을지도 모른다.

평범한 돌봄인가, 특별한 돌봄인가?

평범한 돌봄은 하나님의 형상을 품은 인간으로서 받아 마땅한 최소한의 돌봄을 말한다. 이를테면 먹을 음식과 마실 음료를 주고 몸을 따뜻하게 유지시켜 주고 사랑을 쏟아 주는 것이다. 다음 구절에서 예수님은 이런 돌봄을 말씀하신다.

> 그때에 임금이 그 오른편에 있는 자들에게 이르시되 내 아버지께 복 받을 자들이여 나아와 창세로부터 너희를 위하여 예비된 나라를 상속받으라 내가 주릴 때에 너희가 먹을 것을 주었고 목마를 때에 마시게 하였고 나그네 되었을 때에 영접하였고 헐벗었을 때에 옷을 입혔고 병들었을 때에 돌보았고 옥에 갇혔을 때에 와서 보았느니라 이에 의인들이 대답하여 이르되 주여 우리가 어느 때에 주께서 주리신 것을 보고 음식을 대접하였으며 목마르신 것을 보고 마시게 하였나이까 어느 때에 나그네 되신 것을 보고 영접하였으며 헐벗으신 것을 보고 옷 입혔나이까 어느 때에 병드신 것이나 옥에 갇히신 것을 보고 가서 뵈었나이까 하리니 임금이 대답하여 이르시되 내가 진실로 너희에게 이르노니 너희가 여기 내 형제 중에 지극히 작은 자 하나에게 한 것이 곧 내게 한 것이니라 하시고(마 25:34-40).

오늘날 세상에는 너무도 많은 의학 기술이 존재하기 때문에 무엇이 평범한 돌봄이고 무엇이 특별한 돌봄인지 정의하기가 쉽지 않다. 나는 생명연장술이 포함되면 무조건 특별한 돌봄이라 생각한다. 이런 돌봄은 의무가 아니다.

나와 절친한 벤 미첼 박사는 플라스틱 관을 사용하는 것은 뭐든 특별한 돌봄이라고 말한다. 예수님 당시에 없던 기술을 사용하는 것은 뭐든 특별한 돌봄이 아닐까 하는 생각도 든다. 어쨌든 어떤 기술이든 상황을 고려해서 사용해야 하며, 무조건 기술을 사용하는 것이 도덕적이라고 단정 지어서는 안 된다.

다음과 같은 상황에서 특별한 돌봄은 옳지 않을 수 있다.

1. 환자의 바람에 반할 때.
2. 효과가 없을 가능성이 높을 때.
3. 실제보다 더 효과적이거나 덜 위험한 것처럼 포장할 때.
4. 환자가 죽는 것이 하나님의 뜻일 때.

반대로, 다음과 같은 상황에서는 특별한 돌봄을 포기하는 것은 옳지 않다.

1. 환자의 시각에서 이익이 손해보다 클 때.
2. 환자의 상태를 어느 정도 회복시킬 수 있으리라 판단될 때.
3. 환자가 고통이나 의사에게 목숨을 맡기는 것에 대한 두려움 때문에 치료를 포기하려고 할 때.
4. 환자가 돈이 없어서 혹은 자신을 진정으로 걱정해 주지 않는 자칭 전문자의 의견 때문에 치료를 포기하려고 할 때.

교황 요한 바오로 2세가 1980년에 제안한 구분법은 평범한 돌봄과 특별한 돌봄보다 더 좋은 구분법이 아닐까 싶다. 그는 적절한 돌봄과 부적절한 돌봄의 조건에서 생각할 것을 제안했다. 이것은 기술 자체보다 상황을 고려한 구분법이다. 예를 들어, 항생제로 폐렴을 치료하고 심할 경우 중환자실에서 인공호흡기를 달게 하는 것은 상황에 상관없이 특별한 돌봄이라고 볼 수 있다. 그런데 건강한 50세의 폐렴 환자를 치료하는 것은 적절한 반면, 전이암으로 죽어 가는 98세의 노인에 대해 폐렴 치료를 하는 것은 부적절하다. 이런 판단의 기준은 기술이 아니라 상황이다.

중병에 대해 언제 의사가 개입하여 기술을 사용하고, 언제 환자가 자연스럽게 죽도록 놔둬야 할까? 이것은 보통 힘든 질문이 아니다. 하지만 하나님은 언제나 무엇이 옳고 그른지를 아시며, 우리가 직면한 모든 딜레마에 대해 옳은 답과 그릇된 답이 존재한다.

로마서 8장에서 바울은 우리가 율법(모세의 율법) 아래 있지 않고 "생명의 성령의 법"(롬 8:2) 아래 있다고 말한다. 그렇다. 하나님이 성령으로서 우리 안에 거하면서 무엇이 옳은지를 깨우쳐주실 것이다. 따라서 우리는 매사에 성령의 인도하심을 구하고 그분의 음성에 순종해야 한다.

부록 2에 생명 연장에 사용되는 기술을 자세히 적어 두었다.

의학 기술을 어떻게 사용하는 것이 인생의 마지막 나날에 관한 하나님의 뜻에 부합하는지 살펴보았다. 나는 모든 의학 기술이 소용없을 때가 아니라 하나님이 나를 본향으로 부르실 때 삶을 마치고 싶다. 그래서 때가 되면 의학 기술을 거부하고 완화 간호로 전환할 것이다.

기도

하나님 아버지, 현대 의학의 시대에 살게 해 주셔서 감사합니다. 고통을 줄이고 양질의 삶을 연장시킬 방법을 많이 주셔서 감사합니다. 하지만 주님, 이 문제가 너무도 복잡합니다. 오래오래 살면서 당신께 영광을 돌리고 싶지만 집으로 부르시는 당신의 음성을 거부할 정도로 의학 기술을 과도하게 사용하고 싶지는 않습니다. 혼란스러울 때마다 어떻게 해야 할지 판단하는 지혜를 주십시오. 제 모든 선택이 당신께 영광이 되기를 원합니다. 예수님 이름으로 기도드립니다. 아멘.

묵상

여호와 우리 주여, 주의 이름이 온 땅에 어찌 그리 아름다운지요 주의 영광이 하늘을 덮었나이다 …… 주의 손으로 만드신 것을 다스리게 하시고 만물을 그의 발 아래 두셨으니 곧 모든 소와 양과 들짐승이며 공중의 새와 바다의 물고기와 바닷길에 다니는 것이니이다 여호와 우리 주여, 주의 이름이 온 땅에 어찌 그리 아름다운지요(시편 8편).

| 여덟 번째 전략 | **편안하고 인간적인 마지막을 맞는 법**

치료에서 완화 간호로 방향을 전환하라

치료에서 완화 간호로 방향을 전환하는 것이 무슨 의미일까?
왜 방향을 전환해야 하는가?
언제 방향을 전환해야 하는가?
어떻게 방향을 전환해야 하는가?

젭을 기억하는가? 죽음을 앞두고서 초콜릿 케이크와 커피를 요청했던 사람 말이다. 나는 오래전부터 그의 이야기를 수없이 많이 했다. 그러면 거의 모든 사람이 웃으며 고개를 끄덕인다. "나도 때가 되면 그분처럼 가고 싶습니다."

하지만 그런 죽음은 저절로 이루어지지 않는다. 젭의 경우도 그랬다. 그는 의식적인 선택을 내리고 자신의 바람을 분명하게 전했다. 세상을 떠나기 몇 달 전 그는 딸과 함께 내 사무실에 찾아와 삶의 마무리에 관한 문제들을 논하면서 또다시 심장마비가 찾아오면 소생법 같은 생명연장술은 원치 않고 그저 편안하게 죽고 싶다고 분명히 말했다. 그래서 생명 유지 장치 사용 같은 까다로운 결정을 내려야 할 때 젭과 그의 가족들과 나는 이미 답을 알고 있었다.

레오의 경우는 사뭇 달랐다. 그는 자신이 말기 암에 걸렸으리라고는 꿈에도 생각지 못한 중년 남성이었다. 하지만 내가 진단했을 때 췌장암은 이미 그의 온 몸으로 퍼져 있었다. 그는 내 앞에서 암을 이기고야 말겠다고 다짐하고 또 다짐했다. 그의 아내도 나를 비롯한 의료진에게 포기할 뜻이 없음을 재차 확인시켜 주었다. 또한 남편에게도 절대 포기하지 말라는 말을 수없이 되풀이했다.

하지만 포기할 줄 모르는 정신에도 불구하고 레오의 상태는 계속해서 나빠지고 합병증이 잇따랐다. 나는 그에게 어떤 경우에 치료(성공 가능성이 없는 치료)를 강행하는 것에서 완화 간호로 방향을 전환하는 것이 적절한지 설명해 주었다. 하지만 그는 때가 되면 집에서 죽고 싶지만 아직은 '포기할' 생각이 없다고 말했다. 계속해서 그는 공격적인 치료를 요청했다. 더 이상 스스로 숨을 쉴 수 없게 되자 인공호흡기로 생명을 유지하기 시작했다.

며칠 뒤에는 암이 척수를 망가뜨려 목 아래로 마비가 왔다. 심지어 그가 혼수상태에 빠진 뒤에도 아내는 남편의 마지막 소원이 할 수 있는 모든 치료를 받는 것이었다는 점을 우리 모두에게 상기시켰다. 레오는 인공호흡기에 의지해 3주를 더 살았지만 그동안 암은 계속해서 그의 몸을 유린할 뿐이었다. 결국 모든 기관이 기능을 멈췄다. 그는 가족들과 삶을 정리할 시간도 없이 중환자실에서 신음하다가 아쉬운 생을 마감했다. 집에서 눈을 감고 싶다는 그의 소원은 결국 이루어지지 않았다.

젭과 레오는 둘 다 삶의 끝자락에 있었다. 하지만 둘의 죽음은 판이하게 달랐다. 이 차이는 그들이 내린 선택의 차이에서 비롯했다. 젭이나 레오 같은 상황에 처하면 우리도 언제 어떻게 죽을지 선택을 내려야 한다. 대부분의 경우, 그 선택에는 삶의 질과 조금 더 살 가능성 사이의 선택이 포함된다. 대개 이 선택은 하나의 질문으로 귀결된다. "죽기 전에 겨우 조금 더 살고자 의학 기술을 사용할 것인가 아니면 죽음이 불가피하다는 사실을 받아들이고 죽지 않으려는 몸부림을 멈출 것인가?"

죽음이 곧 닥친다는 것을 분명히 알면 겨우 며칠 더 살고자 발버둥치는 것은 부질없는 짓일지 모른다. 삶의 양보다는 질이 훨씬 더 중요하다. 자신이 죽어 가고 있다는 사실을 인정해야 할 때가 온다. 그때가 되면 문제는 사느냐 죽느냐 하는 것이 아니라 언제 어떻게 죽느냐 하는 것이다. 그때는 저항하는 것보다 죽음을 피할 수 없는 현실로 받아들이고 준비하는 것이 더 바람직하다.

그때는 여덟 번째 전략 '치료에서 완화 간호로 방향을 전환하라'를 실행해야 할 때다. 치료에서 증상을 최소화하고 환자를 조금이라도 편하게 해 주는 것으로 목표를 수정해야 할 때다. 그렇다고 해서 꼭 양자택일을 해야 하는 것은 아니다. 효과는 적고 부작용만 큰 기술은 사용하지 않고 손해보다 이익이 큰 생명연장술을 사용하면 된다.

방향을 바꾸지 않으면 모든 치료법이 다 실패할 때까지 계속 시도하게 된다. 소생법을 수없이 시도하다가 중환자실에서 고통스럽게 죽을 수 있다. 물론 죽음을 이기고 삶을 쟁취하기 위해 용감히 싸웠다는 점만큼은 인정해 줄 만하다. 시인 딜런 토머스의 다음 시는 바로 이런 정신을 노래한다.

> 순순히 편한 밤 속으로 들어가지 마라.
> 노인은 하루의 끝에서 분노하고 날뛰어야 한다.
> 격노하라. 빛의 죽음에 격노하라.[1]

하지만 과연 이것이 우리가 원하는 것인가? 그렇지 않다면 이 순간에 이르기 전에 방향을 전환해야 한다.

대부분의 사람들은 죽음 직전에 생명연장술을 원하지 않는다

방향 전환이 유익하다는 증거 가운데 하나는 그것을 선택하는 사람이 그토록 많다는 점이다. 내가 지금까지 쭉 지켜본 바로, 나이든 환자일수록 생명연장술에 대해 바람직하지 않게 생각한다. 그들은 생명연장술이 단순히 죽음을 약간 늦추는 것에 불과하다고 말한다. 그들이 생명연장술에 동의하는 것은 대개 스스로 원해서가 아니라 아직 부모를 떠나보낼 마음의 준비가 되지 않은 자녀를 위해서다.

사랑하는 아내 루스를 떠나보낸 직후 빌리 그레이엄은 〈타임(Time)〉지와 인터뷰를 했다. 기자들이 의학 기술이 발전할수록 사람들이 죽음을 두려워하고 지나치게 저항하는 것 같지 않느냐고 묻자 그레이엄은 이렇게 대답했다. "정말로 그런 것 같습니다. 그런데 어떤 경우에는 우리가 생명을 연장하는 게 아니라 그저 죽음을 연기하는 것 같다는 생각이 듭니다."[2]

하지만 이제 환자들만이 아니라 의학 분야의 종사자들도 마음을 바꾸고 있다. 이제 의학 교과서들을 보면 환자가 말기 암으로 침대에 묶여 있을 때 항암치료를 강행하는 것은 현명하지 못하다고 가르친다. 이런 환자의 경우 고통을 줄이는 치료를 하는 것이 적합하다.[3]

병원에서 죽고 싶은 환자는 아무도 없지만 많은 환자가 그렇게 죽는다는 사실은 아이러니가 아닐 수 없다. 미국인의 약 50퍼센트가 병원에서 생을 마감하고, 이 가운데 20퍼센트는 중환자실에서 눈을 감는다.[4] 이 수치를, 6개월밖에 살지 못한다는 것을 알면 90퍼센트 이상이 공격적인 치료를 받기보다 집에서 머물기를 원한다는 갤럽 조사와 비교해 봐야 한다.[5]

병원들은 좋은 의도에서 행한 것이지만 그 의도와 달리 환자들을 매우 비인간적이게 만들 수 있다. 이를테면 각 전문가가 몸의 각 기관을 따로 치료하고 통합적 치료를 하지 않는 것이 비인간화다. 환자가 사랑하는 사람들과 친구들보다 낯선 전문가들에 둘러싸여 죽는 것도 비인간화다.

많은 사람이 도덕적 질문을 던진다

물론 생명연장술을 거부하는 것은 다시 말해 죽기로 선택하는 것이다. 그래서 도덕적 질문이 뒤따른다. "이것이 살인은 아닌가? 그렇다면 잘못된 것이지 않은가?"

일부러 인간 생명을 없애는 것은 잘못이다. 앞서 말했듯이 모든 인간은 하나님의 형상을 따라 지음을 받았다. 따라서 인간의 생명은 하나님의 보호 아래에 있다. 하지만 환자에게 죽음을 허용하는 것은 살인이 아니다. 물론 생존 가능성이 충분한데도 치료를 하지 않는 것은 잘못일 수 있다. 하지만 죽음이 불가피할 때는 죽는 과정을 지연시키지 않고 죽게 놔두는 것이 도덕적으로 옳다. 사실, 하나님이 자녀를 집으로 부르실 때 그 부르심을 거역하는 것은 잘못이다. 어떤 대가를 치르더라도 삶을 연장하겠다는 것은 하나님보다도 삶을 중시하는 것이니 곧 우상 숭배다.

성경에 죽음을 연기하지 않은 선례들이 있다

"나는 주 예수의 이름을 위하여 결박 당할 뿐 아니라 예루살렘에서 죽을 것도 각오하였노라"(행 21:13).

사도 바울의 이 말을 보면 죽음을 선택하는 것이 도덕적일 수 있다는 확신이 더 강해진다. 물론 바울에게도 삶은 귀했을 것이다. 하지만 그에게는 사는 것이 복음과 주님을 위해 목숨을 내놓는 것보다 더 중요하지는 않았다. 예수님도 아버지의 계획을 위해 일부러 죽음을 향해 걸어가셨다. 동산에서 힘든 선택을 내리던 순간 주님은 이렇게 기도하셨다. "아버지여 만일 아버지의 뜻이거든 이 잔을 내게서 옮기시옵소서 그러나 내 원대로 마시옵고 아버지의 원대로 되기를 원하나이다"(눅 22:42).

주님은 죽음에 저항하는 것보다 아버지께 순종하는 것에 더 우선순위를 두셨다. 그래서 죽음이 찾아왔을 때 순순히 받아들이셨다. "예수께서 다시 크게 소리 지르시고 영혼이 떠나시니라"(마 27:50).

사실, 믿는 자들은 이래도 승리하고 저래도 승리한다. 바울은 이 점을 누구보다도 잘 알고 있었다. "이는 내게 사는 것이 그리스도니 죽는 것도 유익함이라"(빌 1:21).

바울은 이 땅에서의 삶을 소중히 여겼지만 주님, 그리고 하나님의 품에서 누릴 영생만큼 소중히 여기지는 않았다.

이제 필연적인 죽음을 겨우 잠깐 늦출 뿐인 기술을 왜 언제 어떻게 거부해야 하는지에 관해서 생각해 보자.

왜 방향을 전환해야 하는가?

방황을 전환하면 준비를 할 수 있다

　방향을 전환한다는 것은 죽음이 임박했다는 사실을 분명히 이해했다는 뜻이다. 현실을 부인하지 않고 있다는 뜻이다. 이런 사람에게는 죽음을 준비할 기회가 있다. 시편 기자는 하나님께 지혜롭게 살 수 있도록 우리의 날을 세는 법을 가르쳐 달라고 요청했다(시 90:12 참조). 이는 자신이 죽어 가고 있다는 사실을 깨달으면 삶을 바라보는 시각이 새로워지고 더 지혜로워진다는 뜻이다.

　청교도들은 늘 죽음을 의식하며 살았다. 18세기 조나단 에드워즈의 자녀들은 글씨 연습용 책에 계속해서 이런 문장을 썼다. "죽음보다 더 확실한 사실은 없다. 죽음 준비라는 위대한 일을 한시도 늦추지 마라."[6]

　죽음을 막기 위해 가능한 모든 기술을 동원하면 죽음을 준비할 시간이 없다. 가족과 함께 삶을 마무리할 시간도 없이 어느 날 문득 죽음이 눈앞에 와 있을 것이다.

　방향을 전환하면 사랑하는 사람들과 편안하게 죽음에 관한 이야기를 나눌 수 있다. 우리가 이미 죽음을 받아들였다는 사실을 알면 가족들도 우리가 죽어 간다는 사실을 받아들이기가 한결 쉬워진다. 나는 방향 전환이 이 땅에서의 마지막 나날을 얼마나 풍요롭게 만드는지 수없이 두 눈으로 확인했다.

 방향을 전환하면 무의미한 치료와 관련된 것들이 아닌 삶 자체에 집중할 수 있다. 6장에서 다룬 네 가지 말(사랑해요. 감사해요. 용서해 주세요. 용서합니다)을 하고, 해야 할 일들을 처리할 수 있다. 그런 의미에서 방향 전환은 삶의 양을 삶의 질과 바꾸는 것이다. 방향을 바꿔 양질의 삶을 선택하는 것은 단순히 고통을 피하기 위해서가 아니라 마지막 나날을 나와 남들에게 유익하게 사용하기 위해서다. 또한 조금 더 살겠다고 발버둥치는 것보다 삶을 이렇게 마무리하는 것이 하나님께 더 영광이 된다.

방향을 전환하면 나와 남들이 완화 간호에 집중할 수 있다

 더 이상 생명을 연장하지 않기로 결정하면 의사가 편하게 더 강력한 진통 수단을 동원할 수 있기 때문에 고통이 크게 줄어든다. 또한 고통스러운 검사나 수술을 받을 필요가 사라진다.

 말기 난소암에 걸렸던 샐이 기억난다. 샐은 내가 아무리 설득해도 방향을 전환하지 않았다. 그러던 어느 월요일 아침, 그녀의 딸에게서 전화가 걸려왔다. 어머니가 극심한 고통 때문에 밤새 한 숨도 자지 못했다는 것이었다. 나는 즉시 911에 신고한 뒤에 병원에서 만나자고 말했다. 샐은 내가 도착하기 10분 전에 응급실에 도착했다. 내가 도착했을 때는 이미 의료진이 포도당 주사를 놓고 피를 뽑아 그녀를 CT 촬영실로 보낸 뒤였다. 나는 그녀가 여전히 고통으로 몸부림치고 있는 모습을 보고 의료진에게 크게 화를 낸 뒤 즉시 모르핀을 투여하라고 지시했다. 그녀가 진작 방향을 전환해서 생명연장술을 받지 않겠다는 뜻을 분명히 밝혔다면 진통 치료가 훨씬 더 빨리 시작되었을 것이다.

생명 연장을 추구하면 진정한 사랑의 돌봄이 힘들어지는 경우가 많다. 세상을 떠난 요한 바오로 2세를 비롯한 많은 식자들이 완화 간호를 촉구하고 있다.

> 치료에 임하는 사람들은 아픈 사람과 죽어 가는 사람들을 위해 자신의 모든 기술을 빠짐없이 동원해야 한다. 하지만 그런 사람들이 필요로 하는, 아니 더 시급하게 필요로 하는 또 다른 종류의 위안이 있다는 사실을 잊지 말아야 한다. 그것은 바로 무한한 친절과 헌신된 사랑이다. 사람을 이렇게 섬기는 것은 곧 "내 형제 중에 지극히 작은 자 하나에게 한 것이 곧 내게 한 것이니라"라고 말씀하신 그리스도를 섬기는 것이기도 하다.[7]

요한 바오로 2세가 말한 섬김은 공격적인 치료와 완화 간호에 모두 적용할 수 있지만 후자에 더 적합해 보인다. 기독교 윤리학자 존 킬너는 이렇게 말했다. "더 이상 고통을 다룰 수 없는 지경에 이르면, 고통이 하나님의 선하심을 경험하지 못할 정도로 심하면, 그 고통은 가치를 상실하고 그저 파괴적이기만 한 고통이 된다."[8]

그의 요지는 견딜 수 없을 지경까지 고통스러워지면 진통 치료를 하는 것이 적합하다는 것이다.

방향을 전환하면 통제권을 내려놓을 수 있다

하나님을 믿는다고 하면서 자기 삶의 통제권을 그분께 온전히 내려놓지 않는 크리스천이 너무도 많다. 나이를 먹을수록 더더욱 내려놓지 못하는 것 같다. 우리는 생사여탈권을 자신이 갖기를 원한다. 삶의 결정권을 다른 누군가에게 넘기는 것은 우리의 본성에 반한다. 하지만 잠언 3장 5-6절의 명령을 따르면 통제권을 내려놓을 때 말할 수 없는 평안이 찾아온다. "너는 마음을 다하여 여호와를 신뢰하고 네 명철을 의지하지 말라 너는 범사에 그를 인정하라 그리하면 네 길을 지도하시리라."

매우 실질적인 의미에서, 방향 전환은 곧 하나님을 전적으로 의지하겠다는 뜻이다. 그것은 확실한 믿음의 행위다. 그것은 곧 이렇게 말하는 것이다. "내 삶의 통제권을 내려놓겠어. 이제 내 죽음의 시간은 전적으로 하나님의 손에 달려 있어. 이제 그분의 품 안에서 쉬겠어."

나는 이와 반대로 말하는 환자들을 수없이 보았다. 내가 생명연장술의 손익을 따져 보라고 말하면 그들은 가능한 계속해서 공격적인 치료를 해 달라고 말했다. 그들은 그런 치료를 받는 것이 자신의 삶을 맡기는 것이라고 생각한다. 그런 논리는 도무지 이해할 수가 없다. 아무리 생각해도 이것은 하나님께 삶의 통제권을 넘기는 것이 아니라 더욱 움켜쥐는 것으로밖에 보이질 않는다. 생명연장술을 계속해서 고집하는 것이 아니라 포기하는 것이 하나님께 삶의 통제권을 넘겨 드리는 행위다.

완화 간호로 방향을 전환하는 것이 '하나님을 갖고 노는 것'이라고 말하는 사람들도 있다. 하지만 나는 그렇게 생각하지 않는다. 방향 전환은 우리 삶에 대한 하나님의 주권을 인정하고 그분을 전적으로 신뢰함으로써 우리 삶의 통제권을 그분께 넘기는 행위다.[9] 그것은 하나님을 진정 하나님으로 대하는 것이다.

방향 전환은 복음을 인정하는 것이다

크리스천들은 예수님이 죽음과 부활을 통해 죽음을 이기셨다고 믿는다. 따라서 우리는 죽음을 두려워할 필요가 없다. 죽음과 싸우다가 비참한 최후를 맞을 필요도 없다. "곧 이 땅을 떠날 거야. 하나님이 나를 집으로 부르고 계셔. 이 부르심을 거부하지 않고 예수님의 품 안에서 쉬겠어. 나는 그분을 전적으로 믿어."

복음을 진정으로 믿는 사람이라면 이렇게 말할 수 있어야 한다. 그리고 이렇게 말하는 것이 곧 방향을 전환했다는 증거이다.

지난 2천 년간 신자들은 죽음의 순간에 이런 평안을 누려 왔다. 나치 희생자 디트리히 본회퍼가 이 세상에서 마지막으로 한 말은 하나님의 말씀에 대한 확실한 믿음의 증거였다. 그는 자신을 처형 장소로 데려가려고 온 두 간수에게 이렇게 말했다. "당신들에게는 이것이 끝이지만 내게는 시작이오." 죽음이 다가올 때 본회퍼는 그저 복음의 진리 안에서 안식했다.

나는 온갖 의학 기술로 죽음과 사투를 벌이는 사람치고 진정으로 하나님 안에서 쉬는 사람을 보지 못했다. 방향을 바꿔 죽음과 싸우지 않기로 결정하면 지켜보는 사람들에게 예수님 안에서 쉬는 것이 얼마나 편한지 똑똑히 보여 줄 수 있다. 어쩌면 이것이 이 땅에서 복음의 진리를 전할 마지막 기회일지도 모른다.

생명을 지키는 일에 일생을 바친 크리스천 의사로서 나는 양질의 삶을 회복할 가능성이 충분하다면 죽음을 원수로 보고 하나님이 주신 모든 지혜와 힘, 의학 기술을 동원해서 싸워야 한다고 분명히 믿는다.

반대로 죽음이 불가피하다면 죽음을 이미 패한 적으로 보고 더 이상 저항하지 않는 편이 현명하다. 그럴 때는 방향을 바꿔 사투를 멈추고 죽음을 받아들여야 한다. 그리고 나서 예수 그리스도를 통해 주신 소망을 가슴에 품고 하나님께 감사해야 한다.

방향을 전환해야 할 때

방향을 전환해야 하는 이유를 살펴보았으니 이제 언제 완화 간호로 전환해야 할지에 관해 살펴볼 차례다. 이제 육체적, 감정적, 영적, 사회적 요소들을 비롯해서 고려해야 할 요소들을 소개하도록 하겠다. 그러고 나서는 대중문화가 방향 전환을 옹호하는 몇 가지 이유를 살펴보고, 마지막으로는 성경적인 접근법을 제시하도록 하겠다.

계속해서 이야기를 나누기 전에, 내가 방향 전환이라는 결정을 전혀 쉽게 생각하지 않는다는 점을 알아주길 바란다. 또한 사람마다 상황은 천차만별이다. 따라서 겸손과 함께 하나님이 주시는 지혜를 의지하여 이런 문제에 접근하기를 바란다. "너희 중에 누구든지 지혜가 부족하거든 모든 사람에게 후히 주시고 꾸짖지 아니하시는 하나님께 구하라 그리하면 주시리라"(약 1:5).

먼저, 이 약속을 기억하면서 기도로 시작하라. 그런 다음에는 인생에서 정말 중요한 문제를 결정할 때 사용했던 방법을 그대로 사용하라. 즉, 최대한 많은 정보를 모으고 전문가의 의견을 구하라. 아울러 교회의 영적 리더들을 찾아가 치유만이 아니라 지혜를 위해 기도해 달라고 부탁하라. 늘 터놓고 이야기하는 자세를 가지라. 주변에 믿지 않는 사람들이 있다면 당신이 예수 그리스도 안에서 찾은 평강을 보여 주고 복음을 전할 좋은 기회다.

육체적인 고려 사항들

정확한 진단을 받아야 한다. 그러려면 꽤 많은 검사를 받아야 할 수도 있다. 그런데 내 환자들 중에 검사를 거부한 사람들이 더러 있었다. "선생님, 검사는 싫어요. 어차피 저는 죽을 거예요. 그냥 놔두세요."

제이도 그런 환자였다. 70대 중반의 제이는 오랫동안 줄담배를 피어 왔다. 그는 숨이 가빠지는 것 외에도 다른 여러 증상으로 나를 찾아왔다. 엑스레이를 찍어 보니 폐암 말기가 의심되었다. 그렇게 담배를 피웠으니 그럴 만도 했다. 내가 확실한 진단을 위해 생체검사를 제안하자 그는 강하게 거부했다. 귀찮게 하지 말고 그냥 조용히 죽게 놔두라며 고집을 부렸다.

그런데 아내의 끈질긴 설득 끝에 생체검사를 해 보니 뜻밖에도 그의 병은 완치 가능성이 꽤 높은 종류의 림프절 암이었다. 24시간의 치료 끝에 상태는 호전되었고, 나중에는 몸 상태가 완전히 정상으로 돌아왔다. 그는 비록 5년 뒤 안타까운 오토바이 사고로 죽고 말았지만 조기 검사와 정확한 진단 덕분에 가족과 함께 5년을 덤으로 행복하게 살 수 있었다.

정확한 진단이 나온 뒤에는 방향 전환에 관한 결정을 내리기 위한 중요한 다음 단계를 밟을 수 있다. 그것은 예후를 판단하는 것이다. 병원에 가면 의사가 치료할 때와 치료하지 않을 때의 상태를 예측해서 말해 준다. 그런 다음에는 치료에 따른 부작용을 비롯해서 치료에 관한 설명을 들을 수 있다. 또한 치료의 성공 가능성과 함께 그 '성공'의 의미까지 설명을 듣게 된다.

예컨대 특정한 신경외과 수술의 생존율이 70퍼센트라는 말만 듣고 그 생존자 가운데 3분의 2가 요양원 신세를 지게 된다는 말은 듣지 못할 수 있다. 만약 이러한 나머지 정보까지 듣는다면 '성공'에 대한 우리의 시각이 달라질 수도 있다. 따라서 어떤 치료들이 가능한지뿐만 아니라 각 치료에 따르는 부작용까지 최대한 잘 알고 판단하는 것이 현명하다.

의사에게 정보를 얻는 것 외에도 이왕이면 어떻게 해야 할지에 대해 자문까지 구하는 것이 좋다. 의사에게 당신이 그의 어머니나 남편이라면 어떤 결정을 내리라고 조언할 것인지 물어보라.

중병에 걸린 사람을 치료할 때 어려운 점 가운데 하나는 해당 질병과 관련된 각 기관마다 전문가가 따로 있어야 한다는 것이다. 예컨대 호흡기내과 전문의가 인공호흡장치를 관리하고 심장 전문의가 심장을 돌보고 신경과 전문의가 뇌를 살피는 식으로 세분화된 경우가 많다. 나는 한 분야 전문의는 공격적인 치료의 안정성을 보장하지만, 전체적인 상황을 보아서는 전혀 그렇지 못한 경우를 자주 보았다. 따라서 항상 1차 진료의(primary care physician)가 관여하는 것이 바람직하다. 1차 진료의의 역할은 전문의들이 각 분야를 다루는 동안 계속해서 전체적인 상황을 점검하는 것이다.

예후는 나이에 따라 달라질 수밖에 없다. 어린아이는 중병에 걸려도 공격적인 치료를 견뎌 내고 오랫동안 양질의 삶을 영위할 가능성이 높다. 하지만 90세 노인이라면 오래지 않아 더 심각한 합병증이 나타날 가능성이 높다. 따라서 공격적인 치료는 대개 젊은이에게 적합하다.

생명윤리학자 다니엘 칼라한이 매우 유용한 가이드라인을 제안했다. 그는 다음과 같은 경우에 완화 간호로 방향을 전환해야 한다고 말한다.

1. 사망 가능성이 매우 높을 때.
2. 치료가 고통만 가중시킬 가능성이 높을 때.

3. 치료에 성공해도 겨우 무의식 상태나 치매 상태로 수명을 연장할 가능성이 높을 때.

4. 치료를 해 봐야 '온 몸에 관이 대롱대롱 달린 채로' 죽을 가능성이 높을 때.[10]

감정적인 고려 사항들

당연한 말이지만 죽음 앞에서 우리의 감정적인 반응은 매우 다양하다. 죽음 앞에서 이 땅에서의 삶이 끝났다는 사실을 받아들이고 평온한 모습으로 삶을 마무리하는 사람도 많다. 물론 정반대 반응을 보이는 사람도 많다. 그 환자들은 죽음이 임박했다는 사실에 매우 슬퍼하고 우울해한다.

죽음에 대한 두려움을 드러내는 사람도 있다. 불신자들만 그런 것이 아니라 크리스천들도 그런 경우가 많다. 그런가 하면 이 땅에서 딱 한 가지만 마무리하고 떠날 수 있게 조금만 더 살았으면 좋겠다고 말하는 사람도 있다. 예를 들어, 손녀의 결혼식이나 자신의 백 세 생일을 지내고 떠나기를 원할 수 있다. 그 일을 마치고 나면 그들은 곧바로 평온해져서 더 이상 죽음에 저항하지 않는다.

죽어 가는 사람들의 감정을 탐구했던 사람 가운데 하나인 정신병 의사 엘리자베스 퀴블러 로스는 죽을병에 걸렸을 때 사람들이 경험하는 단계들을 규명해 냈다.[11] 부정과 고립, 분노, 타협, 우울, 마지막으로 수용이 그 단계들이다. 자신이 어느 단계에 있는지 파악하면 수용 단계까지 좀 더 빠른 시간 내에 이를 수 있다. 그리고 수용 단계에 이르면 훨씬 더 편안하게 방향을 전환할 수 있다.

부정. 곧 죽을지 모른다는 사실이 분명해도 사람들은 대체로 죽음을 부인하곤 한다. 모든 인간은 건강하게 오래 살기를 원한다. 그래서 몸이 아프면 예전처럼 회복될 수 있다고 믿고 싶은 것이 당연하다. 이런 소망 자체는 잘못된 것이 아니다. 다만 소망이 극단적으로 흐르거나 오로지 이생에 대한 소망만 품는다면 그 소망은 비현실적인 부정으로 발전할 수 있다. 한 목사가 해 준 다음 이야기처럼 극단적인 경우를 내 눈으로 직접 본 적은 없지만 충분히 있을 수 있는 일이다.

이 목사는 심장병으로 병실 침대에 누워 있는 82세의 할머니와 대화를 나누었다. 할머니의 진료 기록을 보니 심부전으로 급속도로 죽어 가고 있었다. 그런데 겉모습을 보니 할머니가 얼마나 현실을 부정하고 있는지 분명히 알 수 있었다. 할머니는 주름 장식이 달린 분홍색 재킷을 입었고 손톱은 새로 다듬어져 있었다. 머리카락은 가지런했고 나지막한 목소리로 쉴 새 없이 자랑을 늘어놓았다. 할머니는 예전에 운영했던 회사와 타던 자동차까지 화려했던 과거 등 구구절절 이야기가 끝이 없었다.

의사는 이 모두가 부정의 증상임을 알아채고 기도할 때 바울의 말을 인용했다. "우리의 겉사람은 낡아지나 우리의 속사람은 날로 새로워지도다"(고후 4:16).

기도를 마친 목사가 인사를 하고 몸을 돌리는데 등 뒤에서 할머니가 외쳤다. "내 겉사람은 낡아지지 않아!"

48시간 뒤 할머니는 죽어 간다는 사실을 여전히 부정한 채 숨을 거두었다. 부정의 문제점은 곧 닥칠 죽음을 제대로 준비하지 못하게 한다는 것이다.

암이 온 몸에 퍼져 죽어 가는 아버지가 있다고 해 보자. 한 아들이 병원에 찾아와 말한다. "아버지, 곧 여름이에요. 그때 함께 놀러가요. 곧 일어나실 거예요. 어서 일어나서 저와 함께 골프를 치러 가요."

아버지는 그럴 가능성이 없다는 것을 알지만 무슨 말을 해야 할지 몰라 쓴 웃음만 짓는다. 이번에는 다른 아들이 찾아와 말한다. "아버지, 이런 일이 일어나서 너무 슬퍼요. 하지만 아버지가 돌아가실 날이 오고 있는 것을 알지만 아버지와 함께 골프를 쳤던 시간이 정말 즐거웠다는 말씀을 꼭 드리고 싶어요. 그 시간이 정말 그리울 거예요."

아버지가 이 아들에게는 현재 상황에 대해 허심탄회하게 이야기할 가능성이 높다.

퀴블러 로스 박사는 감정적인 반응의 목록에 두려움을 포함시키지 않았다. 하지만 내가 관찰한 바로 부정의 대부분은 두려움에서 비롯한다. 호스피스 간호사 데보라 하워드는 이렇게 말했다. "그들은 고통을 두려워한다. 그들은 상태가 계속해서 악화되고 무기력해지는 것을 두려워한다. 그들은 의사결정능력을 상실하는 것을 두려워한다. 하지만 그들이 가장 두려워하는 것은 죽어 가는 과정이다. 대부분의 환자들은 죽음 자체는 두렵지 않다고 말한다."[12]

하지만 실제로는 환자들이 죽음을 두려워하고 있는지도 모른다. 그런가 하면 가족들은 사랑하는 사람이 사라진 미래를 두려워한다.

분노. 질병과 죽음에 대해서는 분노하는 것이 당연하다. 또 죽음의 배후에 있는 사탄과 죄에 대해서도 분노해야 마땅하다. 그런가 하면 자신을 실망시킨 의료진과 간호인, 가족들에게 분노할 수도 있다. 이런 분노가 느껴질 때는 자신이 분노하고 있다는 사실을 인식하고 재빨리 그 분노의 불길을 꺼야 한다. 성경은 분노로 인해 죄를 짓지 말라고 경고한다(엡 4:26 참조). 특히 하나님께 분노하지 않도록 조심해야 한다. 하나님의 선하심을 의심하면 파괴적인 행동, 더구나 죄로 이어질 수 있다.

타협. 어떤 결과를 얻기 위해 뭔가를 하는 것은 모두 타협이라고 할 수 있다. 개중에는 좋은 타협도 있고 나쁜 타협도 있다. 예를 들어, 가망이 없는 병에 대해 새로운 항암치료나 모험적인 수술을 시도할 수 있다. 이런 시도가 다행히 성공해 자신의 선택에 만족할 수 있다. 어떤 사람들은 실험적인 치료법이나 대체의학을 시도한다. 전국적으로 유명한 전문의에게 자문을 구할 수도 있다. 이 모두는 적절한 대응이 될 수 있지만 기적의 치료약을 선전하는 인터넷 사이트나 터무니없이 높은 완치율을 자랑하는 제3세계의 병원처럼 비이성적인 방법을 시도하지 않도록 주의해야 한다.

하나님을 상대로 타협하는 경우도 있다. 죽음 앞에서 많은 사람이 하나님을 깊이 경험함으로 믿음의 성장을 이룬다. 하지만 자신이 원하는 바를 이루기 위해 하나님을 이용하려는 자들도 있다. 하나님이 병을 고쳐 주시기만 하면 뭔가를 하거나 주겠다고 맹세하는 것이 그런 경우다. 하나님을 자신의 뜻대로 움직이게 만들기 위해 흥정을 하거나 조종하려는 것은 무조건 잘못이다. 그것은 자신의 힘으로 살아가고 자신의 목적을 위해 하나님을 이용하려는 것이다. 궁극적으로 하나님과의 흥정은 불신의 증거다.

우울. 죽음과 관련된 모든 것은 우리를 우울하게 만든다. 죽음에 직면해 우울해지는 것은 너무도 당연하다. 예수님이 나사로의 무덤 앞에 서서 우셨던 것을 아는가? 예수님은 나사로가 되살아날 것을 아셨다. 하지만 죽음이 본래의 창조 의도에 얼마나 반하는 것이며 얼마나 큰 손실을 초래하는지 생각할 때 예수님은 눈물을 흘리실 수밖에 없었다.

슬퍼하고 상실감을 느끼는 것은 잘못이 아니다. 전도서는 "울 때가 있고"(전 3:4)라고 말한다. 하지만 의지를 잃고 남들과 담을 쌓을 정도로 지나치게 슬퍼한다면 문제가 있다. 이 정도의 우울함은 떨쳐내려고 노력하고, 필요하다면 전문가의 도움을 받아야 한다.

수용. 살기 위한 노력은 우리를 지치게 만든다. 끊임없이 병원을 들락거리면 지칠 수밖에 없다. 약을 먹는 것도, 부작용에 시달리는 것도 힘겹기는 마찬가지다. 계속해서 몸이 아프면 점점 지치다가 결국 아픈 몸이나 늙어 가는 몸의 굴레에서 벗어나고 싶어진다. 하고 싶은 일이 점점 줄어든다. 이렇게 삶에 지치면 천국이 너무도 좋아 보인다. 그렇게 되면 죽음을 더없이 편안하게 받아들이게 된다.

이런 감정의 단계를 한 번에 하나씩 밟는 사람이 있는가 하면, 한 번에 모든 단계를 경험하는 사람도 있고, 이 단계 저 단계를 무작위로 옮겨 다니는 사람도 있다. 나는 관련된 모든 사람이 각자 다른 단계에 있는 경우도 봤다.

폐암으로 죽어 가던 샐리는 더 이상 죽음과 싸우지 않고 호스피스 병원으로 들어가기로 결정했다. 그러자 남편은 평생 아내 옆에서 담배를 펴 온 자신을 저주했다(분노). 아들은 온 가족이 하와이로 크루즈 여행을 떠날 계획을 세웠다(부정). 딸은 하나님이 어머니를 살려 주실까 싶어 끊었던 교회에 다시 나가기 시작했다(타협). 단짝 친구는 병문안을 오지 않고 집에 틀어박혀 두문불출했다(우울).

영적 고려 사항들

의사이기 이전에 크리스천으로서 환자의 영적인 시각이 방향 전환과 관련된 결정에 얼마나 많은 영향을 끼치는지 잘 안다. 영원한 소망이 없는 불신자들은 삶을 포기할 수가 없다. 죽으면 무로 돌아간다고 생각하니 어떻게든 죽지 않으려고 발버둥치는 것이 너무도 당연하다.

켄은 폐기종으로 서서히 죽어 가고 있었다. 그는 집에서 아내와 가족들의 간호를 받으며 6개월 동안 인공호흡기를 달고 살았다. 그리고 대략 한 달에 한 번 꼴로 몸에 문제가 생겨 입원을 해야 했다. 그는 그런 식의 삶에 지쳤으면서도 내게 아직 죽을 준비는 되지 않았다고 말했다. 우리는 병원에 입원하지 않고 집에서 나를 통해 완화 간호를 받는 방안을 논의했다. 그는 우아하게 내려놓는 전략에 관심을 보였고 집에서 생을 마감하기를 원했다. 하지만 결국 삶을 포기할 생각은 없었다.

그런데 하루는 그가 내게 예수님을 다시 영접했고 그래서 이제 삶을 내려놓을 준비가 되었다고 고백했다. 그리고 다음번에 병원에서 퇴원할 때 다시는 병원에 오지 않겠다는 뜻을 내비쳤다. 이제 그는 영생의 소망을 얻었기 때문에 편안히 죽음을 받아들일 수 있었다.

예수 그리스도를 통해 하나님과 개인적인 관계를 맺지 못한 사람에게는 위독한 상황이 영혼을 하나님께 의탁할 기회가 될 수 있다. 나는 믿음이 좋은 신자들이 세상의 것들을 우아하게 내려놓고 평온한 가운데 주님 품에 안기는 모습을 많이 보았다. 우리가 영적인 준비가 되면 죽음은 힘을 잃는다.

사회적인 고려 사항들

우리가 죽는 모습은 주변 사람들에게 큰 영향을 미친다. 존 던의 다음 시가 이 점을 잘 나타낸다.

누구도 홀로 완전한 섬이 아니다. 모두가 대륙의 한 조각이요 대양의 일부다. 한 줌 흙이 바닷물에 씻겨 가면 유럽은 작아진다. 곶이 씻겨 갈 때만 그런 것이 아니다. 당신이나 당신 친구의 토지가 씻겨 가도 마찬가지다. 마찬가지로 한 사람이 죽을 때마다 나는 줄어든다. 왜냐하면 나는 온 인류와 연결되어 있기 때문이다. 그러니 누구를 위해 조종(弔鐘)이 울리는

지 알아보려고 사람을 보내지 마라. 그것은 다름 아닌 당신을 위한 종이니.[13]

한번은 조니 에릭슨 타다가 죽을병에 걸려 인공호흡기를 달지 말지 고민 중인 젊은 여성을 만났다. 타다는 그것이 혼자만을 위한 결정이 아니라 다른 많은 사람에게 영향을 끼친다는 점을 인식한 뒤 결정을 내리라고 권고했다.[14] 이처럼 방향을 전환할지 말지에 대해서는 주변 사람들의 말에 휘둘리지 말고 스스로 결정을 내려야 하지만 때로는 남들의 감정을 고려해야 할 때가 있다.

알이라는 중년 남성은 암으로 죽어 가고 있었다. 알과 그의 아내는 모두 회복의 가능성이 없다는 사실을 잘 알고 있었으며 그 현실을 순순히 받아들였다. 하지만 알은 스무 살 난 딸이 괴로워하는 모습을 보고 우리에게 생명 연장을 위해 최선을 다해 달라고 부탁했다. 내가 볼 때 이것은 적절한 선택이었다. 알은 딸에게 주는 마지막 선물로 생명 연장술을 선택한 것이다.

나는 죽어 가는 자녀로 인해 고통을 받아 본 적이 없지만 어린 자녀를 포기해야 하는 부모의 심정이 얼마나 괴로울지 짐작이 간다. 그래서 자녀를 위해 끝까지 공격적인 치료를 강행하는 부모들의 심정이 충분히 이해가 간다. 그럼에도 가족이 미련을 버리지 못하는 바람에 환자의 고통이 연장되는 것을 볼 때마다 안타깝기 그지없다.

성경적인 고려 사항들

나는 크리스천들이 언제 공격적인 치료를 포기하고 죽음을 하나님의 부르심으로 받아들여야 하는가 하는 문제와 오랫동안 씨름해 왔다. 다시 말해, 언제 죽음을 원수로 대하고 언제 그것을 패한 적으로 봐야 하는가? 육체적 감정적 영적 사회적 배경을 고려해야 하는 것만큼은 분명하다. 하지만 크리스천이라면 이런 요인들을 충분히 고려한 뒤에도 성경이 이 문제에 관해 어떻게 말하는지 살펴봐야 한다.

나는 신자들이 전혀 성경적이지 않은 이유로 방향을 전환하는 것을 자주 보았다. 사람들이 내게 내놓은 이유들과 내가 성경적이라고 판단하는 이유들을 아래 표에 정리해 봤다.

■ 완화 간호로 전환하는 비성경적인 이유

걱정	성경적인 답
삶에 대한 통제력을 잃을까 두렵다.	하나님은 그분 앞에 통제력을 내려놓으라고 말씀하신다.
고통과 고난이 두렵다.	시련은 우리에게 유익할 수 있다.
존엄성을 잃을까 두렵다.	우리의 존엄성은 하나님의 형상대로 창조되었다는 사실에서 비롯한다.
죽음이 두렵다.	복음은 우리를 이 두려움에서 해방시킨다.

이 모든 걱정은 하나님과 그분의 영광이 아닌 자신의 안위에 대한

걱정이다.

그렇다면 치료에서 완화 간호로의 방향 전환을 결정할 때 크리스천들은 무엇을 고려해야 할까? 성경에 분명한 답이 있는 것 같지는 않다. 하지만 성경은 분명 남들에 대한 섬김을 강조한다. 사도 바울은 죽는 그 순간까지 남들의 신앙 성장을 도움으로써 하나님께 영광을 돌리는 것을 인생의 목적으로 삼았다.

> 이는 내게 사는 것이 그리스도니 죽는 것도 유익함이라 그러나 만일 육신으로 사는 이것이 내 일의 열매일진대 무엇을 택해야 할는지 나는 알지 못하노라 내가 그 둘 사이에 끼었으니 차라리 세상을 떠나서 그리스도와 함께 있는 것이 훨씬 더 좋은 일이라 그렇게 하고 싶으나 내가 육신으로 있는 것이 너희를 위하여 더 유익하리라 내가 살 것과 너희 믿음의 진보와 기쁨을 위하여 너희 무리와 함께 거할 이것을 확실히 아노니 내가 다시 너희와 같이 있음으로 그리스도 예수 안에서 너희 자랑이 나로 말미암아 풍성하게 하려 함이라(빌 1:21-26).

개인적으로, 남들을 격려하고 섬길 능력이 크게 떨어지면 방향 전환을 진지하게 고민하려고 생각 중이다. 하지만 모든 사람이 남들을 섬길 수 있는 것은 아니라는 점을 잘 안다. 남들에게 전적으로 의존하는 사람들도 있다. 그들 인생의 가치를 조금이라도 깎아내릴 생각은 추호도 없다. 그들도 얼마든지 주변 사람들의 삶을 풍요롭게 해 줄 수 있다. 그들도 하나님의 형상을 따라 창조되었으며 그로 인해 지극히 존엄한 존재들이다. 그들을 섬기는 것은 너무도 귀한 특권이다.

아울러 1장에서 논했듯이 섬김의 방식은 시간에 따라 변한다. 내가 언제까지 의술을 펼치고 강의를 하고 논문을 쓸 수는 없다. 그때가 되면 생명연장술과 간호인들을 의지하게 될지도 모른다. 그러면 내 섬김의 방식은 남들을 격려하고 그들을 위해 기도하는 것이 될 수 있다. 이런 식으로라도 남들을 섬길 수 있다면 방향을 전환하지 않고 생명연장술을 사용할 것이다.

하지만 내 삶이 남들에게 전혀 쓸모가 없고 상황이 나아질 가능성이 희박하다면 생명이 연장되는 것을 원치 않는다. 그렇다고 누가 나를 죽여 주기를 바라지는 않겠지만 생명연장술을 받지도 않을 것이다.

방향을 전환하는 방법

이 모든 요인을 고려한 뒤 방향을 전환하기로 결심했다면 다음 질문은 이것이다.

"어떻게 방향을 전환해야 할까?"

여러 가지 방법이 있다.

가족들에게 말하라

완화 간호로 전환하기로 결정할 때 가족들과 의논하지 않았다면 나중에라도 꼭 그에 관한 대화를 나눠야 한다. 그렇게 하면 가족들과 함께 당신의 삶을 돌아보며 서로 더 하나가 되는 시간을 가질 수 있다.

그와 같이 결정한 이유를 꼭 설명해 주라. 대놓고 죽음에 관해 이야기하면 가족들이 당장은 충격을 받을지 몰라도 결국은 더 편안해질 것이다. 가족들도 죽음에 관해 편하게 이야기할 수 있고, 우리도 그리스도를 아는 사람에게는 영생의 소망이 있다며 복음을 전할 기회를 얻을 수 있다.

의사에게 말하라

완화 간호에 관해 논하기 위해 의사와 약속을 잡는 환자들을 보면 언제나 대단하다는 생각이 든다. 이것은 매우 중요한 단계이기 때문에 결코 빼먹지 말아야 한다. 언제 방향을 전환할지만이 아니라 어떻게 전환할지를 의사와 함께 논하는 것은 매우 중요하다.

사전 의료 지시를 준비하라

사전 의료 지시는 스스로 의사 표현을 못하게 되면 어떤 의학적 조치를 받고 싶은지 명시한 법적 문서다. 모든 사람이 미리 사전 의료 지시를 준비해야 한다. 늦어도, 방향을 전환하기로 결정할 때는 그것을 작성해야 한다.

사전 의료 지시는 보통 두 가지 범주로 나뉜다. 생전 유언(living will)과 위임장(power of attorney)이 그것이다. 생전 유언은 적용 범위가 좁다. 그래서 내가 볼 때 생전 유언 자체로는 별로 쓸모가 없고, 위임장을 병행할 때 훨씬 더 유용하다.

위임장은 몇 가지 중요한 기능이 있다. 첫째, 위임장은 우리가 의사 결정 능력을 상실했을 때 의료 결정을 대신 내려 줄 사람을 지명하는 것이다. 둘째, 대개 위임장은 우리가 의사 결정 능력을 상실했는지 여부를 판단할 사람도 명시한다. 마지막으로, 위임장을 통해 위임된 사람에게 필요한 지시를 미리 내릴 수 있다. 이 문서를 작성할 때 다음과 같이 하길 바란다.

1. 당신의 가치관과 지시에 따라 결정을 내려 줄 대리인을 지정하라. 대부분의 경우 배우자가 당신을 가장 잘 알기 때문에 당신이 바라는 결정을 내릴 가능성이 높다. 하지만 때로 배우자가 미련을 버리지 못해 공격적인 치료를 고집할 수도 있다. 그럴 경우는 객관성을 유지할 수 있는 제3자가 필요하다. 배우자를 대리인으로 정하지 않을 때는 부담감을 주기 싫다는 등 잘 설명하라. 대리인과 배우자의 여린 마음에 관해 토론하고, 배우자가 마음을 정리할 시간이 좀 더 필요할 경우에는 어느 정도 생명연장술을 받아들일 용의가 있다는 점을 분명히 밝혀라.
2. 당신이 의사결정 능력을 상실했는지에 대해 대리인과 1차 진료의가 함께 판단해야 한다는 점을 명시하라. 두 사람의 의견이 다를 경우에는 둘 다 수긍할 수 있는 제3자에게 결정을 맡겨야 한다는 점도 명시하라. 제3자는 정신과 의사나, 신경과 의사, 목사 같은 전문가가 바람직

하다.

3. 당신의 의료에 대해 구체적인 지시는 하지 마라. 소생법과 인공호흡기, 인공영양, 수화(hydration) 같은 항목에 체크하라고 권할 수 있다. 하지만 그런 항목에 체크하지 않고 공백으로 두고 대리인에게 전권을 위임하는 것이 바람직하다. 그러면 나중에 대리인이 규정에 얽매이지 않고 당신의 상태에 가장 적합한 판단을 내릴 수 있다.

매우 구체적인 지시를 내리면 당신이 애초에 원하지 않은 결과를 초래할 수 있다. 예를 들어, 나는 생명을 위협하는 폐렴으로 혼수상태에 빠져 응급실로 실려 온 환자들을 많이 보았다. 그 환자들은 즉시 인공호흡기에 연결되고 항생제를 투여 받는다. 그렇게 해서 며칠 만에 의식을 회복하고 퇴원하는 경우가 꽤 있었다.

그런데 만약 그들이 사전 의료 지시서에서 '인공호흡기를 원치 않는다'라는 항목에 체크를 했다면 십중팔구 목숨을 잃었을 것이다. 나는 사전 의료 지시 양식을 검토하다가 이 항목에 체크가 된 것을 보면 항상 환자를 불러 위와 같은 상황에서도 인공호흡기를 원치 않느냐고 묻는다. 그러면 백이면 백 양식을 채울 때 위와 같은 상황은 생각지도 못했다고 대답한다. "그냥 인공호흡기를 달고 고생만 하다가 죽고 싶지는 않다는 뜻이었어요." 그러면 나는 '인공호흡기를 원치 않는다'라는 항목이 그런 의미가 아니라고 친절히 설명해 준다.

내 위임장에는 아내가 대리인으로 명시되어 있다. 나는 아내에게 모든 의사 결정에 대한 전권을 위임한다고 분명히 밝혔다. 그리고 특정한 의료 절차 항목에 하나도 체크하지 않고 대신 다음과 같은 메모를 덧붙였다.

회복되어 남들을 섬길 가능성이 충분히 있다면 의학 기술을 사용했으면 좋겠다. 하지만 육체적이나 정신적, 감정적, 영적 이유로 남들을 섬길 수 없게 된다면 그런 기술을 원치 않는다.

이런 접근법은 복음의 정신과 일치한다. 아마도 성경 시대에 지금과 같은 의학 기술이 있었다면 성경 기자도 위와 같이 쓰지 않았을까 싶다.

호스피스나 완화 치료(palliative care)를 고려하라

치료가 힘들어질 때 완화 치료와 호스피스를 제공하는 시설이 있다. 방향 전환을 고려할 때 이 두 가지 가운데 하나를 선택하는 것이 도움이 된다.

호스피스 시설들은 죽지 않게 하는 것이 아니라 죽는 순간까지 최대한 양질의 삶을 살게 하는 것이 목적이라고 계속해서 강조한다. 어떤 호스피스 시설들은 환자들이 살 수 있는 거주 공간을 갖추고 있다. 하지만 대부분은 환자의 집이나 병원, 요양소에서 서비스를 제공한다.

호스피스와 완화 치료 시설들은 단순히 의학적 서비스만이 아니라 전인적인 서비스를 제공한다. 이를 위해 사회사업가와 성직자, 의료진, 평신도 자원봉사자들이 투입되어 상상할 수 있는 모든 측면에서 환자와 간호인들을 지원한다. 개중에는 기독교를 분명히 표방하는 호스피스 시설도 있고, 환자의 신앙을 따지지 않는 시설도 있다.

호스피스와 완화 치료는 모두 광범위한 완화 간호 서비스를 제공한다. 중요한 차이점은, 호스피스는 모든 치료를 포기한 사람들을 위한 서비스라는 것이다. 완화 치료 시설을 이용하면 고통과 여타 증상을 최소화할 뿐 아니라 치료도 병행할 수 있다. 그러다가 치료가 무의미해지면 죽음을 준비할 수 있다. 한마디로 완화 치료 시설을 이용하는 사람들은 '최선을 소망하는 동시에 최악을 준비하는' 사람들이다.

심폐소생술 거부 동의서에 서명하라

모든 병원과 의료 복지 시설들은 환자들이 등록할 때 심장이나 호흡 정지 시 소생법을 원하는지 물어야 한다. 심폐소생술 거부 동의서에 서명하는 것도 역시 때가 되면 방향을 전환하겠다는 의지의 표현이다.

구급차를 부르지 마라

현대 의학은 놀라운 응급 시스템을 갖추고 있다. 최신 장비와 고도로 훈련된 인력은 놀라운 응급 처리 능력을 자랑한다. 하지만 구급차가 도착했을 때 심폐소생술 거부 동의서를 제시하지 않으면 의료진은 생명을 유지하고 연장하기 위해 가능한 모든 수단을 동원할 것이다.

의료 상황을 검토하라

환자가 방향을 전환하기로 결심하면 나는 모든 의료 상황을 세심히 점검한다. 이것은 간과하기 쉬운 단계 가운데 하나다. 공격적인 치료를 받지 않고 집에서 편안히 삶을 마무리하기로 결심하고서도 여전히 생명 연장을 위한 치료를 받는 환자들이 너무도 많다. 물론 둘 사이의 구분이 불분명한 경우도 많지만 그 어떤 생명연장술도 거부하는 것이 가장 바람직하다.

생명을 연장시키지 않으면서 몸을 편안하게 해 주는 약들이 있다. 이런 약은 계속 복용해도 좋다. 하지만 대부분의 항암치료제를 비롯해서 고통을 대가로 생명을 연장시키는 약이 많다.

프랜은 은퇴한 간호사로, 아흔세 살이다. 그녀는 인생의 마지막 단계에 이르렀다. 곧 죽을 것을 직감한 그녀는 생명 연장을 위한 그 어떤 조치도 원치 않는다고 수없이 강조했다. 어느 날 밤 그녀가 때가 되었다며 나를 집으로 불렀다. 가 보니 여러 간호사 친구들도 도착해 있었다. 나는 그녀에게 통증을 줄이는 것 외에 아무런 조치도 취하지 않겠다고 약속했다. 그녀가 불안해하거나 숨을 헐떡거리거나 고통을 호소하면 혀 밑에 모르핀을 주사해 주었다.

우리는 그녀에게 처방된 모든 약을 확인해 생명 연장을 위한 약과 완화 간호를 위한 약으로 분류했다. 그래서 생명만 연장시키는 약은 중단시키고 완화에 도움이 되는 약은 유지시켰다. 그녀는 만족해했고 우리는 함께 기도를 드렸다. 사흘 뒤 그녀는 혼수상태에 빠졌다가 다시 이틀 뒤에 완전히 숨을 거두었다. 지금도 그 죽음이 하나님께 영광이 되는 죽음이었다고 확신한다.

크리스천들에게 죽음은 패한 적일 뿐이다. 이 사실을 받아들이고 죽음을 지연시키는 치료를 포기하면 죽음과 사투할 시간에 삶을 마무리하고 하나님의 품 안으로 들어갈 준비를 할 수 있다. 불가피한 죽음에 고통스럽게 저항하지 않고 방향을 전환해 죽음에 순응하면 죽음의 비극을 최소화하고 하나님께 영광을 돌릴 수 있다.

기도

은혜로우신 아버지 하나님, 이 선택을 내리기가 너무도 어렵습니다. 옳은 선택으로 당신께 영광을 돌리고 싶습니다. 이 땅에서의 마지막 순간에 당신의 거룩한 이름에 누를 끼치지 않도록 당신의 영을 통해 저를 옳은 선택으로 이끌어 주십시오. 예수님 이름으로 기도드립니다. 아멘.

묵상

나의 갈 길 다가도록 예수 인도하시니
그의 사랑 어찌 큰지 말로 할 수 없도다.
성령 감화 받은 영혼 하늘나라 갈 때에
영영 부를 나의 찬송 예수 인도하셨네.
영영 부를 나의 찬송 예수 인도하셨네.
_ '나의 갈 길 다가도록 예수 인도하시니', 패니 크로스비 (1875)

| 아홉 번째 전략 | **예수님 안에서 쉼을 누리는 법**

삶의 통제권을 주님께 맡기라

죽음이 임박하면 어떤 현상이 나타날까?
죽음 직전에는 어떤 종류의 돌봄이 적합할까?
마지막에 임박해 생각이 바뀌면 어떻게 해야 하는가?
사랑하는 사람들은 죽어 가는 사람을 위해 무엇을 해 줄 수 있을까?
예수님 안에서 쉴 수 있겠는가?

이제 죽음 자체에 관한 이야기를 해 보자. 앞서 우리는 인생의 마지막 몇 십 년에 적용할 전략에 관해 살펴봤다. 그리고 지난 몇 장에서는 마지막 몇 달에서 몇 주에 관한 이야기를 했다. 이제 죽음을 며칠이나 몇 시간 앞둔 상황에 관해 생각해 보자.

시드는 80대 중반이었다. 그는 20대에 복음을 듣고 예수님을 영접한 뒤로 쭉 크리스천으로 살아왔다. 결혼도 독실한 크리스천 아가씨와 하고 세 자녀를 낳아 신실한 크리스천으로 길러냈다.

그런데 안타깝게도 시드는 폐가 서서히 파괴되는 치명적인 증상인

폐섬유증을 앓았다. 그 병에 걸리기 전 15개월 동안은 폐렴으로 네 번이나 병원에 입원했고 그중 두 번은 인공호흡기의 도움으로 겨우 살아났다. 그 뒤로 그는 하루가 다르게 약해져만 갔다. 마지막으로 집에 돌아오는 길에 그는 "이젠 그만!"이라고 선언했다. 그것은 방향을 전환하겠다는 강력한 의지의 표명이었다. 공격적인 치료는 이제 그만! 시드는 주님의 곁으로 갈 준비가 되어 있었다.

3년 전에 아내도 떠났고 자신의 병이 불치병이라는 사실을 정확히 알고 있었기 때문에 계속해서 사투를 벌일 이유가 없었다. 또한 옆집에 사는 딸에게 너무 짐이 되는 것만 같아 마음이 편하질 않았다. 그래서 그는 딸에게 이런 바람을 이야기했고, 다시 딸이 타지에 사는 두 형제에게 아버지의 말을 전했다. 그로부터 얼마 뒤 딸이 남편과 함께 멀리 출타했을 때 아들이 아버지를 찾아왔다.

시드의 딸이 집을 비운 지 며칠 되지 않아 그의 아들이 이른 아침부터 내게 전화를 했다. 아버지의 상태가 심하게 나빠져 911에 전화를 해야겠다는 것이었다. 나는 아버지는 그걸 바라지 않을 거라고 설명한 뒤에 내가 곧 채비를 해서 찾아갈 테니 15분만 기다리라고 부탁했다. 내가 도착하자 아들이 현관 앞까지 나와 나를 맞으며 휴대폰을 건넸다. "저희 누나예요. 두 분이서 알아서 결정하세요."

딸은 아버지의 바람을 재차 확인시키면서 약 8시간 내로 가겠다고 말했다. 전화를 끊고 시드를 만나 보니 숨쉬기를 어려워하고 있었지만 극심하게 고통스러워하고 있지는 않았다(그것은 부분적으로 산소 덕분이다). 폐렴과 고열 증상이 보였다. 나는 고열을 다스리는 법을 설명한 뒤 농축 모르핀을 처방했다. 시간 간격을 두고 입에 모르핀을 몇 방울씩 떨어뜨리자 고통스러운 숨 가쁨 현상이 사라졌다.

상황이 좀 진정되자 아들은 가족과 잘 아는 간호사에게 전화를 걸어 침대 곁을 밀착 간호하기 시작했다. 그날 오후 딸이 도착하자 시드는 그녀를 알아보고 손을 들어 바이올린을 켜는 시늉을 했다. 온 가족은 무슨 뜻인지 알아채고 잘 아는 바이올리니스트에게 전화를 걸었다. 도착한 바이올리니스트는 8시간 내내 시드가 평소에 즐겨 부르던 찬송가를 연주했다. 시드는 내내 엷은 미소를 띤 채 평온히 누워 있었다.

그는 주님이 부르고 계신다는 것을 알았고 그 부르심에 기꺼이 응답했다. 아름다운 음악이 연주되는 가운데 그는 조용히 숨을 거두었다. 그는 마지막 아홉 번째 전략인 '삶의 통제권을 주님께 맡기라'를 누구보다도 잘 실천한 사람이다.

죽음과 연관 지어 하나님의 영광을 떠올리기는 쉽지 않다. 하지만 이것이야말로 신약에서 계속해서 반복되는 주제다. 예수님과 바울, 베드로는 모두 하나님께 영광이 되는 모습으로 죽음을 맞았다(요 17:1, 12:19, 빌 1:20-21 참조). 그러니 우리가 그런 죽음을 갈망해야 하지 않을까? 삶의 모든 통제권을 하나님께 넘기고 집으로 오라는 그분의 부르심에 기꺼이 응하는 죽음만큼 하나님께 영광이 되는 죽음도 없다.

크리스천들은 이 땅에서의 즐거운 측면들을 잃어 간다는 사실을 슬퍼한 뒤에는 죽음이 끝이 아니라 완전히 새로운 삶의 시작이라는 사실에 시선을 고정해야 한다. 죽음을 앞둔 시간은 완성과 기대의 시간이어야 한다. 죽음은 마침내 진정한 삶으로 들어가는 과정이다. 크리스천들은 언제나 죽음을 부활의 관점에서 바라보아야 한다. 그래서 언제나 소망이 가득해야 한다.

그렇다고 해서 죽는 과정이 언제나 아름답고 숭고하다는 것은 아니다. 시드처럼 죽었으면 좋겠지만 누구나 그럴 수 있는 것은 아니다. 때로 죽음은 더없이 처참할 수 있다. 우리는 품위 있는 죽음을 이야기하지만 철학자 올리버 오도너반은 죽음에 품위 따위는 없다고 일축했다.[1] 하지만 우리 크리스천들은 분명 죽음에 품위를 더할 수 있다.

이번 장에서는 이 땅에서의 마지막 순간이 어떻게 하나님께 영광이 될 수 있으며 그렇게 되기 위해 어떤 단계를 밟아야 할지를 살펴보자. 먼저 죽음의 육체적인 측면들을 논한 뒤에 감정적인 측면과 가족의 문제, 그리고 마지막으로 영적인 문제를 다루도록 하겠다.

죽음이 임박했다는 징후

모든 죽음이 똑같지는 않지만 대부분의 죽음에 공통적으로 나타나는 몇 가지 특징이 있다. 이런 징후 몇 가지를 알면 도움이 될 수 있다. 또한 이런 징후가 자연스러운 현상이라는 사실을 알면 불안감을 어느 정도 줄일 수 있다.

죽음이 임박했을 때 가장 초기에 나타나는 징후 가운데 하나는 피로도와 잠자는 시간이 눈에 띄게 늘어나는 것이다. 동시에 잠을 잘 때 밤새도록 뒤척일 수 있다. 진통제와 진정제가 이런 뒤척임을 줄여 줄 수 있다.

한편, 몸이 피로해지면 사람들과의 정상적인 상호작용이 힘들어진다. 그래서 죽어 가는 사람들은 대체로 주변에 많은 사람이 있는 것을 싫어하며 작별 인사는 이미 충분히 했다고 생각하여 모두 떠나라고 부탁하기도 한다. 옛 아일랜드에서는 아예 죽음이 임박했을 때 벽을 향해 누워 있는 전통까지 있었다. 사랑하는 사람들은 거부를 당하는 기분이 들 수 있지만 환자는 상대방의 기분을 나쁘게 하려는 의도가 전혀 없다.

이제 많은 대화를 나눌 수 있는 시기는 지났다. 피로와 더불어 식욕과 갈증이 줄어든다. 장기들이 기능을 다해서 많은 음식을 받아들일 능력을 상실한 탓이다. 이것은 자연스러운 현상이며, 대개 죽음을 앞두고서는 음식을 많이 먹어서 배가 더부룩한 것보다 속을 비우는 것이 더 편안하다. 따라서 죽을병에 걸린 사람에게는 물과 음식을 권하되 그가 원하는 것보다 많은 양을 강권해서는 안 된다.

죽음이 가까워 오면 혈액 순환이 잘되지 않는다. 그래서 팔다리에 반점이 생기고 차가워진다. 그렇게 되면 보통 몇 시간 내로 사망한다. 이 마지막 단계가 훨씬 더 오래 지속되는 경우도 더러 보았다. 죽기 직전에는 대개 호흡이 매우 불규칙해진다. 가파르게 호흡을 하다가 오랫동안 멈추기를 반복한다. 호흡이 멈출 때마다 죽었다고 생각하면 또다시 호흡이 시작된다.

시간이 지날수록 환자의 반응은 줄어들지만 죽기 직전에 정신이 또렷해지는 경우도 드물지 않다. 바로 이 순간이 환자들이 '마지막 말'을 하거나 기독교에서 천국으로 해석할 수 있는 환상을 말하는 순간이다. 그리고 나서 환자는 곧바로 숨을 거둔다. 호흡이 멈추고 심장이 더 이상 뛰지 않으며 피가 빠져나가 얼굴이 완전히 창백해진다. 이런 죽음은 대개 고통도 몸부림도 없다.[2]

생명 유지 장치와 소생술을 사용하면 이런 죽음의 과정에 변화가 생긴다. 환자가 인공호흡기를 차면 죽음에 해당하는 일반적인 용어인 '심폐사'(cardiopulmonary death)는 더 이상 적용할 수 없다. 환자가 사망한 뒤에도 폐가 계속해서 산소를 받고 심장이 계속해서 혈액을 밀어낼 수 있기 때문이다. 이로 인해 의학계는 죽음에 대한 새로운 정의를 내놓았다. 그것이 1960년대에 나온 것이 '뇌사'라는 개념이다. 뇌사는 뇌가 더 이상 기계의 도움 없이 심장과 폐 기능을 지원할 수 없을 만큼 영구적으로 손상된 상태를 말한다.

아직 논쟁의 여지가 있기는 하지만 심장박동이 전적으로 기계에 의존하고 회복 가능성이 전혀 없다면 환자는 사실상 사망한 것으로 봐야 합당하지 않을까 싶다.

죽음이 임박했을 때의 돌봄

"환자가 어디서 생을 마치기를 원하는가?"

죽음이 임박했을 때 자주 등장하는 질문 가운데 하나다. 대부분의 사람들은 가족들이 있는 집에서 죽기를 원한다. 엘머도 그랬다.

아흔여섯 살의 엘머는 몇 년 전 아내가 먼저 세상을 떠난 뒤로 딸 로즈와 함께 살았다. 그런데 딸이 은퇴해서 타지로 이사하게 되었다. 딸은 아버지와 함께 새 집으로 옮기고 싶었지만 아버지의 건강이 악화되어 금방이라도 돌아가실 것처럼 보였다. 그리하여 엘머는 요양원으로 들어갔고 거기서 한 주 만에 병원에 입원하게 되었다. 죽음을 직감한 엘머는 딸에게 정든 집에서 함께 살다가 눈을 감고 싶다는 뜻을 내비쳤다. 하지만 딸은 이사 계획을 바꿀 수 없을 것 같아 아버지에게 요양원으로 돌아가라고 설득했고 아버지는 마지못해 고개를 끄덕였다.

그런데 퇴원하던 날, 엘머는 상태가 심각해져 병원에서 하루를 더 머물렀다. 고비를 넘긴 그가 퇴원을 준비할 때 딸의 마음이 바뀌었다. 딸이 이사를 미룰 테니 집으로 돌아가자고 하자 엘머는 흥분을 감추지 못했다. 그 즉시 호스피스를 통해 집에 병원 침대와 산소 장치를 마련했다. 엘머는 그렇게 집에서 사흘 동안 딸과 편안하게 지내다가 가족 곁에서 눈을 감았다.

그는 딸에게 의사 표시를 할 수 있었고 딸은 아버지의 부탁 하나하나를 세심하게 들어주었다. 나는 집에서 가족들과 함께 있기를 간절히 원하지만 짐이 될까 봐 차마 말을 못하고 결국 요양 시설에서 쓸쓸하게 생을 마감하는 환자를 많이 보았다.

항상 엘머의 경우에서처럼 상황이 단순하지는 않다. 때로는 가족들의 감정을 고려해야 한다. 집안에 어린 자녀가 있는 경우에는 특히 더 그렇다. 부모가 집에서 생을 마감하고 싶더라도 자신이 죽는 모습이 자녀에게 평생 충격으로 남을지를 고민해야 한다.

상황을 복잡하게 만드는 또 다른 요인은 환자가 얼마나 오래 살지 예측하기가 어렵다는 것이다. 나는 가족들이 한 달 정도 돌보다가 장례를 치를 생각으로 환자를 집으로 데려오는 경우를 심심치 않게 봤다. 게다가 가족들이 환자를 돌보기 위해 하던 일까지 쉬는 경우도 더러 있다. 그럴 경우 한 달 정도는 돈을 벌지 않아도 생계가 유지될 수 있지만 6개월이 넘도록 환자가 세상을 떠나지 않으면 웃을 수도 울 수도 없는 상황이 발생한다. 환자가 자신의 집에 돌아와 마음이 편해지면 가파르던 건강의 하락세가 갑자기 완만해지는 경우가 드물지 않게 나타난다.

죽음이 임박하면 의료의 방향이 바뀌어야만 한다. 병원이나 요양원에서 생을 마감하는 경우에는 특히 더 그렇다. 물론 환자를 방치해서는 안 된다. 하지만 반드시 주기적으로 활력 징후를 확인하고 혈액 검사를 해야 하는 경우는 드물다. 물론 의료진이 주기적으로 환자의 상태를 확인하고 환자와 최대한 많은 시간을 보낼 필요성은 있다. 죽음을 앞둔 환자에게는 체온과 혈압을 체크하는 것보다 뺨을 문지르거나 어깨를 안아 주는 식의 인간적인 접촉이 더 필요하다.

생각이 바뀌는 경우

죽음에 대한 두려움 때문에 죽음에 임박해서 생각이 바뀌는 경우가 종종 있다. 공격적인 생명연장술을 절대 원하지 않는다고 수차례 못 박아 말해 놓고도 마지막 순간에 가서 911에 전화를 거는 사람을 많이 봤다. 이렇게 생각이 바뀌는 이유는 여러 가지다.

일단은 인간인 이상 기본적으로 삶을 사랑하게 되어 있다. 때로는 환자 자신의 마음이 바뀌는 경우도 있지만, 배우자나 자식이 아무런 조치도 취하지 않는 것은 삶을 포기하는 것이라며 환자를 설득하는 경우도 있다. 의사나 간호사가 좋은 의도로 '마지막으로 한 가지 치료법만 더' 시도해 보자고 권하는 경우도 있다. 그런가 하면 환자가 의사의 말하는 방식에 영향을 받기도 한다.

위독한 환자에게 의사가 "다른 방법을 시도할까요? 아니면 그냥 죽으실래요?"라는 식으로 묻는 모습을 여러 번 봤다. 그러면 환자는 백이면 백 죽고 싶지 않다고 대답한다. 이런 질문보다는 이렇게 차근히 설명해 주는 것이 옳다. "이제 선생님은 몇 달 전에 저희와 함께 논의했던 상황에 이르렀습니다. 생명이 거의 끝나가고 있습니다. 그때 합의했던 대로 단순히 생명을 연장하기 위해서가 아니라 고통을 줄여주는 조치를 받으실 때가 되었습니다."

애나벨은 가슴에서 등까지 이어지는 극심한 통증으로 응급실에 실려 왔다. 대동맥이 파열된 탓이었다. 대학 병원에서 신기에 가까운 응급 수술로 겨우 위기를 넘겼다. 의사들은 한 번에 동맥류 전체를 고칠 수는 없었기 때문에 나중에 나머지를 치료하기로 계획을 세웠다. 그런데 첫 수술에서 회복되던 중 심장정지가 발생했다. 그 바람에 애나벨은 심폐소생술을 받고 6주간 인공호흡기를 사용해야 했다. 다행히 상태는 좋아졌고 요양원에서 한 달을 지내다 의사들은 두 번째 수술을 시작했다.

그런데 이번에도 수술 뒤에 몇 주간 인공호흡기를 사용해야만 했다. 애나벨은 퇴원한 뒤 3주간 요양원에서 몸을 추스르고 집으로 돌아왔다. 수술 뒤에 처음 만난 자리에서 그녀는 나를 보자마자 이렇게 말했다. "다시는 그 끔찍한 기계를 쳐다보고 싶지도 않아요."

3년 뒤 애나벨은 심한 폐렴에 걸려 다시 응급실로 응급 후송되어 인공호흡기를 달게 되었다. 내가 다니는 병원으로 이송된 뒤에도 다시 한 달 동안 '그 끔찍한 기계'에 의지해 숨을 쉬었다. 인공호흡기를 떼자마자 그녀는 또 이렇게 말했다. "다시는 안 해요!"

그녀는 중환자실에서 나와 2주간 회복기를 거쳤다. 그러고 나서 다시는 그 어떤 기계를 통한 소생술도 원하지 않는다는 문서에 서명을 했다. 하루는 급한 호출에 찾아가 보니 그녀의 상태가 급격히 나빠져 숨을 쉬기 어려운 상황이었다. "애나벨, 일전에 우리가 얘기했던 날이 왔어요. 인공호흡기를 사용해 봐야 조금 더 살 뿐이에요. 하지만 그러지 않기로 결정했으니 이제 고통을 줄여 주는 조치를 취하도록 하겠습니다."

그러자 그녀가 다급한 목소리로 말했다. "안 돼요. 인공호흡기를 다시 달아 줘요."

어쩔 수 없이 남편에게 전화를 걸자 남편은 자신이 가서 아내와 이야기를 해 볼 테니 기다려 달라고 부탁했다. 하지만 남편이 도착했을 때는 그녀가 이미 혼수상태에 빠진 뒤였다. 남편은 의사결정 능력을 상실한 아내 대신 인공호흡기를 사용하지 않겠다는 결정을 내렸다. 애나벨은 한 시간 안에 편안하게 숨을 거두었다. 그리고 죽기 전에 남편의 손을 꽉 쥐었다. 그 순간, 남편은 옳은 결정을 내렸다는 확신을 얻었다. 살려는 욕구는 존중받아야 마땅하지만 때로는 그 욕구가 도를 넘기도 한다.

하지만 완화 간호가 매우 공격적인 조치를 필요로 하는 경우도 있다. 90세가 넘은 맥은 진행성 신부전으로 집에서 호스피스 서비스를 받으며 죽어 가고 있었다. 그의 가족은 그를 떠나보내지 않으려고 했지만 그는 그 어떤 공격적인 치료나 생명연장술도 받지 않겠다고 분명히 선을 그었다.

어느 날 밤, 그의 숨이 매우 가빠져 있었다. 내가 전화를 받지 못해 내 파트너가 그의 가족에게서 전화를 받고 911에 전화하라고 말했다. 이튿날 아침, 맥을 인계받기 위해 병원에 도착한 나는 그가 중환자실에 들어가 있는 것을 보고 불같이 노했다. 그는 몇 분 전에 이미 숨을 거둔 상태였다. 집에서 숨이 극도로 가빠졌기 때문에 가족들은 그가 그렇게 죽어 가는 모습을 차마 볼 수 없었던 것이다.

알고 보니 그는 'BiPAP'라고 하는 호흡을 돕는 기계에 연결되었다. 이것은 인공호흡기만큼 괴롭지 않으면서 생명 연장 없이 충분한 안위를 제공하는 기계다. 결과적으로, 내 파트너가 전화를 받아서 다행이라는 생각이 들었다. 내가 전화를 받았다면 병원에 입원할 것을 제안하지 않았을 테니까 말이다. 돌이켜보면 맥에 대한 응급 의료진의 조치는 적절했던 것으로 보인다. 그것은 어리석은 쪽으로 생각을 바꾼 경우가 아니라 환자를 깊이 배려한 조치였다.

죽음이 아름답지 않을 때

이 책의 이야기들을 읽다 보면 죽음이 항상 아름답고 평화스럽다는 착각에 빠질 수 있다. 안타깝게도 현실은 전혀 그렇지 못하다. 죽음은 처참하고 역겨운 경우도 많다. 죽음이 엄연히 죄의 결과이며 여전히 사탄의 영역에 속해 있다는 사실을 잊지 말아야 한다. 그리스도께서 이기시긴 했지만 죽음은 하나님의 거룩한 원 밖에 있다. 그리고 하나님은 우리에게 쉬운 죽음을 약속하신 적이 없다. 존 던은 죽기 직전에 이런 말을 남겼다. "하나님은 잘 살면 잘 죽을 것이라고, 쉽고도 조용한 죽음을 맞을 것이라고 말씀하시지 않는다. 하나님은 우리가 여기서 잘 살면 영원히 잘 살게 될 것이라고 말씀하실 뿐이다."[3]

잘 죽는 데 걸림돌이 되는 난관이 많다. 지금부터 그중 몇 가지 난관을 어떻게 다룰지 생각해 보자.

영적 의심

죽음 직전에 많은 것을 잃다 보면 하나님에 관해 의심이 들기 시작할 수 있다. 이 의심 때문에 우울증이 생길 수 있으며, 소망과 목적, 기쁨을 잃게 할 수도 있다. 어떤 이들은 남들에게 짜증을 내고 사랑하는 사람들과 거리를 둔다. 심지어 하나님께 등을 돌리기도 한다. 그들에게는 기도가 더 이상 무의미하게 느껴진다. 예전에는 하나님과 단둘이 시간을 보내면 심신이 충전이 되었지만 이제는 별로 감흥이 없다.[4] 그럴 때 영적 의심의 구름이 몰려온다.

의심과 자주 짝을 이루는 것으로 두려움이 있다. 심지어 독실한 크리스천들도 두려움을 느끼곤 한다. 그런데 죽음에 대한 두려움이 반드시 영적 나약함의 증거는 아니라는 점을 알아야 한다. 심지어 죽음을 두려워하지 않는 크리스천들도 죽는 과정에 대해서는 두려움을 느낄 수 있으며 이것은 전혀 잘못된 것이 아니다. 따라서 이런 두려움을 느끼는 사람들을 정죄할 것이 아니라 연민의 눈으로 바라보아야 한다. 얼마나 천국에 대한 확신이 없기에 이 세상을 떠나는 것에 슬퍼하냐며 마음속으로 손가락질을 해서는 절대 안 된다.

나의 좋은 친구 엠마는 대장암에 걸렸을 때 치료가 잘 진행되고 있는데도 계속해서 죽음을 떠올리며 불안해했다. 영생의 소망도 이생에 대한 미련을 없애지 못했다. 그녀는 이런 이중적인 태도가 영적 나약함의 증거라고 생각했다. 나는 그런 그녀의 어깨에 손을 얹고 부드럽게 말했다. "엠마, 그렇지 않아요. 하나님은 당신에게 신실한 남편과 사랑스러운 두 자녀, 눈에 넣어도 아프지 않을 다섯 명의 손자를 선물로 주셨어. 당신은 누구보다도 많은 복을 받았어요. 이 귀한 선물들을 놔두고 떠나기 싫은 것이 당연하지요. 전혀 아쉬워하지 않으면 하나님이 오히려 섭섭해하실지도 몰라요." 계속해서 살고 싶다고 해도 반드시 영적으로 약한 것은 아니다.

죽는 과정이 두려운가? 그렇다면 그것을, 하나님을 의지할 또 한 번의 기회로 삼으라. 빌리 그레이엄은 이런 글을 남겼다. "하나님은 그분을 믿는 자들에게서 죽음에 대한 두려움을 거둬가셨다. 두렵다고 해서 창피해할 필요는 없지만 하나님이 힘이 없는 자에게는 힘을, 비겁한 자에게는 용기를, 고통스러워하는 자에게는 편안함을 주실 것이니 안심해도 좋다."[5]

심지어 우리 주님도 죽음을 원치 않으셨다. 겟세마네 동산에서 주님이 하셨던 기도를 떠올려 보라. "내 아버지여 만일 할 만하시거든 이 잔을 내게서 지나가게 하옵소서 그러나 나의 원대로 마시옵고 아버지의 원대로 하옵소서"(마 26:39).

예수님은 우리만큼이나 죽음을 싫어하셨다. 그럼에도 그분은 죽음에 대한 자신의 감정보다 아버지의 뜻에 순종하기를 더 우선시하셨다. 토머스 무어 경은 이 구절을 묵상하면서 이런 글을 썼다. "이성만 두려움에 굴복하지 않는다면 두려움은 창피한 것이 아니다."[6]

죽음에 대한 두려움이 하나님의 선하심에 대한 의심으로 발전하는 경우도 많이 봤다. 그런 경우에는 하나님의 놀라운 역사를 경험했던 순간들을 돌아보면 도움이 된다. 이런 순간을 기억하면 죽어 가는 과정의 괴로움을 이겨 낼 힘이 생긴다. 청교도 리처드 백스터는 이런 말을 했다. "하나님은 내게 하셨던 약속을 한 번도 어기신 적이 없다. 나를 실망시키신 적도 없고 버리신 적도 없다. 그런데 어찌 마지막에 가서 그분을 의심할 수 있단 말인가?"[7]

휘튼 대학(Wheaton College)의 레이몬드 에드먼 박사는 "하나님이 빛 가운데서 보여 주신 것을 어둠 속에서 의심하지 말라"는 말로 유명하다. 사도 요한은 "사랑 안에 두려움이 없고 온전한 사랑이 두려움을 내쫓나니"(요일 4:18)라고 말했다.

세 번째 전략 '하나님의 깊은 사랑을 경험하라'를 기억하라. 남들에게 하나님의 위대한 사랑에 관해 이야기하고 그 사랑이 십자가를 통해 얼마나 분명히 드러났는지를 늘 떠올리면 두려움을 물리치는 데 큰 도움이 될 것이다.

지금 의심의 구름 가운데 있다면 성경의 약속을 반복적으로 인용해 보라. 몇 구절만 추천하면 요한복음 3장 16절과 5장 24절, 로마서 8장 32절, 37-39절, 요한일서 3장 1-2절이 좋다. 옛 성도들은 영적 의심이 몰려올 때 "주님, 이 죄인을 불쌍히 여기소서"라는 기도를 반복적으로 드렸다. 주님의 긍휼을 의지하면 믿음이 새롭게 솟아난다. 주님께 긍휼을 구하는 기도를 드리면 우리가 무엇을 잘했는지는 전혀 중요하지 않고 오직 그분이 해 주신 일만이 중요함을 다시금 기억하게 된다.

양면 감정

죽어 가는 사람들을 오랫동안 돌보면서 그들의 감정을 가만히 살펴보니 양면 감정을 보이는 사람이 꽤 많았다. 래리의 경우가 그랬다. 나는 그가 세상을 떠나기 이틀 전에 진료를 했다. 몇 년 전에 암에 걸린 그는 얼마 있지 않아 죽을 것을 알면서도 암에 걸린 사실을 애써 잊어버리려고 했다. 그는 나를 비롯한 어떤 의사에게도 수술 같은 치료를 받지 않겠다고 공언했다.

그러던 어느 날 그의 아내가 내게 전화를 걸어 남편이 극심한 고통에 몸부림치고 있다고 말했다. 아내는 그가 나를 찾는다고 했다. 그날 밤 그의 집에 가 보니 그는 하루 종일 고통에 시달린 탓에 극도로 쇠약해져 있었다. 죽음이 얼마 남지 않은 듯했다. 그런데 그가 뜻밖의 말을 했다. "죽고 싶지 않아요!"

그 심정은 이해가 갔다. 세상에 죽고 싶은 사람이 어디 있겠는가. 나는 생명을 연장시킬 방법은 없지만 고통은 꽤 줄여 줄 수 있다고 설명했다. 나는 죽지 않기 위한 유일한 방법은 지금처럼 계속해서 고통을 받으며 사는 길밖에 없고 그런 의미에서 죽음이 그리 나쁜 대안은 아니라고 그를 설득했다. 그러자 그는 깊은 한숨을 내쉬며 대답했다. "그런 것 같네요."

죽음이 임박하면 이런 양면의 감정이 나타나기 쉽다. 병과 그로 인한 고통스러운 치료는 싫지만 그래도 살고는 싶은 것이 인지상정이다.

가족 간의 갈등

그렇지 않아도 힘든 환자가 가족 내의 분란으로 인해 더 힘들어지는 모습을 볼 때마다 안타깝기 그지없다. 밀드러드는 백세가 넘으면서 침대에서 죽음을 기다리기 시작했다. 하지만 결국 그녀의 생명을 앗아간 것은 노화가 아니라 비극적인 사건이었다.

그녀의 두 아들은 말년에 불화한 모습으로 지독하게 그녀의 속을 썩였다. 두 아들은 수년 동안 서로 말 한마디 섞지 않았다. 죽음을 목전에 둔 어머니가 애원을 해도 두 불효자는 화해할 생각을 하지 않았다. 장남은 어머니 곁을 떠나지 않으려고 하고 차남은 한사코 형의 곁에 오지 않으려고 하는 바람에 결국 밀드러드는 둘째아들을 보지 못하고 눈을 감았다.

오랫동안 이어지는 갈등이 있는가 하면 죽음 직전에 빚어지는 갈등도 있다. 부모의 치료를 둘러싸고 자녀들이 의견 대립을 빚는다. 한 사람은 소생법을 주장하고 다른 사람은 절대 안 된다고 고집을 부린다. 가족 가운데 한 사람이라도 환자를 놔주지 못하면 온 가족이 힘들어지고 환자는 죄인이 된 것 같아 안절부절못한다.

육체적 고통

육체적 고통은 여러 가지 면에서 죽어 가는 환자와 주변 사람들을 힘들게 만든다. 한꺼번에 몰아치는 고통의 강도가 심할 수도 있지만 때로는 고통이 오래 지속되는 것이 괴로울 수도 있다. 가족 모두가 곧 닥칠 죽음에는 준비가 되었지만 환자가 계속해서 사는 상황에 대해서는 준비가 되어 있지 않을 수 있다.

벤은 폐기종으로 죽어 가고 있었다. 그는 모든 중요한 결정을 내리고 소생법이나 인공호흡기 같은 공격적인 치료를 받지 않겠다는 뜻을 분명히 밝힌 상태였다. 하루는 폐기종이 심해져 병원에 실려 갔다가 이내 혼수상태에 빠졌다. 자녀들은 아버지가 오래 살지 못할 줄 알고 처음에는 24시간 내내 곁을 지켰다. 그는 아무런 반응도 없었고 어떤 약이나 음식물도 먹지 않았기 때문에 나도 그가 곧 숨을 거두리라 판단했다. 그런데 오산이었다. 그는 거의 2주를 생존했다. 그 사이에 자녀들이 하나둘 곁을 떠나가더니 결국 그가 숨을 거두는 순간에는 혼자였다.

어떤 경우에는 육체적 고통의 강도가 아닌 지속이 환자의 마지막 시간을 매우 힘들게 만든다. 고통과 숨 가쁨, 구토, 설사, 걱정 같은 증상을 적절히 다스리지 않으면 죽는 과정이 괴로워진다. 이런 고통을 없애거나 최소한 완화시킬 수 있는 수단이 존재하지만 이런 수단을 간과하거나 거부하는 경우도 있고, 완화 치료가 아예 통하지 않는 경우도 있다.

잘못된 의료 관행과 무관심, 심지어 간병인의 냉담으로 이런 일이 발생한다. 병원 간호사들이 호출 버튼에 반응하지 않는 경우도 있다. 호스피스 간호사들은 돌봐야 하는 환자가 너무 많아서 각 환자를 제대로 챙기지 못하는 경우가 있다. 의사들이 진통제 사용에 관한 훈련을 제대로 받지 못한 경우도 있다. 그런가 하면 환자나 간병인이 고통이 얼마나 심한지 책임자에게 제대로 설명하지 못해 적절한 조치가 취해지지 않는 경우도 있다. 따라서 때로는 가족들이 나서서 환자의 고통을 알리고 도움을 요청해야 한다.

의사나 간호사가 당연히 환자의 고통을 알 것이라고 생각해서는 안 된다. 안타깝지만 우는 아이 젖 준다는 말이 여기서도 통한다. 나는 훌륭한 간호사들과 함께 일하지만 나 역시도 우리 간호사들이 환자의 고통을 외면했다는 항의를 받곤 한다. 병원에서 환자의 고통을 제대로 다루지 않는다는 느낌이 들면 끙끙 앓지만 말고 완화 치료를 전문으로 하는 의사와 상담하고 싶다는 의사를 전하라. 그 병원에 그런 의사가 없다면 다른 병원에서라도 의견을 구해야 한다.

하지만 환자가 현재 가능한 최상의 치료를 받고 있는데도 여전히 고통으로 몸부림치고 있다면 어떻게 해야 할까? 다행히도 그런 경우는 극히 드물다. 언제나 여러 가지 대안이 있다. 그런 대안 가운데 하나는 '말기 진정'(terminal sedation)이다. 이것은 환자가 고통을 느낄 만큼의 의식이 없도록 진정제를 투여하는 것이다. 이것은 수술 마취와 비슷하다. 환자는 죽기 전까지 계속해서 잠을 자게 된다.

이 조치에 대해서는 꽤 논란이 있다. 그것은 환자가 생존하기 위한 경구 섭취를 할 수 없기 때문이다. 내 판단에 '말기 진정'은 윤리적인 선택이다. 또 다른 방법은 '음식과 음료 섭취를 자발적으로 끊는 것'이다. 나는 죽어 가는 환자에게 음식과 음료를 끊어 죽음을 앞당기는 방안을 제안해도 괜찮다고 생각한다. 환자를 억지로 굶겨서는 안 되지만 죽어 가는 사람이 스스로 굶는 것은 잘못이 아니다. 이것은 자살이 아니라 죽음을 미루지 않겠다는 선택일 뿐이다. 앞서 말했듯이 식욕 상실은 죽어 가는 과정의 자연스러운 일부다. 따라서 몸에서 받지 않는데도 억지로 먹거나 남에 의해 강제로 먹는 것은 고통만 가중시킬 뿐이다.

'말기 진정'보다 더 문제인 것은 역시 죽음 직전의 고통을 덜어 주기 위한 방법들인 안락사와 의사 조력 자살이다. 고통스럽게 죽어 가는 사람들이 안쓰럽기는 하지만 의사 조력 자살은 옳지 않다고 본다. 생명연장술을 제공하지 않고 죽게 놔두는 것과 실제로 죽이는 것은 엄청난 차이가 있다. 성경은 오직 하나님만이 죽음의 시간을 정하실 수 있다고 분명히 말한다. 따라서 우리 마음대로 이런 결정을 내리는 것은 죄다. 의사 조력 자살을 선택하는 사람들의 가장 흔한 이유는 고통 자체나 고통에 대한 두려움이 아니라 삶의 통제권을 잃지 않으려는 교만한 태도에서 기인한 것이다.[8]

성경적인 태도는 이와 전혀 다르다. 진정한 신앙인이라면 죽음 앞에서 삶의 통제권을 내려놓아야 한다. 죽음이 아무리 두려워도 자기 손으로 자신의 목숨을 끝내는 것은 옳지 않다.

사랑하는 사람들이 무엇을 해 줄 수 있을까?

"어떻게 도와드릴까요?"

사람들은 죽어 가는 사람에게 이렇게 말하곤 한다. 물론 좋은 의도로 하는 말이겠지만 그리 지혜로운 말은 아니다. 이런 말은 그렇지 않아도 하루하루 버티기 힘든 사람에게 도리어 짐을 더해 주는 말이다. 이런 말이 어떤 부담감을 주는지 잠시 생각해 보라.

이것은 환자에게 우리의 능력과 관심 분야를 판단하고 자신에게 무엇이 필요한지 깊이 고민한 다음 먼저 연락을 취해 무엇을 어떻게 해 줄지 요구하라는 말이다.[9] 때로는 우리가 무엇을 해 줄 수 있는지 알아서 판단해서 그것을 해 주는 것이 최선이다.

죽어 가는 사람과 함께 시간을 보내라

죽음을 앞둔 대부분의 환자들은 사람들이 찾아와 주는 것을 좋아한다. 단, 문안객들은 환자의 마음을 잘 헤아려서 행동해야 한다. 과거를 회상하거나 진지한 토론을 하는 식의 대화를 좋아하는 사람들이 있다. 그럴 때는 재미있었던 사건을 꺼내며 함께 한바탕 웃어도 좋다. 반면 사람들이 오는 것은 좋지만 시끄러운 것은 싫어하는 사람들도 있다. 그런 환자를 찾아갈 때는 시간을 때울 읽을거리를 가져가면 좋다.

어떤 사람들은 내 친구 시드처럼 조용한 음악을 좋아한다. 그래서 가족들은 문안객들에게 찬송가를 불러 주거나 유명한 복음성가의 가사를 읽어 달라고 부탁했다. 나 같은 경우에는 사람들이 내 방에 앉아 텔레비전을 보는 것을 좋아하지 않는다. 환자가 대화를 좋아하지 않더라도 뭔가를 읽어 주는 것은 싫어하지 않을 수 있다. 이런 상황에 적합한 양서가 많지만 그중에서도 최고봉은 성경이다.

교회에서 금하지 않는다면 환자와 함께 성찬식을 해도 좋다. 성찬식은 그리스도의 사랑과 그분의 죽음으로 죽음이 쏘는 것을 잃었다는 사실을 기억하는 귀한 시간이다. 물론 함께 기도하는 시간은 항상 좋다. 부드러운 터치는 언제나 불가사의한 힘을 발휘한다. 포옹을 좋아하는 사람도 있고 그저 곁에 앉아서 손을 잡아 주는 것을 원하는 사람도 있다. 때에 따라 목이나 이마, 발을 쓰다듬어도 좋다.

환자와 고통이나 죽음의 의미에 관해 이야기를 나눌 때는 섣불리 피상적인 답을 내놓지 마라. 답을 내놓는 것보다 조용히 듣고 격려하는 편이 적절할 때가 많다.

이런 상황에서 우리가 자주 하는 말 가운데 하나는 "얼마나 힘드신지 잘 압니다"라는 것이다. 존 파인버그는 자신의 고통을 피력한 책에서 그 말이 얼마나 잘못된 말인지 날카롭게 지적했다.[10]

우리는 환자가 얼마나 힘든지를 절대 알 수 없다. 스스로 비슷한 상황을 겪었거나 똑같은 상황에 처한 사람을 곁에서 지켜봤다고 해도 환자가 얼마나 힘든지 다 안다고 말할 수는 없다. 따라서 이렇게 말하는 편이 더 현명하다. "얼마나 힘드세요? 마음이 너무 아픕니다."

죽어 가는 사람들과 함께 시간을 보내고 임종 자리를 지키면 환자만이 아니라 우리 자신에게도 유익하다. 삶의 소중함을 새삼 느끼고 자신의 죽음도 준비할 수 있기 때문이다. 내 환자 가운데 임종 자리에 있어 본 사람이 얼마나 될까 싶다. 그래서인지 죽음에 대한 두려움이 대단하다. 하지만 죽음의 자리에 가 본 사람은 그 두려움이 훨씬 덜하다.

우리 어머니가 사는 은퇴자 주택 내에는 요양원이 들어서 있다. 죽음이 임박했을 때 함께 있어 줄 사람이 없는 거주자들은 요양원으로 옮겨진다. 이 주택에는 "죽어 가는 사람 곁을 지키겠다"라고 말하는 자원자가 8명이 있다. 어머니가 이 자원자 가운데 한 명이어서 얼마나 뿌듯한지 모른다. 어머니는 환자 옆에서 찬양을 불러 주고 팔다리를 주물러 주며 때로는 조용히 곁에 앉아 있어 준다. 어머니는 여러 가지 모습의 죽음을 보았기 때문에 자신의 죽음에 대해 꽤 준비가 되어 있다.

환자에게 솔직하게 말하라

죽어 가는 사람들은 죽음이 임박했다는 사실을 정확히 알고 있는 경우가 많다. 그런데 나는 문안객들이 누가 봐도 숨이 넘어가기 직전인 환자에게 "건강해 보이세요!"라고 하는 말을 정말 많이 들었다. 물론 환자를 격려하려는 마음은 충분히 이해가 간다. 하지만 아무리 그렇다 해도 그것은 얄팍한 거짓말일 뿐이다. 그보다는 이렇게 말하는 게 어떨까? "얼마나 사실지 모르겠지만 지금 당신을 볼 수 있어서 얼마나 감사한지 몰라요. 당신이 떠나고 나면 정말 그리울 거예요."

러시아 소설가 레오 톨스토이는 정직의 중요성을 깨닫고서 죽어 가는 사람에게 사실을 솔직하게 말하지 않았을 때 생기는 비극을 다음과 같이 묘사했다.

> 이반 일리치를 가장 괴롭힌 것은 그가 죽어 가지 않고 단순히 아플 뿐이라는 거짓말이었다. 어떤 이유로 그들 모두는 그가 조용히 지내면서 치료를 받기만 하면 아주 좋아질 거라는 기만을 받아들이고 있었다. 하지만 그는 그들이 아무리 애를 써도 소용이 없고 오히려 투병과 죽음의 고통만을 더해 줄 뿐이라는 점을 잘 알고 있었다. 그들도 알고 그도 알고 있는 사실을 인정하지 않으려는 그들. 그의 절망적인 상황에 대해 거짓말을 하고 그에게도 그 거짓에 동참하라고 설득하고 강요하는 그들. 이 기만이 그를 괴롭혔다.[11]

소망을 전해 주라

앞서 우리는 소망의 중요성에 관해 논했다. 죽음이 눈앞에 이른 순간에도 소망은 여전히 중요하다. 의료진이 곧 사망할 거라고 말해도 그 시간이 얼마나 걸릴지는 아무도 알 수 없다. 나는 죽어 가는 환자들을 오랫동안 돌봐 왔지만 환자의 남은 수명에 대한 나의 예측은 지금도 번번이 빗나간다. 예상보다 훨씬 더 오래 사는 사람들이 계속해서 나타난다. 심지어 병상에서 다시 일어나 오랫동안 꽤 건강하게 사는 사람도 있다.

따라서 우리는 주님이 옳은 일을 하시리라는 확신으로 매일같이 삶의 소망을 전해 주어야 한다. 아울러 천국의 소망도 과감히 전해야 한다. 천국에서 무엇을 하고 싶은지 물어보라. 과연 천국은 어떤 모습일까? 요한계시록의 끝 부분을 함께 읽으라. 로마서 8장을 읽어 주면서 영원한 미래를 설명해 주라. 그중에서도 가장 중요한 것은 전략 2에서 살핀 것처럼 하나님에 대한 소망을 기억하는 것이다. 하나님은 강하고 사랑이 많으시며 반드시 그분의 목적을 이루실 것이다.

복음을 전하라

크리스천으로서 우리는 죽어 가는 사람이 죽기 직전에라도 죄를 회개하고 예수님을 믿어 영생으로 들어갈 수 있다는 희망을 놓지 말고 끝까지 그리스도의 희생적인 죽음에 관한 복음을 전해야 한다. 예수님의 옆에서 죽은 강도는 죽기 몇 시간 전에 영생을 얻었다. 누구든지 그렇게 될 수 있다. 죽기 전까지도 예수님이 자신을 위해 돌아가셨다는 복된 소식을 듣지 못한 사람이 있다면 너무 늦기 전에 복음을 전하라.

사람들이 건강할 때 복음을 거부하는 이유 가운데 하나는 혼자서도 얼마든지 살아갈 수 있다고 믿기 때문이다. 하지만 죽음이 다가오고 자신이 곧 하나님 앞에 서게 된다는 사실을 깨달으면 복음을 받아들일 가능성이 그만큼 커진다. 이와 관련해서 나는 이런 표현을 자주 사용한다. "비행기가 추락하고 있어 살 시간이 몇 초밖에 남지 않았으면 복음을 듣고 하나님께 구해 달라고 울부짖지 않을 사람이 몇이나 될까?"

복음에 관한 이야기를 꺼내는 것조차 싫어하는 사람들도 있지만 내 경험상 기도해 주겠다고 말했을 때 뿌리치는 사람은 거의 없었다. 기도하면서 복음을 전하면 훨씬 더 자연스럽다.

미리 슬퍼하고 계획하라

우리는 사랑하는 사람을 잃기 전에 미리 슬픔을 느낀다. 이 감정을 터놓고 이야기하면서 푸는 것이 좋다. 이 과정은 양방향으로 진행되어야 한다. 먼저, 가족들은 환자에게 그가 떠나면 너무도 그립고 자신들의 삶이 크게 달라질 거라고 말해야 한다. 환자도 그들에 대한 깊은 사랑을 표현해야 한다. 상대적으로 젊은 나이에 죽음이 찾아올 때는 특히 더 이런 과정이 필요하다.

아버지는 딸에게 결혼식과 손자들을 보지 못해 슬프다고 솔직히 고백해야 한다. 그러면 딸이 자신의 슬픔을 다스리는 데 도움이 된다. 또한 아버지가 떠난 뒤의 삶에 관해 논하는 것이 좋다. 남은 사람들이 아버지의 빈자리를 어떻게 채워야 할까? 이외에도 여러 가지 주제를 논해야 한다.

재정 문제에서 집 관리까지 아버지의 사후에 처리해야 할 일이 수만 가지다. 배우자에게는 재혼이나 성욕, 자녀 양육 같은 문제가 중요하다. 이런 대화를 나눌 때는 절대 집을 팔지 않거나 재혼하지 않겠다는 식의 지키지도 못할 약속을 남발하기 쉽기 때문에 그러지 않도록 조심해야 한다. 이런 대화의 목적은 변화가 닥칠 때 상황을 잘 처리할 수 있도록 준비하는 것이다.

떠나보내라

세상에서 가장 힘든 일 가운데 하나는 아무런 미련 없이 사랑하는 사람을 떠나보내는 것이다. 가족으로서 사랑하는 사람을 붙잡고 싶은 것은 너무도 당연하다. 사랑하는 사람을 떠나보내지 못하는 이유는 대개 수긍할 만한 이유다. 혼자 어떻게 살아갈지 몰라 아버지를 떠나보내지 않으려는 것은 충분히 이해할 만한 이유다.

그런가 하면 받아들일 수 없는 이유도 있다. 오랫동안 방치한 데 대한 죄책감 때문에 환자를 억지로 이 세상에 붙잡아 두려는 것은 어찌 보면 자기 욕심이다. 딸 잔에게 꽤 오랫동안 지극정성으로 보살핌을 받은 레나가 기억난다. 레나는 말기 암에 걸려 호스피스 서비스를 받았다. 어머니가 오늘내일 하는 모습을 보이자 딸은 10년 동안 연락을 끊고 살던 캘리포니아의 삼촌 제이에게 연락을 취하기로 어렵게 마음을 먹었다.

그런데 제이는 오자마자 레나를 당장 병원에 입원시켜야 한다고 난리를 쳤다. "사랑하는 누나를 이대로 보낼 수 없어!"

말할 것도 없이 그의 뜻은 이루어지지 않았다. 때로 죽을병에 걸린 환자가 가족들을 실망시킬 수 없어 억지로 삶의 끈을 붙잡고 있는 경우가 있다. 그들은 죽고 싶으면서도 어쩔 수 없이 의사에게 생명연장술을 부탁한다. 나는 가족들에게서 이제는 가도 좋다는 말을 듣고 나서 안심하고 편히 쉬는 환자를 많이 보았다. 가족들에 대한 부담감에서 해방된 환자들이 그렇지 않은 환자들보다 편안하게 죽는 경우가 많다.

죽음이 임박했다는 것을 느낄 수 있는가?

스데반 집사는 돌에 맞아 죽을 때(행 7 참조) 하늘에 계신 예수님에 대한 환상을 보았다. 사도 바울은 천국으로 들려 올라가는 임사 체험에 관한 이야기를 했다. 이처럼 하나님은 우리가 이 땅을 떠나기도 전에 영광의 맛보기를 보여 주실 수 있다. 나는 비슷한 경험담을 많이 들었고, 그 말들을 진심으로 믿는다. 이것은 하나님이 소수에게만 주시는 선물이다. 이 얼마나 큰 복인가!

이런 경험은 당사자뿐 아니라 주변 사람들에게 믿음에 대한 더 큰 확신을 심어 준다. 내 친구 칼은 몇 년 전 아내 베스티가 세상을 떠난 뒤에 내게 이런 내용의 편지를 보내왔다. 베스티는 염증성 장 질환으로 오래도록 고생하다가 50대 초반 젊은 나이에 세상을 떠났다. 칼은 죽어 가는 아내의 손을 꼭 잡고 있었다. 그런데 죽기 직전 아내는 손을 하늘로 들며 말했다. "오 여보, 너무 아름다워요!"

칼은 그 짧은 말이 말할 수 없는 위로가 되었노라 고백한다. 그 순간, 아내의 죽음이 훨씬 더 편안하게 느껴졌고, 용기가 없어 여태껏 전도 한 번 하지 못했던 그가 예수 그리스도의 복음을 전하겠다는 열정으로 불타올랐다.

예수님 안에서 쉬라

이제 죽음의 순간에 이르렀다. 이제 삶의 통제권을 주님께 맡길 마지막 기회가 눈앞에 있다. 더 이상 아무것도 할 필요가 없다. 그저 주님 안에서 쉬기만 하면 된다. 싸움은 끝났고 승리가 확정되었다. 이제 영원한 본향으로 들어갈 수 있다. 이 세상의 것들에 이미 작별을 고했다. 미련은 다 버렸고, 주님의 부르심에 기꺼이 응답하여 그분의 품에 안길 준비를 완벽히 끝냈다. 자녀가 집으로 오라는 부르심에 두려움 없이 응답하면 하나님이 영광을 받으실 게 분명하다.

하나님은 죽는 순간에도 우리와 함께해 주겠노라 약속하셨다.

> 내가 사망의 음침한 골짜기로 다닐지라도 해를 두려워하지 않을 것은 주께서 나와 함께 하심이라 주의 지팡이와 막대기가 나를 안위하시나이다 (시 23:4).

죽음의 순간, 그 어느 때보다도 하나님이 소중해진다. "이는 만물이 주에게서 나오고 주로 말미암고 주에게로 돌아감이라 그에게 영광이 세세에 있을지어다 아멘"(롬 11:36).

이 구절의 의미가 더없이 가슴 깊이 그리고 현실적으로 다가온다.

인생을 잘 마무리하기 위한 마지막 전략은 단순하면서도 심오하다. 죽음은 예수님 안에서 쉴 기회다. 그만 미련을 버리라. 더 이상 우리가 무엇을 할 수 있는지, 무엇을 잘했는지, 무엇을 잘못했는지에 관해서 생각할 필요가 없다. 이제 주님이 해 주신 일 안에서 편히 쉬기만 하면 된다. 주님이 우리를 위해 돌아가신 덕분에 죽음의 가시는 사라졌다. 주님은 걱정하지 말고 그분 안에서 쉬라고 말씀하신다.

기도

예수님, 구원의 약속 너무도 감사합니다. 당신을 믿고 당신 안에서 평안과 기쁨을 누리고 싶은 마음이 간절합니다. 하지만 한편으로는 불안하기도 합니다. 과연 제 차례가 오면 이 안식을 누릴 수 있을까요? 아니면 여느 사람들처럼 몸부림치게 될까요?

주님, 나의 믿음 없는 것을 도와주소서. 저를 집으로 부르실 때 당신 안에서 쉴 수 있도록 제 믿음을 키워 주십시오. 그럴 때 제 죽음이 당신께 영광이 될 줄 믿습니다. 예수님 이름으로 기도드립니다. 아멘.

묵상

내 평생에 힘쓸 그 큰 의무는 주 예수의 덕을 늘 기리다가
숨질 때에라도 내 할 말씀이 이전보다 더욱 사랑합니다.
_ '내 주 되신 주를 참 사랑하고', 윌리엄 페더스톤 (1864)

부록 1. 건강을 유지하기 위한 조언

건강은 젊은 시절 수많은 선택의 결과일 때가 많다. 건강에 꼭 필요한 몇 가지를 살펴보자.

운동

아마도 건강에 가장 중요한 것은 규칙적인 운동일 것이다. 예전에 친구에게서 노인병 전문의 로버트 버틀러의 말을 인용한 카드를 받았던 기억이 난다. "만약 운동을 알약으로 구매할 수 있다면 전국에서 가장 많이 처방되고 가장 이로운 약이 될 것이다."

넘어지고 골절이 발생하지 않도록 근육의 강도와 긴장도, 균형을 유지하려면 육체적 활동을 열심히 해야 한다. 아울러 콜레스테롤과 혈당, 혈압, 몸무게를 관리하는 것도 중요하다. 그렇게 하면 뼈가 강해져서 골절이 더 줄어든다.

운동은 스트레스를 크게 줄여 감정적인 건강까지 유지시켜 준다. 운동을 다른 사람들과 함께하면 사회 활동의 창구가 되고, 혼자서 하면 고독과 침묵을 훈련하는 시간이 될 수 있다. 걷기만큼 좋은 운동은 없다. 하지만 수영과 자전거 타기, 에어로빅, 태극권 같은 활동도 몸에 매우 좋다.

뭐든 일주일에 3시간 이상 하기를 권한다. 걷기와 같은 유산소 운동과 함께 근력과 균형을 유지하기 위한 가벼운 웨이트트레이닝을 병행하면 좋다. 원예는 힘이 꽤 들어가는 취미로, 즐기면서 필요한 운동 효과를 얻을 수 있다.

그래도 운동할 마음이 생기지 않는다면 다음 통계를 보라. 인간의 근육량은 약 30세에 최대치에 이른다. 그 뒤로 근육량은 잘 유지된다. 하지만 60대에 이르면 몸 관리를 위해 특별히 노력을 기울이지 않는 한 매년 약 1퍼센트씩 줄어든다. 70대에는 2퍼센트, 80대에는 4퍼센트, 90대에는 8퍼센트씩 줄어든다.[1] 계산이 느린 사람이라도 운동하지 않으면 죽기 전에는 근육이 거의 남지 않으리라는 것을 알 수 있다.

보조 도구들을 쓰면 어떨까? 보조 도구에는 지팡이에서 스쿠터까지 다양한 종류가 있다. 중요한 질문은 "이 기구를 사용하면 더 강해질까 약해질까?" 하는 것이다. 예를 들어, 지팡이와 보행기를 사용하면 안정적으로 걸을 수 있고 운동도 더 할 수 있다. 반면, 휠체어와 스쿠터를 사용하면 덜 걷게 되어 몸이 약해진다. 물론 집 안에 갇혀 있을 수밖에 없는 사람에게 외출의 자유를 선사한다는 긍정적인 측면은 있다. 하지만 그런 장점을, 몸을 약화시킨다는 단점과 비교해서 사용 여부를 신중히 결정해야 한다.

식사

식사는 분명 건강에 영향을 미친다. 과연 건강식이 무엇인가에 대해서는 의견이 분분하지만 좋은 식습관에 대한 가이드라인은 그리 복잡하지 않다. 지방과 가공 전분은 줄이고 섬유질과 과일, 채소를 늘리는 것이 건강식이라는 점에는 이견의 여지가 없다. 아울러 원하는 만큼이 아니라 필요한 만큼의 칼로리를 섭취해야만 한다.

건강보조제도 잘 알아보고 먹어야 한다. 건강보조제에 관해서는 확실한 연구는 부족하고 의견만 분분해서 판단하기가 정말 힘들다. 내가 볼 때 어떤 이유로 섭취 가능한 음식의 종류가 제한돼 있는 사람들은 종합비타민을 꼭 복용해야 한다. 칼슘과 비타민 D가 꼭 필요하다는 믿을 만한 연구 결과도 나와 있다.

이외에는 뭐가 꼭 필요하다고 단정 지어 말하기 어렵다. 비타민을 비롯한 건강보조제를 많이 복용해서 좋아졌다는 사람도 있고 전혀 체감하지 못한다는 사람도 있다. 건강보조제를 전혀 복용하지 않는 경우도 마찬가지다. 어떤 사람들은 건강하고 어떤 사람들은 그렇지 않다. 건강보조제를 맹신하는 사람들에게는 이 이야기를 해 주고 싶다.

테드와 네드는 매일 함께 산책을 하는 친구 사이였다. 그런데 산책을 할 때 네드는 꼭 큼지막한 빨간색 선글라스를 꺼내서 꼈다. 한동안 지켜보던 테드가 궁금해 이유를 물었다. "이보게, 그 보기 싫은 물건은 왜 쓰고 다니는 건가?"

그러자 네드가 자랑스럽게 말했다. "이걸 쓰고 다니면 코끼리들이 내게 덤벼들지 않거든."

테드는 믿을 수 없다는 표정으로 쳐다보며 다시 물었다. "그래? 코끼리가 언제 자네에게 덤볐던 적이 있나?"

네드의 대답이 가관이었다. "없지. 그러니까 이 선글라스가 대단한

게 아니겠는가."

건강보조제를 복용하고 있다면 단순히 남들이 추천한다는 이유만으로 진짜 효과가 있으리라 단정하지 마라. 당신 자신에게 실제 효과가 있는지 잘 살펴보라. 아울러 그것이 약에 심각한 영향을 끼칠 수 있으니 의사에게 무엇을 복용하고 있는지 알리는 것이 좋다.

예방을 위한 건강검진

50세 이후로는 1년마다 건강검진을 받을 것을 추천한다. 건강검진은 현재 나타난 증상과 다른 질병 여부를 확인하고 혈압, 혈당량, 콜레스테롤 수치를 측정하는 것이다. 건강검진을 할 때 아예 당신의 건강관리법을 점검하고 식습관과 운동에 대한 조언을 듣는 것이 좋다. 예방접종을 빼먹은 것이 있으면 보충해야 한다. 암 검사는 중년 이후로 꼭 필요하다. 75세 이후로는 이런 암 검사 중 일부에 대해 논란이 있으므로 1차 진료의와 상의하는 것이 좋다.

좋은 의료

나의 큰 기쁨 가운데 하나는 내 환자들이 활동적으로 주님을 섬길 수 있도록 양질의 의료를 제공하는 것이다. 이를 위해 어떤 환자들에게는 콜레스테롤 수치나 혈압을 낮춰 뇌졸중이나 심장마비를 예방하는 약을 처방한다. 다른 환자들에게는 원활한 보행을 위해 골반이나 무릎관절 치환술을 추천한다. 이 수술을 받으면 운동 능력을 보존할 수 있고, 몸의 나머지 부분들을 건강하게 유지하는 부수 효과도 있다. 이외에도 무수히 많은 치료법이 있다. 치료를 통해 정상적인 기능을 유지할 수 있다면 하나님이 맡겨주신 몸의 선한 청지기로서 최대한 치료를 하는 것이 옳다.

지적 기능을 돌보라

노인의 지적 능력 하락에는 세 가지 범주가 있다. 첫째, 우리 모두는 '양성 노인성 건망증'(benign senescent forgetfulness)을 경험하게 된다. 일부 사람들은 치매에 걸리는데, 알츠하이머병이 가장 흔하다. '경도 인지 장애'(mild cognitive impairment)에 걸리는 사람들도 있다. 이것은 치매의 초기 증상이지만 양성 건망증과 구분하기 어렵다.

연구에 따르면 적극적인 뇌 활동을 유지하면 건망증이 줄어들지만 치매에는 별로 효과가 없다고 한다. 그럼에도 지적인 활동을 열심히 하는 것이 바람직하다. 좋은 책을 읽고 토론하는 모임에 참여하라. 십자말풀이와 숫자 게임, 카드 게임, 보드 게임, 뭐든 좋다. 가만히 앉아서 텔레비전만 보지 마라. 텔레비전은 '아무 생각 없게' 만드는 바보상자다. 현재 치매 치료는 유아 단계다. 지금 나와 있는 약들이 도움이 되기는 하지만 제대로 효과를 발휘하는 치료제는 몇 십 년 더 기다려야 할 듯하다.

부록 2. 생명연장술에 관한 실제적 조언

생명을 꽤 오래 연장시킬 수 있는 의학 기술은 수없이 많다. 이런 기술을 사용할지 말지는 죽음을 앞둔 사람들의 공통적인 딜레마다. 몇 가지 기술을 좀 더 자세히 살피면서 이런 기술의 사용과 관련된 손익을 따져 보자.

심폐소생술(Cardiopulmonary Resuscitation, CPR)
수천 년 동안 죽음은 언제나 심장 정지와 호흡 정지 형태로 찾아왔다. 다른 형태의 죽음은 없었다. 그리고 죽으면 그것으로 끝이었다. 심장과 호흡이 막 정지한 사람을 살려낼 방법이 나타난 것은 불과 반세기 전의 일이다. 주된 방법이 바로 심폐소생술이다.
우리 모두는 언젠가 심장 정지를 경험하게 된다. 따라서 특별한 경우가 아니면 심폐소생술은 우리 모두가 경험하게 되는 유일한 의학 기술이다. 우리 사회는 죽음의 순간 모든 사람에게 심폐소생술을 적용하기로 합의했다. 이런 의학 기술은 심폐소생술이 유일하다. 나머지 기술은 사용하기 위해 동의가 필요하다. 하지만 심폐소생술은 오히려 사용하지 '않기' 위해서 동의가 필요하다.
기본적인 절차는 먼저 심장 박동을 전기적으로 재개시키기 위해 가슴에 강한 전기 충격을 가하는 것이다. 그런 다음에는 물리적으로 가슴을 압박해 심장이 뛰게 만든다. 제세동기로 최대한 빨리 심장에 전기 충격을 가하고 약물 주입을 위해 정맥 주사선을 설치한다. 심폐소생술이 성공하면 심장은 다시 뛰고 혈액순환이 회복된다. 심폐소생술 도중에 뇌가 충분한 산소를 공급받으면 손상 없이 회복되어 환자는 즉시 정상 생활로 돌아갈 수 있다.

심폐소생술의 효과는 엄청나다. 한 의사가 병원에서 쓰러져 급사했다가 살아난 이야기를 들었다. 그는 동료들에게 심폐소생술을 받고 병원에 이틀을 입원해 있었다. 그리고 2주간을 쉰 뒤에 일터로 돌아왔다.

하지만 문제점도 있다.

첫째, 성공률이 100퍼센트는 아니다. 수년 전에 발표한 한 연구에 따르면, 병원에서 심장 정지 후 심폐소생술을 받은 환자 100명 중에서 70명이 살아나지 못했다. 생존한 30명 가운데 20명은 병원을 나가기 전에 죽었고, 나머지 10명 가운데 살아서 병원을 나간 6명은 5년 뒤까지도 살아 있었다.[1]

생존율이 크게 높아지는 곳 가운데 하나는 중환자실이다. 중환자실에서는 심장이 정지하면 즉시 인식하고 재빨리 조치가 이루어지기 때문이다.

전반적으로 심폐소생술의 성공 여부는 환자에게 다른 질병이 얼마나 많으냐에 따라 달라진다. 환자가 암이나 치명적인 감염 같은 다른 병으로 죽어 가고 있을 때는 심폐소생술이 거의 효과가 없다.

둘째, 뇌가 혈액 공급 없이 오랫동안 방치되면 심각한 뇌 손상을 입을 수 있다. 환자의 나이가 많고 뇌에 혈액이 오랫동안 공급되지 않을

수록 상황은 더 심각해진다. 이 점을 고려하는 사람들이 별로 없다. 하지만 심폐소생술은 심각한 뇌 손상의 가장 흔한 원인이다. 2005년 논란이 됐던 테리 샤이보의 경우가 그러했다.

셋째, 가슴을 압박하다가 갈비뼈가 부러지고 제세동기가 가슴을 태우는 경우가 종종 있다. 사람을 살린다는 유익에 비해 사소한 부작용이긴 하지만 생존자는 이로 인해 훨씬 더 큰 고통을 경험할 수 있다.

심폐소생술에 대한 사람들의 인식은 매우 흥미롭다. 한 연구에 따르면, 위에서 언급한 수치와 달리 미국의 텔레비전 속에서 심폐소생술의 성공률은 67퍼센트다. 반면, 영국 텔레비전의 경우는 겨우 30퍼센트였다. 미국인들은 이 기술을 현실과 맞지 않는 장밋빛 시각으로 바라보고 있다.

의사 동료 중 한 명이 환자와 심폐소생술에 관해 말하는 것을 들었는데 굉장히 안타까웠다. "심장이 정지하면 다시 뛰게 해 주길 원하십니까?"

내 동료의 이런 질문을 듣고 나는 나직이 한숨을 내쉬었다. "그렇게 간단하면 얼마나 좋겠소."

오래전부터 병원과 요양원을 비롯한 의료 시설들은 등록시 환자에게 심폐소생술을 원하는지 묻도록 법적으로 규정되어 있다. 이것은 매우 신중하게 내려야 하는 결정이다. 심폐소생술이 우리 몸의 선한 청지기에게 어울리는 옳은 선택일 수도 있지만 하나님의 뜻을 거슬러 고통을 가중시키는 선택이 될 수도 있다.

인공호흡기

인공호흡기 사용에 관한 선택도 흔한 동시에 힘든 선택이다. 많은 사람이 이 선택에 직면할 것이다. 인공호흡기를 달려면 입이나 코를 통해 혹은 기관절개술(tracheotomy)이라고 해서 목 부위를 약간 잘라 플라스틱 관을 집어넣는다. 이 튜브를 통해 환자는 가슴에 공기가 들락거리게 만들어 호흡을 시켜 주는 인공호흡기와 연결된다. 전체적인 절차가 매우 고통스럽기 때문에 많은 환자가 관과 기계를 견뎌 내기 위해 다량의 진정제를 맞는다. 문제는 진정제를 맞으면 몸이 약해져 스스로 호흡할 능력을 회복하기가 훨씬 힘들어진다는 것이다. 진정제 영향으로 환자는 기력이 없어질 뿐 아니라 말을 할 수 없기 때문에 커뮤니케이션이 매우 어려워진다.

이것이 인공호흡기가 필요해지는 순간 환자의 태도를 충분히 확인해야 하는 이유다. 환자가 인공호흡기를 원하는가? 원한다면, 시간 제약을 두기를 원하는가?

투석

신부전은 죽음에 임박해서 정말 많이 나타나는 병이다. 1차 질병일 때도 있고, 당뇨나 고혈압처럼 치료 가능한 다른 질병의 합병증일 때도 있다. 그런가 하면 불치병의 합병증일 때도 있고 '복합장기부전'(multiple organ failure)이라는 증후군의 일부일 때도 있다. 신부전은 투석으로 효과적인 치료가 가능하다.

투석에는 두 가지 방식이 있다. 가장 흔히 사용하는 방식은 전통적인 투석 장치를 사용한 혈액 투석(hemodialysis)이다. 이 경우 환자는 피를 몸 밖으로 빼내기 위해 팔에 가벼운 외과 수술을 받는다. 몸을 빠져나온 피는 투석 장치를 통과한 뒤에 몸으로 되돌아간다. 사용 빈도수가 더 적은 방식은 복막 투석(peritoneal dialysis)이다. 이것은 복부에 관을 삽입해 투석액을 흘려보냈다가 뽑아내기를 하루에 여러 번씩 반복하는 것이다.

혈액 투석은 집에서 하는 경우도 더러 있지만 대개는 투석 센터에서 하며, 환자는 일주일에 세 번씩 약 8시간의 투석을 한다. 복막 투석은 주로 집에서 한다. 대부분의 투석 환자는 큰 고통을 느끼지 않고 꽤 정상적인 삶을 영위할 수 있다.

하지만 투석을 잘 견뎌 내지 못하는 사람들도 있다. 합병증이 자주 발생하면 그렇게 사는 것보다 죽는 편을 선택하기도 한다. 투석을 멈추면 환자는 보통 한 주 뒤에 혼수상태에 빠져들고 다시 한 주 내에 숨을 거둔다.

투석을 하는 것이 옳은가 그른가? 나는 복합장기부전의 경우에는 투석이 적합하지 않다고 생각한다. 그 외에 치료가 가능한 경우에는 시도를 해 봐야 한다.

샘은 수년 동안 당뇨에 시달렸다. 50대에는 뇌졸중이 왔고, 나중에는 여러 번의 심장마비가 찾아왔다. 70대에는 신장이 망가지기 시작해 투석이 필요해졌다. 하지만 오랜 토론 끝에 샘은 투석을 받지 않기로 결정했다. 결국 신장이 계속해서 망가지면서 온갖 합병증이 나타났고 죽기 전에는 호흡 곤란으로 극심한 고통이 찾아왔다. 생명을 연장하지 않기 위해 투석을 받지 않기로 한 결정은 존중하지만, 투석을 받았으면 죽기 직전의 고통이 꽤 줄어들었을 거라는 아쉬움은 있다.

이식

최근 몇 십 년 사이에 나타난 최고의 의학적 진보 가운데 하나는 이식이다.

전반적으로 이식 기술은 하나님의 선물이다. 폐를 이식하면 인공호흡기를 장기적으로 사용할 필요가 없고, 신장을 이식하면 투석을 할 필요가 없다. 현재 이식 수술 기법은 고도로 발전해서 수술 중 사망률이 매우 낮다. 새로운 거부 반응 제어제는 과거에 비해 부작용이 매우 적고 효과는 훨씬 좋다. 그래서 심장이나 폐, 신장, 간, 여타 작은 장기까지 이식된 장기의 수명은 매우 길다. 이렇듯 장기 이식은 대개 손해보다 이익이 훨씬 크다.

나는 장기 기증의 열렬한 지지자다. 자신의 생명을 남에게 나눠 준다는 것, 심지어 자신의 목숨을 버리면서까지 남을 살린다는 것, 그것은 참으로 크리스천다운 행동이다. 영적인 의미에서 이것은 예수님이 우리를 위해 해 주신 일이다. 생체이식은 우리가 남에게 줄 수 있는 귀한 선물이다. 나는 장기를 기증하거나 기증받는 데 전혀 도덕적 문제가 없다고 믿는다.

일상적 치료, 항생제, 약물, 수술 등

의사들은 매일 약 처방과 수술에 관한 결정을 내린다. 그런데 우리는 그에 관한 도덕적 의미를 좀처럼 고민하지 않는다. 의사가 부작용의 가능성이 거의 없는 간단한 치료를 제안할 때는 대부분의 환자들이 별다른 고민 없이 받아들인다. 하지만 이런 치료라 할지라도 거부할지 고민해야 할 때가 있다.

폐렴 치료를 위한 항생제든 맹장 수술이든 공격적인 항암치료이든 심장절개술이든 기본 원칙은 비슷하다. 이 모든 개입은 특별한 돌봄으로 분류될 수 있고, 그래서 도덕적으로 항상 필요한 것은 아니다.

아울러 적절한 돌봄과 부적절한 돌봄의 조건에서 생각하면 더 현명한 판단을 내릴 수 있다. 말기 환자의 경우 죽는 것은 기정사실이고 언제 죽느냐가 문제일 뿐이다. 이런 환자에게 생명연장술은 무의미하다. 특히 환자가 고통스러워할 때는 그 어떤 생명연장술도 부적절할 수 있다. 반면, 환자가 꽤 건강한 상태라면 합당한 치료를 하는 것이 현명한 판단이다.

하워드는 여든여섯 살이었고 그의 아내는 치매에 걸려 요양원에서 살고 있었다. 그는 은퇴 선교사로, 주님의 품에 안기고 싶다는 말을 자주 했다. 그는 동맥경화가 심해 이미 한 쪽 다리를 잘라냈으며, 척추 곳곳의 신경 압박으로 늘 고통에 시달렸다. 어느 날 오후 그는 등에 지독한 고통을 느끼고 기절했다. 급히 응급실로 후송된 뒤 CT 촬영을 해 보니 대동맥 파열이었다. 응급 치료를 위해 그를 수술실로 데려갈지 편안하게 죽게 놔둘지 급히 결정해야만 했다.

우리는 수술하지 않기로 결정했다. 그는 고통 완화를 위해 모르핀을 맞고 개인 방으로 옮겨져 아들과 함께 몇 시간을 보내다가 숨을 거두었다. 관련된 모든 사람은 성공 가능성이 희박한 수술을 강행하는 것이 부적절하다고 판단했다.

쉰세 살의 제리는 가벼운 심장마비와 심각하게 불규칙한 심장 박동으로 병원에 실려 왔다. 그 외에 다른 부분은 건강한 상태였다. 그는 심장이 정지하면 심폐소생술을 사용하지 말라고 요청하고 우회술도 원치 않는다는 뜻을 분명히 했다. 하지만 아무리 생각해도 그를 설득하는 것이 옳아 보였다. 내 판단에 이것은 손해보다 이익이 많은 치료였다. 다행히 논의 끝에 그는 마음을 바꾸었다. 수술은 성공적으로 끝났고 그는 70대가 된 지금도 건강하게 잘 살고 있다.

인공영양과 급식 튜브

인공영양과 수분 공급을 제공할지는 가장 힘든 선택이다. 좋은 점이 많지만 위험도 있기 때문이다. 단기적인 사용을 위해서는 작은(직경 1/8인치) 플라스틱 관을 코로 해서 위까지 집어넣는다. 장기적인 사용을 위해서는 직접 살을 뚫어 위로 연결시킨다. 튜브를 통해 영양가가 매우 높은 수액과 약을 환자의 몸에 주입시킬 수 있다. 이렇게 하면 생명을 오랫동안 지속할 수 있다.

급식 튜브는 별로 불편하지 않지만 문제점이 전혀 없는 것은 아니다. 특히 설사 증세를 자주 보인다. 급식 튜브를 필요로 하는 환자들은 대개 쇠약하기 때문에 설사가 극심한 욕창으로 이어질 수 있다. 때로 급식 튜브는 고통스러운 삶을 연장시킬 수 있다. 그럴 경우는 급식 튜브를 부적절하게 사용한 것이다. 특히 급식 튜브는 말기 환자의 고통을 매우 가중시킬 수 있다. 호스피스 간호사 데보라 하워드는 이 문제를 정확하게 짚었다.

> 탈수가 우려될 때 IV 수분 공급이나 튜브 급식을 공급한다. 수분 공급은 죽어 가는 사람의 친구다. 이것은 이 세상을 가장 고통 없이 탈출할 수 있는 방법 가운데 하나다. 그런데 병원에서 IV 수분 공급을 할 때 수액이 너무 많이 들어가 복부가 팽창하는 경우가 종종 있다. 그러면 환자가 고통을 느낀다. 순환계가 손상되어 있다면 넘친 수액을 감당하지 못할 수도 있다. 대부분의 경우 넘친 수액은 폐로 들어가 고통스러운 '호흡기' 사망으로 이어진다. 환자는 폐에 액체가 가득 찬 상태로 익사하는 기분을 느낀다. 반면, 탈수 상태에서 죽으면 몸이 점점 약해지다가 평온하게 영원한 잠에 빠져든다.[2]

대개 사람이 곡기를 끊으면 죽음이 임박한 징조로 보고 억지로라도 뭘 먹이려고 한다. 하지만 꼭 그래야 할까?

개인적으로 나는 급식 튜브에 관해 한 가지 입장을 고수하지 않는다. 때로는 급식 튜브를 추천하고 때로는 추천하지 않는다. 치료가 가능한데 환자가 잠시 음식물을 삼키지 못할 때, 환자나 가족이 원할 때, 급식 튜브가 삶의 질을 높여줄 때는 얼마든지 사용해도 좋다. 하지만 환자가 숨이 넘어가기 직전이어서 급식 튜브가 필연적인 죽음을 연기시킬 뿐일 때(알츠하이머 환자의 경우도 마찬가지)[3] 혹은 고통만 연장시킬 때는 추천하지 않는다.

현재 급식 튜브는 가장 논란이 많은 기술 가운데 하나다. 급식 튜브 사용을 주장하는 사람들은 힘든 사람들에게 음식과 물을 주는 것이 곧 주님께 한 것이라는 성경 구절을 인용한다(마 25:31-40 참조). 문제는 예수님이 입으로 먹는 것만을 말씀하신 것인지 아니면 그것을 급식 튜브에까지 확대 적용할 수 있는지 하는 것이다.

이에 관해서는 독실한 크리스천들 사이에서도 두 입장이 팽팽하게 맞서고 있다. 신경과 전문의이자 생명윤리학자인 로버트 크랜스톤은 급식 튜브의 문제에서 배려와 상호 존중이 중요하다고 말한다.[4] 전적으로 동감한다.

심장 장비들. 심박 조율기와 제세동기

심장 장비들은 유익은 크고 문제는 적다는 점에서 급식 튜브와 유사한 면이 있다. 가슴의 피부 아래 넣어 심장에 연결하는 이 작은 전자 장치는 수많은 생명을 구했다. 비용만 빼면 부담스러운 면은 거의 없다.[5] 그래서 이 장비들은 일상적인 돌봄과 특별한 돌봄의 중간쯤에 있다. 이 장비들을 사용해야 하는 경우가 많다. 그럴 때는 환자가 이 장비 사용을 거부해도 다시 한 번 설득해 봐야 한다. 한편, 이 장비들은 첨단 기술 제품이기 때문에 선택의 문제이며 도덕적으로 꼭 필요한 것은 아니다.

아흔 살의 유니스는 심부전으로 죽어 가고 있었다. 그녀는 3년 동안 제세동기를 이식한 채로 살았다. 그동안 제세동기는 심장에 세 번 충격을 가해 매번 그녀를 살렸다. 하지만 이제 그녀의 심장은 한계를 드러냈다. 그녀가 거실에서 가족들과 있을 때 내가 통증 완화를 위한 조치가 잘 취해지고 있는지 확인차 들른 적이 있다. 그날 문득 나는 그녀의 심장이 (예상대로) 곧 멈추면 제세동기가 다시 작동할 거라는 사실에 생각이 미쳤다. 그 즉시 나는 제조업체에 전화를 걸었고, 곧 전문가가 파견되어 무의미한 삶이 연장되지 않도록 제세동기를 껐다. 이런 경우는 생명을 살리는 기술이 더 이상 적절하지 않다.

부록 3. 유족들을 위한 조언

사랑하는 사람의 죽음을 경험하면 상반된 감정들이 우리 안에서 부딪힌다. 깊은 슬픔과 동시에 안도감을 느낄 수 있다. 죽는 과정이 길고 힘겨웠을 때는 특히 그렇다. 사람들은 대개 지칠 대로 지친 상태에서 이런 감정을 느낀다. 그래서 혼자만의 시간과 위로가 절실한 그 순간, 유족들은 복잡한 일까지 처리해야 하니 보통 힘든 게 아니다. 유족들은 상실의 충격이 채 가시기도 전에 힘든 결정들을 내려야만 한다. 어떤 일을 처리해야 하는지 미리 알면 나중에 그 일들을 처리하기가 그마나 쉬워질 것이다.

부검에 관한 결정

가족이 죽자마자 부검을 원하는지 혹은 부검에 동의하는지에 대한 질문을 받을 수 있다. 과거에는 이런 일이 별로 없었지만 요즘은 자주 있다. 특히 의과 대학 부속 병원에서는 부검이 귀중한 연구 기회가 될 수 있기 때문에 이런 질문을 받을 가능성이 높다. 또한 사인이 확실하지 않은 경우 부검은 사인을 밝히는 데 매우 유용하다. 부검을 통해 고인이 가족력으로 죽었는지 혹은 가족에게서 어떤 병이 전염되어 죽었는지 밝힐 수 있다. 항상 몸 전체를 조사해야 하는 것은 아니다. 영향을 받은 부분만 조사하는 제한적 부검도 가능하다. 부검에 관한 성경의 원칙은 없는 것으로 안다. 검시관이 부검을 요청하는 경우도 있다.

장기 기증

죽는 순간 혹은 죽기 직전에 장기 기증에 관한 질문을 받는 경우가 많다. 고인이 생전에 장기 기증의 뜻을 밝혔다면 그 뜻에 따라야 한다. 고인의 마지막 요청이 무시되면 큰 비극이 아닐 수 없다. 나는 유족들이 장기 기증에 관한 고인의 뜻을 무시하는 경우를 너무도 많이 보았다. 허락을 구하면 때로 가족들은 강하게 반발한다. "제발 귀찮게 하지 말아요. 이 일 말고도 머리가 터질 것만 같아요."

화장이냐 매장이냐

보통 화장할지 매장할지에 대한 결정은 환자가 죽기 전에 이루어진다. 대개 당사자가 원하는 방식을 지정하거나 가문의 관례에 따른다. 이 결정을 내릴 때 지리와 지역 문화, 재정까지 많은 문제를 고려하기도 한다.

어떤 신자들은 부활 때문에 육체를 온전히 보전해야 한다는 이유로 화장을 반대한다. 내가 볼 때 이 주장은 설득력이 없다. 화장을 하든 매장을 하든 모든 육체는 결국 성경에서 말한 대로 '흙'으로 돌아가기 때문이다. 믿는 우리는 편한 대로 선택할 수 있다.

장례식이냐 추도예배냐

사망 직후 장례식을 치를지 매장하거나 화장한 지 며칠 혹은 몇 주 뒤에 추도예배를 드릴지는 개인적인 선택의 문제다. 환자가 죽기 전에 미리 상의하는 것이 가장 좋다. 어떤 의식을 선택하든 네 가지 목적이 있다는 점을 기억하는 것이 중요하다.

첫 번째 목적은 가족들과 지인들이 고인의 삶을 기리는 것이다. 두 번째 목적은 죽음을 공식 선포하는 것이다. 세 번째 목적은 복음을 분명히 선포하는 것이다. 네 번째 목적은 슬픔을 위로하는 것이다. 고인이 생전에 필요한 지시를 하는 것이 좋다. 내 경우도 우리 아버지가 돌아가시기 전에 어머니에게 화장과 추도예배를 원한다는 뜻을 분명히 밝히셔서 사후 혼란이 없었다. 아버지는 "내가 아닌 주님을 위한" 의식이 되어야 한다는 점 외에 다른 지시는 내리지 않았다. 하지만 이 간단한 지시만으로도 계획을 세우기가 훨씬 수월했다.

비난 금지

고인의 사후 지난 과정을 돌아보다가 문제점을 발견하는 경우가 많다. 그럴 때 비난의 목소리가 들리기 쉽다. 때로 우리는 자신을 탓한다. "내가 병원에 조금만 더 빨리 전화했더라면." "황달이 온 것을 일찍 알아채고 빨리 병원에 모셔갔어야 했는데."

때로 남들을 탓하기도 한다. "내가 버튼을 눌렀을 때 간호사가 빨리 오기만 했어도." "의사가 당장 입원을 시켜야 했어."

과거를 돌아보며 탓을 해 봐야 악감정과 갈등만 심해지며, 어떤 비난이든 편견이 개입되어 있기 마련이다. 가장 확실한 사실은 하나님이 우리의 가족을 본향으로 부르셨다는 것이다. 물론 형사 책임을 물을 만한 과실이 환자를 죽게 만드는 경우도 있다. 하지만 대부분은 그렇지 않다. 확실한 과실이 있다고 판단되면 법적 조치를 취하기 전에 먼저 그를 찾아가 단도직입적으로 물어보는 것이 성경적인 반응이다.

가족의 연합

죽어 가는 환자를 치료할 때마다 그가 죽었을 때 유족들이 서로 팔짱을 끼고 장례식장을 나왔으면 하는 마음이 간절하다. 물론 내가 죽고 나서도 그랬으면 좋겠다. 가족 내에 불화가 있다면 환자가 죽기 전에 속히 대화를 통해 화해해야 한다. 아이라 바이오크가 죽어 가는 사람에게 권한 네 가지 말이 기억나는가? "사랑합니다." "감사합니다." "용서해 주세요." "당신을 용서합니다."

죽기 전에 가족 내에서도 이런 말이 오가야 한다. 평화가 찾아오기 전까지는 돈 문제나 부동산 처리 문제는 논하지 않는 것이 현명하다.

슬픔

슬픔은 만국공통의 반응이다. 슬퍼하는 것은 잘못이 아니라 건강한 반응이다. 대부분의 문화권은 슬픔을 정상적인 반응으로 받아들인다. 그래서 유족들이 죽음의 충격을 다룰 수 있도록 애도하는 의식이 어디에나 있다. 세상 사람들과 마찬가지로 크리스천들도 얼마든지 슬퍼해도 된다. 성경 시대의 신실한 사람들도 그랬다.

초대 교인들은 스데반 집사를 묻으면서 크게 슬퍼했다(행 8:2 참조). D.

A. 카슨은 이렇게 말했다. "성경은 상실을 겪은 사람들이 슬퍼하는 것이 당연하고 그들의 슬픔을 비웃지 말아야 한다는 입장을 보인다."[1]

믿음의 형제자매가 세상을 떠났을 때 우리의 애도는 불신자들의 애도와 본질적으로 다르다. "형제들아 자는 자들에 관하여는 너희가 알지 못함을 우리가 원하지 아니하노니 이는 소망 없는 다른 이와 같이 슬퍼하지 않게 하려 함이라"(살전 4:13).

사랑하는 사람을 잃었을 때 우리는 슬퍼하되 언제나 소망 안에서 슬퍼해야 한다. "우리가 예수께서 죽으셨다가 다시 살아나심을 믿을진대 이와 같이 예수 안에서 자는 자들도 하나님이 그와 함께 데리고 오시리라"(살전 4:14).

고인이 더 좋은 곳에 있으니 슬퍼하지 말아야 한다는 말은 믿는 자가 슬퍼하는 이유를 잘 모르고 하는 말이다. 우리가 슬퍼하는 것은 고인이 더 좋은 곳에 있는지 몰라서가 아니라 더 이상 이 땅에서 그와 사랑을 나누지 못하기 때문일 뿐이다.

슬픔은 복잡한 감정이다. 죽음은 온갖 종류의 내적 갈등과 감정을 일으킨다. 그중에서 우리가 어떤 종류의 슬픔을 느낄지는 무엇보다도 고인과의 관계에 따라 달라진다.

고인과 매우 가까운 사이라면 당연히 슬픔이 극심할 수밖에 없다. 존 스토트는 이렇게 말했다. "믿음이 아무리 강해도 가까운 혈족이나 친구를 잃으면 극심한 감정적 충격을 받을 수밖에 없다. 사랑하는 사람을 잃는 것은 곧 자신의 일부를 잃는 것이다. 이것은 근본적이고도 고통스러운 변화를 요한다. 이 변화는 몇 개월이 걸릴 수도 있다."[2]

고인과의 관계가 그리 가깝지 않았다면 그가 느끼는 슬픔의 종류는 고인과 좀 더 가까워지지 못한 데 대한 후회일 수 있다. 이 경우, 고인의 죽음은 곧 기회의 상실이다. 여기에 성별과 나이, 성격, 문화적 규범까지 변수로 더해져 슬픔이라는 감정을 복잡하게 만든다.

슬픔에 대한 실질적인 조언

자신의 감정을 부인하지 마라. 자신과 남들 앞에서 자신의 감정을 인정하는 것이 바람직하다. "슬퍼하지 마. 기뻐해야만 해."

이렇게 말하지 말고 자신의 감정을 인정하고 적절히 다루는 편이 현명하다.

자신의 감정을 부인하다가 비극적인 결말을 맞는 경우를 종종 봤다. 70대의 준은 50년간 함께 살아온 남편을 암으로 떠나보냈다. 그녀는 약해지고 싶지 않다며 입만 열면 하나님의 선하심에 관한 이야기를 했다. 그러면서 잠도 자지 않고 먹지도 않으면서 고혈압으로 인한 극심한 두통을 호소했다. 그녀는 그리스도 안에서의 소망으로 인해 너무 기뻐 눈물이 나오질 않는다고 말했다. 그렇게 슬픔을 표출하지 않은 결과는 극심한 우울증이었다.

하나님 앞에서 솔직히 감정을 쏟아내라. 바쁜 삶 속에서 나와 하나님의 임재 안에서 조용한 시간을 보내라. 하나님이 멀게만 느껴지는가? 괜찮다. 그것을 인정하고 하나님께 울부짖으라. 믿음의 사람들이 주저 없이 하나님께 울부짖었던 시편을 읽으라. 또 하나님의 선하심에 관해서도 묵상하라.

십자가를 바라보며 하나님의 사랑을 깊이 느끼게 해 달라고 기도하라. 시편 기자의 조언처럼 하나님의 약속을 떠올리라. "내 영혼아 네가 어찌하여 낙심하며 어찌하여 내 속에서 불안해 하는가 너는 하나님께 소망을 두라 그가 나타나 도우심으로 말미암아 내가 여전히 찬송하리로다"(시 42:5).

슬픔을 통해 사랑을 완성하라. C. S. 루이스는 아내 조이가 세상을 떠난 뒤에야 처음으로 그녀를 온전히 이타적으로 사랑하게 되었다고 말했다. 이것은 매우 심오한 개념이다. 그래서 곧바로 그렇게 되기는 쉽지 않다. 사실, 배우자가 죽은 직후에는 극도의 상실감에 휩싸여 아무런 생각도 나지 않기 쉽다. 하지만 차츰 루이스가 경험했던 이타적인 사랑으로 나아갈 수 있다.

자신의 감정과 생각, 행동을 다스리라. 사랑하는 사람이 죽고 나면 온갖 질문이 머릿속을 맴돌 수 있다. "왜 이런 일이 일어났는가?" "왜 하나님은 우리의 기도에 응답해 주시지 않았는가?" "왜 이 사람과 더 많은 시간을 보내지 않았을까?"

이런 질문을 머릿속에서 억지로 몰아내려고 하지 않는 것이 좋다. 오히려 이 질문들에 관해 깊이 고민하고 성경에서 답을 찾고 남들과 토론해야 한다. 하지만 동시에 풀리지 않는 질문을 안고 살아가는 법도 배워야 한다. 궁극적으로 우리는 매사에 하나님의 선하심을 인정해야 한다. 물론 이 수준에 이르기까지는 많은 시간과 치유 과정이 필요할 수도 있다.

감정이 용솟음칠 때는 잠시 분출하라. 앉아서 소리를 질러도 좋다. 그런 다음에는 감정을 추스르고 억지로라도 자리에서 일어나 생산적인 일을 해야 한다. 이렇게 하면 부정적인 생각과 감정을 다스리는 데 도움이 된다.

자신이나 남들에게 분노를 쏟아내지 않도록 조심하라. 감정에 굴복하여 그릇된 행동으로까지 나아가지는 말아야 한다. 또한 슬픔으로 인해 건강을 해치지 않도록 주의하라.

남들과 시간을 보내라. 친한 친구들을 만나 고통을 나누고 눈물을 쏟아내라. 단, 사람만 만나면 무조건 우는 식의 행동은 옳지 않다. 슬퍼하지만 말고 친구들과 웃고 즐기는 시간도 가져라. 시간이 지나면서 치유가 되면 자신도 모르게 눈물보다 웃음이 많아질 것이다.

활동을 하라. 극도로 슬플 때는 한동안 일상생활을 이어 가기가 힘들다. 하지만 결국 일터와 사회적 활동으로 복귀하는 것이 옳다. 억지로라도 활동을 하는 것이 중요하다. 기분이 내키지 않더라도 억지로 활동을 하면 기분이 바뀌기 마련이다. 사람에 따라 익숙한 환경을 떠나거나 독립하는 것이 도움이 될 수도 있다.

나의 장인은 내 아내가 열 살 때 돌아가셨다. 그로부터 2년 뒤 장모는 세 딸을 데리고 세인트루이스의 집을 떠나 캘리포니아 주에서 몇 달을 보내셨다. 거기서 장모가 공부를 하는 동안 네 식구가 대학 기숙사에서 지냈다. 그렇게 온 가족이 함께 새로운 경험을 쌓을 수 있었다.

시간이 걸리지만 결국 슬픔이 사라진다는 사실을 기억하라. 인생의 모든 것이 그렇지만 슬픔도 하루아침에 사라지지 않는다. 내가 보니 배우자나 자녀의 죽음으로 인한 슬픔은 최소한 6개월은 간다. 가족이 병으로 서서히 죽어 가는 경우에도 슬퍼할 만큼 슬퍼했다고 생각하지만, 실제로 그가 죽고 나면 슬픔에서 벗어나기까지 꽤 오랜 시간이 걸린다. 하지만 시간이 지날수록 슬픔은 가라앉고 마지막 단계인 수용에 이른다. 허전함이야 완전히 사라지지 않겠지만 더 이상 떠나간 사람만 하루 종일 생각하지는 않는다. 더 이상 일상생활을 못할 정도로 슬픔에 빠져 있지만은 않는다.

유족들을 돕는 사람들을 위한 조언

힘든 질문들에 대해 섣불리 피상적인 대답을 내놓지 마라. 그저 슬퍼하는 사람 곁에 앉아 함께 고민하라. 많은 답을 얻지 못할지라도 함께 고민하는 것이 중요하다. 욥의 친구들이 한 주 내내 그의 곁에 조용히 앉아 있었던 것이 기억나는가? 유족들이 받아들일 준비가 되었다고 판단될 때만 진리를 전하라.

죽어 가는 사람에게 "뭘 해 드릴까요?"라고 묻지 말라던 조언을 기억하는가? 이 조언은 유족들에 대해서도 마찬가지이다. 유족들에게 이렇게 묻는 것은 부담만 줄 뿐이다. 필요한 것을 알아내서 단순히 허락만 구하는 것이 더 지혜로운 행동이다. 그렇게 하면 유족들이 훨씬 좋아할 것이다.

필요하다고 판단되면 유족들에게 의학적 도움을 권하라. 단, 항우울제는 섣불리 권하지 않는 편이 좋다. 이런 약은 궁극적으로 기분만 좋아지게 할 뿐 실제로 몸이 좋아지게 만들지는 않기 때문이다. 게다가 항우울제는 슬픔을 제대로 표출하지 못하게 만들 수 있다. 충분한 잠이 정신 건강에 중요하다는 점도 기억하라.

항우울제는 부적절할지 몰라도 수면을 돕는 약은 (최소한 단기간 동안은) 적절할 수 있다. 유족들이 혼자 있다는 두려움 때문에 잠을 잘 이루지 못할 때는 밤을 함께 보낼 사람을 붙여주는 것도 좋다. 다만 이것이 지나친 의존성으로 이어지지 않도록 조심하라.

추천 도서

아이라 바이오크의 〈품위 있는 죽음의 조건(Dying Well : Peace and Possibilities at the End of Life)〉(물푸레 역간)
―호스피스 의사가 죽음을 앞두고 성장할 수 있음을 보여 주는 수많은 사례를 소개한다.

아이라 바이오크의 〈아름다운 죽음의 조건(The Four Things That Matter Most : A Book about Living)〉(물푸레 역간)
―바이오크 박사가 죽기 전에 관계를 정리하는 법을 설명한다.

D. A. 카슨의 〈How Long O Lord? Reflections on Suffering and Evil〉
―신약 학자가 고통에 관한 성경적 시각을 논한다.

행크 던의 〈Hard Choices for Loving People : CPR, Artificial Feeding, Comfort Care, and the Patient with a Life-Threatening Illness〉
―요양원에 소속된 목사 던이 말기 환자를 위해 어려운 결정을 내려야 하지만 환자를 '보내주지' 못하는 가족들을 위한 가이드라인을 제시한다.

존 파인버그의 〈Where Is God? A Personal Story of Finding God in Grief and Suffering〉
―복음주의 신학자가 헌팅턴병에 걸린 아내를 통해 직접적으로 배운 교훈을 전해 준다.

데보라 하워드의 〈Sunsets : Reflections for Life's Final Journey〉
―호스피스 간호사 하워드가 한 환자의 죽음을 그린 픽션을 통해 죽음을 앞둔 사람이 어떻게 영적 성장을 이룰 수 있는지를 보여 준다.

존 F. 킬너와 알린 밀러(Arlene B. Miller), **에드문드 펠리그리노**(Edmund D. Pellegrino)의 〈Dignity and Dying : A Christian Appraisal〉
―죽음 앞에서 나타나는 다양한 문제를 다룬 에세이 모음집

존 킬너의 <Life on the Line : Ethics, Aging, Ending Patients' Lives, and Allocating Vital Resources>
―신학자이자 윤리학자인 킬너가 죽음에 관한 결정을 내리기 위한 성경적인 원칙들을 제시한다.

엘리자베스 퀴블러 로스의 <죽음과 죽어 감(On Death and Dying)>(이레 역간)
―죽음에 관한 명저

롭 몰(Rob Moll)의 <The Art of Dying : Living Fully into the Life to Come>
―저널리스트 몰이 중세의 '아르스 모리엔디'(Ars Moriendi) ('죽는 방법') 전통에서 뽑아낸 원칙들이 현재에도 통한다는 점을 보여 준다.

존 파이퍼의 <삶을 허비하지 말라(Don't Waste Your Life)>(생명의말씀사 역간)
―존 파이퍼가 이 땅에서의 마지막 나날을 잘 관리하라고 촉구한다.

존 파이퍼와 저스틴 테일러(Justin Taylor) 편저의
<Suffering and the Sovereignty of God>
―하나님이 우리의 유익을 위해서 고난을 허락하실 뿐 아니라 계획하신다고 주장하는 개혁 복음주의자의 글 모음집

스티븐 샙(Stephen Sapp)의 <Full of Years : Aging and the Elderly in the Bible and Today>
―나이 듦과 죽음에 관한 성경 구절들을 분석한 탁월한 책

조니 에릭슨 타다의 <(When God Weeps : Why Our Sufferings Matter to the Almighty)>
―타다가 에스테스(Estes) 목사와 함께 자신의 비극적인 이야기를 전하면서 강력한 성경적 신정론을 펼친다.

들어가는 글

1) 바울이 자신의 유익을 이야기하고 있다고 착각할 수 있다. 하지만 이 구절의 배경을 보면 그가 말한 요지는 그렇지 않다. 그의 초점은 자신의 안위나 즐거움이 아니라 예수님께 점점 더 큰 영광을 돌리는 것이다. Veron J. Steiner, "The Gospel, Salvation, and the Church's Mission", *Miqra* 8.4 (2009년 가을): 12를 보라.

첫 번째 전략. 노년의 기회를 찾으라

1) Paul Harvey, as quoted in Richard Corliss, "Paul Harvey," *Time*, March 16, 2009, 22.
2) Richard B. Hays and Judith C. Hays, "The Christian Practice of Growing Old: The Witness of Scripture" in *Growing Old in Christ*, ed. Stanley Hauerwas, Carole Bailey Stoneking, Keith G. Meador, and David Cloutier (Grand Rapids: Eerdmans, 2003), 11.
3) "이 모든 일은 같은 한 성령이 행하사 그의 뜻대로 각 사람에게 나누어 주시는 것이니라"(고전 12:11). "우리 각 사람에게 그리스도의 선물의 분량대로 은혜를 주셨나니"(엡 4:7).
4) Joni Eareckson Tada, "The Quest for Control," lecture given at the Center for Bioethics and Human Dignity annual conference, The Reproductive Revolution, July 1998, Trinity Evangelical Divinity School.
5) Edward P. Sabin, "Social Relationships and Mortality among the Elderly," *Journal of Applied Gerontology* 12, no. 1 (1993): 44-60.

두 번째 전략. 움켜쥔 손을 놓고 삶을 간소화하라

1) C. S. Lewis, *The Screwtape Letters* (London: G. Bles, 1942), article 28. http://members.fortunecity.com/phantom1/books2/c._s._lewis_-_the_screwtape_letters.htm.
2) Charles M. Sell, *Transitions through Adult Life* (Chicago: Moody Press, 1985), 219.
3) Vigen Guroian, *Life's Living toward Dying* (Grand Rapids: Eerdmans, 1996), 21.
4) C. S. Lewis, *A Grief Observed* (Greenwich, CT: Seabury Press, 1961), 1.
5) Ibid., 38.

6) Portia in William Shakespeare, *The Merchant of Venice*, 4.1, http://shakespeare.mit.edu/merchant/full.html/.
7) 원래 나는 웬만해선 검사를 그만하자는 말을 하지 않는다. 하지만 이 경우에는 검사를 해도 정확한 결과가 나오지 않았기 때문에 검사를 그만하는 것이 적절하다고 판단했다. 아직은 환자가 양로 호텔에서 잘 버티고 있기 때문에 요양원으로 옮기는 문제는 아직 보류 중이다.
8) 빌립보서 4장 6절을 보라.

세 번째 전략. 하나님의 깊은 사랑을 경험하라
1) A. Skevington Wood, Ephesians, vol. 11, *The Expositor's Bible Commentary* (Grand Rapids: Zondervan, 1978), 51.
2) D. L. Moody quoted in J. Gilchrist Lawson, "D. L. Moody," Wholesome-Words.org, accessed September 22, 2009, http://www.wholesomewords.org/biography/biomoody4.html.
3) 이것은 팀 켈러 목사의 설교 '경험하게 해 달라는 바울의 기도'의 요지다. 뉴욕 리디머 장로교회, 2007년 11월 11일. www.redeemer.com에서 확인할 수 있다.
4) Rick Warren, *The Purpose-Driven Life* (Grand Rapids: Zondervan, 2002), 17.
5) Henry Scougal, *The Life of God in the Soul of Man* (Philadelphia: A Bartram, 1805), 32.

네 번째 전략. 고난 가운데 하나님의 선한 목적을 발견하라
1) D. A. Carson, *How Long, O Lord?* (Grand Rapids: Baker, 1990), 245. This is an excellent treatise on a biblical view of suffering.
2) John Piper, *Future Grace* (Sisters, Or : Multinomah, 1995), 65ff. 이 책은 믿는 우리가 하나님이 주실 장래의 은혜에 얼마나 의존하는지, 그리고 그 은혜를 얼마나 확신할 수 있는지를 보여 준다.
3) 이것은 Jeremy Taylor, *Holy Living and Dying* (London : George Bell and Sons, 1883)의 요지다.
4) Joni Eareckson Tada, *The God I Love* (Grand Rapids: Zondervan, 2003), 349.
5) Nikolai Velimirovic, *Prayers by the Lake* (Grayslake, IL : Serbian Orthodox Metropolitanate of New Gracanica, 1999)에서. 세르비아 주교 벨리미로비치는 1940년대 초에 나치즘에 반대하는 목소리를 높였다. 그는 나치에 저항하다가 체포되어 다하

우 강제수용소에 갔했다. 'Bless My Enemies', OrthodoxyToday.org를 보라. 2010년 9월 28일 확인. http://www.orthodoxytoday.org/articles/VelimirovichBlessEnemies.html.
6) Jeremy Taylor, *Holy Living and Dying* (London: George Bell and Sons, 1883), 379.
7) Horatio G. Spafford, "It Is Well with My Soul," 1873.

다섯 번째 전략. 삶과 죽음을 성경적인 관점으로 이해하라

1) Merrill C. Tenney, *The Gospel of John*, vol. 9, &The Expositor's Bible Commentary& (Grand Rapids: Zondervan, 1981), 119.
2) "무릎을 꿇고 크게 불러 이르되 주여 이 죄를 그들에게 돌리지 마옵소서 이 말을 하고 자니라"(행 7:60). "참으로 이 장막에 있는 우리가 짐진 것 같이 탄식하는 것은 벗고자 함이 아니요 오히려 덧입고자 함이니 죽을 것이 생명에 삼킨 바 되게 하려 함이라"(고후 5:4). "만일 땅에 있는 우리의 장막 집이 무너지면 하나님께서 지으신 집 곧 손으로 지은 것이 아니요 하늘에 있는 영원한 집이 우리에게 있는 줄 아느니라"(고후 5:1).
3) Murray J. Harris, *2 Corinthians*, vol. 10, *The Expositor's Bible Commentary* (Grand Rapids : Zondervan, 1976), 348. "바울은 '주와 함께 있는 그것'을 어떻게 이해했을까? 물론 헬라어 전치사 '프로스'(pros)(여기서는 '함께'를 의미) 자체는 장소를 의미한다. 하지만 그것이 두 사람의 상관관계를 묘사할 때는 반드시 적극적이고도 상호적인 우정의 의미를 함축한다(예컨대 마가복음 6장 3절의 '프로스' : '그 누이들이 우리와 *함께* 여기 있지 아니하냐?). 어떤 경우든, '주와 함께 있는 그것'이라는 구절은 크리스천의 영원한 운명을 지칭하기 때문에(예컨대 살전 4:17과 빌 1:23 참조) 여기서는 신자들이 주님을 '아는' 이 땅에서의 경험을 말하는 것이 아니다(빌 3:10 참조). 따라서 '주와 함께 있는 그것'은 이 땅에서의 경험보다 더 차원이 높은 형태로 누리는 그리스도와의 친밀한 교제다."
4) C. S. Lewis, *The Last Battle* (New York: Collier Macmillan, 1970), 183-184.

여섯 번째 전략. 남은 시간 해야 할 일을 분명히 알고 마무리하라

1) 이 내용은 Stephen P. Kernan의 탁월한 책 *Last Rights* (New York : St. Martin's Press, 2006)에서 차용한 것이다.
2) Jane E. Brody, "Tough Question to Answer, Tough Answer to Hear," *The New York Times*, March 6, 2007.
3) 어거스틴은 이렇게 말했다. "사람의 자아가 태어나는 것은 오직 죽음 앞에서다." Michel de Montaigne, *The Complete Essays of Montaigne*, Donald M. Frame 번역 (Standfor,

CA : Standford University Press, 1976), 63에 인용.
4) Marcus L. Loane, *Oxford and the Evangelical Succession* (London: Lutterworth Press, 1950), 130.
5) St. John of the Cross in Matthew Levering, *On Christian Dying* (Lanham, MD: Rowman & Littlefield, 2004), 95.
6) P. Singer, D. Martin, and M. Kelner, "Quality End-of-Life Care: Patient's Perspectives," *Journal of the American Medical Association* 281 (April 28, 1999):163-68.
7) Kiernan, *Last Rights*, 122.
8) Ira Byock, *The Four Things That Matter Most* (New York: Free Press, A Division of Simon and Schuster, 2004), 1; and *Dying Well* (New York: Riverhead Books, 1997), 140.

일곱 번째 전략. 첨단 의학 기술을 적절히 사용하라

1) Blaise Pascal, *Pensees, in Great Books of the Western World*, vol. 33, (Chicago: Encyclopedia Britannica, 1952), 203-4.
2) Pete Jaggard, "Advance Directives: The Case for Greater Dialogue," in *Bioethics and the Future of Medicine*, ed. John F. Kilner, Nigel M. de S. Cameron, and David L. Schiedermayer (Grand Rapids: Eerdmans, 1995), 257.
3) 내가 전통적인 '대증적'(allopathic) 의료를 행하고 있지만 하나님이 다른 전문 치료사들에게 주신 지혜도 인정한다. 그들의 뛰어난 치료법을 깎아내릴 생각은 추호도 없다.
4) Daniel Chandler, "Technological or Media Determinism," at Aberystwyth University, UK, last modified April 11, 2000, accessed September 28, 2010, http://www.aber.ac.uk/media/Documents/tecdet/tdet07.html.
5) Joanne Lynn, By No Extraordinary Means: *The Choice to Forgo Life-Sustaining Food and Water* (Bloomington, IN: Indiana University Press, 1989) as quoted by Hank Dunn, *Hard Choices for Loving People* (Lansdowne, VA: A&A,2001), 58.
6) Ibid., 63.
7) Julie Appleby, "Debate Surrounds End-of-Life Health Care Costs," USA Today, October 18, 2006, http://www.usatoday.com/money/industries/health/2006-10-18-end-of-life-costs_x.htm.
8) Dunn, *Hard Choices*, 7ff.

여덟 번째 전략. 치료에서 완화 간호로 방향을 전환하라

1) First stanza of the poem, in Dylan Thomas, *The Collected Poems of Dylan Thomas* (1953; repr. with new intro., New York: New Directions, 2010), 122.
2) Nancy Gibbs and Michael Duffy, "Ruth and Billy Graham's Final Farewell," Time, August 20, 2007.
3) Jane Brody, "In Cancer Therapy, There Is a Time to Treat and a Time to Let Go," *The New York Times*, August 18, 2008.
4) "Fact Sheet," Reclaiming the End of Life, citing Society of Critical Care Medicine, 2006, accessed March 20, 2009, http://www.reclaimtheend.org/fact_sheet.php.
5) Committee on Care at the End of Life, *Approaching Death: Improving Care at the End of Life*, ed. Marilyn J. Field and Christine K. Cassel (Washington, DC: National Academy Press, 1997), 45, http://books.google.com/books?id=9I2V8IMj0vsC&pg=PA45&lpg=PA45&dq=gallup+poll+on+dying+at+home&source=bl&ots=PEL0lxYhsB&sig=sBPj6TUbIG62Avg1hlE5A5tXSYU&hl=en&ei=Wz3ESdbrLZG-M7-B5Rc&sa=X&oi=book_result&resnum=1&ct=result.
6) George M. Marsden. *Jonathan Edwards: A Life* (New Haven, CT: Yale University Press, 2003), 29.
7) Pope John Paul II, "Euthanasia, Declaration of the Sacred Congregation of Rite Doctrine of the Faith, May 5, 1980" in *On Moral Medicine*, ed. Stephen Lammers and Allen Verhey (Grand Rapids: Eerdmans, 1998), 655.
8) John Kilner, *Life on the Line* (Grand Rapids: Eerdmans, 1992), 139.
9) 이 점은 Deborah Howard, *Sunsets* (Wheaton, Il : Crossway, 2005), 241쪽에 잘 정리되어 있다.
10) Daniel Callahan, *The Troubled Dream of Life: Living with Mortality* (New York: Simon Schuster, 1993), 201-2.
11) Elizabeth Kubler-Ross, *On Death and Dying* (New York: MacMillan, 1969), chaps. 2ff.
12) Howard, *Sunsets*, 167.
13) John Donne, *Devotions upon Emergent Occasions*, Together with Death's Duel 중 "Meditation XVII" (Ann Arbor : University of Michigan Press, 1959). 디지털 버전은 Project Gutenberg를 보라. 2010년 9월 28일 확인. http://www.gutenberg.org/files/23772/23772-h/23772-h.htm.
14) Joni Eareckson Tada, "The Quest for Control", Center for Bioethics and Human

Dignity 연간 컨퍼런스에서 전한 강연, The Reproductive Revolution, 1998년 7월, 트리니티 복음주의 신학교(Trinity Evangelical Divinity School).

아홉 번째 전략. 삶의 통제권을 주님께 맡기라

1) Oliver O'Donovan, "Keeping Body and Soul Together," in *On Moral Medicine*, ed. Stephen E. Lammers and Allen Verhey (Grand Rapids: Eerdmans, 1998), 224.
2) 이 사건들에 관해 더 알고 싶다면 Deborah Howard, *Sunsets* (Wheaton, Il : Crossway, 2005), 168ff를 보라.
3) John Donne, "Death's Duel" (1631), http://www.readprint.com/work-3027/Deaths-Duel-John-Donne.
4) David Biebel and Harold Koenig, *New Light on Depression, Help, Hope, and Answers for the Depressed and Those Who Love Them* (Grand Rapids: Zondervan, 2004), 41.
5) Billy Graham, *Facing Death and the Life After* (Nashville: W, 1987), 66.
6) Sir Thomas Moore, quoted in Matthew Levering, *On Christian Dying: Classic and Contemporary Texts* (Rowman & Littlefield, 2004), 83.
7) Richard Baxter, *Dying Thoughts* (Grand Rapids: Baker, 1976), 113.
8) Oregon's Death with Dignity Act, 2007, http://www.oregon.gov/DHS/ph/pas/docs/year10.pdf.
9) 이 개념은 John S. Feinberg, *Where Is God? A Personal Story of Finding God in Grief and Suffering* (Nashville : Broadman and Holman, 2004), 55쪽에 잘 정리되어 있다.
10) John S. Feinberg, *The Many Faces of Evil* (Wheaton, IL: Crossway, 2004), 457.
11) Leo Tolstoy, *The Death of Ivan Ilych*, trans. Louise and Alymer Maude(West, UT: Walking Lion Press, n.d.), 56.

부록 1. 건강을 유지하기 위한 조언

1) Richard Train, "Sarcopenia: As We Age Muscle Loss Occurs," EzineArticles.com, http://ezinearticles.com/?Sarcopenia:-As-We-Age-Muscle-Loss-Occurs&id=297128.

부록 2. 생명연장술에 관한 실제적 조언

1) David Schiedermayer, "The Decision to Forgo CPR in the Elderly Patient," *Journal of the American Medical Association* 260 (October 14, 1988):2096-97.

2) Deborah Howard, *Sunsets* (Wheaton, IL: Crossway, 2005), 171.
3) 신경학과 노인병학의 전공 위원회들은 문서를 통해 치매 환자에 대한 급식 튜브 사용을 추천하지 않는다는 입장을 보이고 있다.
4) Robert F. Cranston, "Withholding or Withdrawing of Artificial Nutrition and Hydration", Center for Bioethics and Human Dignity, 2001년 11월 9일, http://www.cbhd.org/content/withholding-or-withdrawing-artificalnutrition-and-hydration/. 두 입장을 모두 포용하고 서로에 대한 배려와 존중을 강조하면서 급식 튜브의 문제를 깊이 파헤치고 있다.
5) 이 장비들의 가격이 너무 엄청나서 이로 인해 정의의 문제가 제기되고 있다.

부록 3. 유족들을 위한 조언

1) D. A. Carson, *How Long, O Lord?* (Grand Rapids: Baker, 1990), 121.
2) John R. W. Stott, *The Gospel and the End of Times: The Message of 1 & 2 Thessalonians* (Downers Grove, IL: InterVarsity, 1991), 92-93.

사명선언문

너희가 흠이 없고 순전하여……세상에서 그들 가운데 빛들로
나타내며 생명의 말씀을 밝혀 _ 빌 2:15-16

1. 생명을 담겠습니다
만드는 책에 주님 주신 생명을 담겠습니다.
그 책으로 복음을 선포하겠습니다.

2. 말씀을 밝히겠습니다
생명의 근본은 말씀입니다.
말씀을 밝혀 성도와 교회의 성장을 돕겠습니다.

3. 빛이 되겠습니다
시대와 영혼의 어두움을 밝혀 주님 앞으로 이끄는
빛이 되는 책을 만들겠습니다.

4. 순전히 행하겠습니다
책을 만들고 전하는 일과 경영하는 일에 부끄러움이 없는
정직함으로 행하겠습니다.

5. 끝까지 전파하겠습니다
모든 사람에게, 땅 끝까지, 주님 오시는 그날까지
복음을 전하는 사명을 다하겠습니다.

서점 안내

광화문점	서울시 종로구 새문안로 69 구세군회관 1층 02)737-2288(T) 02)737-4623(F)
강남점	서울시 서초구 신반포로 177 반포쇼핑타운 3동 2층 02)595-1211(T) 02)595-3549(F)
구로점	서울시 구로구 시흥대로 577 3층 02)858-8744(T) 02)838-0653(F)
노원점	서울시 노원구 동일로 1366 삼봉빌딩 지하 1층 02)938-7979(T) 02)3391-6169(F)
분당점	경기도 성남시 분당구 황새울로 315 대현빌딩 3층 031)707-5566(T) 031)707-4999(F)
신촌점	서울시 마포구 서강로 144 동인빌딩 8층 02)702-1411(T) 02)702-1131(F)
일산점	경기도 고양시 일산서구 중앙로 1391 레이크타운 지하 1층 031)916-8787(T) 031)916-8788(F)
의정부점	경기도 의정부시 청사로47번길 12 성산타워 3층 031)845-0600(T) 031) 852-6930(F)
인터넷서점	www.lifebook.co.kr